教育部区域与国别研究培育基地（东盟研究中心）
广西科学实验中心（中国—东盟研究中心）
广西民族大学东盟学院

东盟研究

2014

滕成达　潘艳勤　主编

世界知识出版社

图书在版编目（CIP）数据

东盟研究. 2014/滕成达，潘艳勤主编. —北京：世界知识出版社，2015.12

ISBN 978-7-5012-5099-8

Ⅰ.①东… Ⅱ.①滕…②潘… Ⅲ.①东南亚国家联盟—研究 Ⅳ.①D814.1

中国版本图书馆CIP数据核字（2015）第289781号

责任编辑 余 岚 刘 喆
责任出版 赵 玥
责任校对 马莉娜
封面设计 小 月

书　　名 东盟研究 2014
Dongmeng Yanjiu 2014

主　　编 滕成达 潘艳勤

出版发行 世界知识出版社
地址邮编 北京市东城区干面胡同51号（100010）
网　　址 www.ishizhi.cn
经　　销 新华书店
印　　刷 北京京科印刷有限公司
开本印张 787×1092毫米 1/16 18印张
字　　数 205千字
版次印次 2015年12月第一版 2015年12月第一次印刷
标准书号 ISBN 978-7-5012-5099-8
定　　价 33.00元

目 录

华侨华人

中国学界

前 言

中国与东盟国家山水相连，友好交往的历史源远流长。自1991年中国与东盟建立对话伙伴关系以来，中国与东盟国家的友好合作关系不断得到巩固和发展。2004年第一届中国—东盟博览会在广西南宁举行，南宁被确定为中国—东盟博览会永久举办地。2010年1月1日中国—东盟自由贸易区正式建成，现正着力打造中国—东盟自贸区升级版。东盟始终是中国周边外交的优先方向，2014年是打造中国—东盟关系“钻石十年”的开局之年，中国—东盟友好合作关系稳步发展并日渐显示其重要性。21世纪海上丝绸之路建设是加深中国与东盟合作、构建中国—东盟命运共同体的重要纽带。在中国—东盟友好合作交往中，广西拥有独特的优势。

广西是中国东南亚研究的主要前沿之一，广西民族大学较早开展有关东盟研究的科学研究和人才培养等工作。2004年广西民族大学成立中国—东盟研究中心，2009年广西壮族自治区人民政府决定组建东盟学院，以解决中国—东盟友好交往合作中的重大现实问题。东盟学院紧紧围绕“东盟研究”的主题开展科学研究、人才培养、社会服务、开放合作等各项工作。

《东盟研究》是广西民族大学东盟研究中心（教育部区域与国别研究培育基地）、中国—东盟研究中心（广西科学试验中心）、东盟学院联合主办的年度出版物，旨在为国内外东南亚研究界提供展示最新东盟研究成果的平台，增强对东盟国家的深入了解和系统研究。该书设有“一体化追踪”“热点分析”“区域与国别”“语言文化”“华侨华人”“中国学界”等栏目。“一体化追踪”，即追踪东盟的一体化进程；“热点分析”，即分析与东盟相关的热点问题；“区域与国别”，即东南亚区域与东盟成员国的相关研究；“语言文化”，即东南亚地区的语言文化研究；“华侨华人”，即东南亚地区的华侨华人研究；“中国学界”，即介绍国内知名的东南亚研究机构与权威学者。

编辑出版工作难免存在疏漏和不足之处，敬请批评指正！

编　者

2015年10月

一体化追踪

东盟五国能源产业发展现状与展望

厦门大学南洋研究院世界经济博士研究生　杨程玲
汕头大学商学院硕士研究生　李兰芝
汕头大学商学院副教授，经济学博士，硕士生导师　郑慕强

摘要：从分析东盟五国能源现状消费结构以及需求结构入手，探讨东盟三大能源化石产业的发展现状以及预测未来20年产量。另外，根据东盟五国能源需求结构的要求，系统剖析了东盟五国能源产业基础设施建设。最后，归纳能源产业发展存在的问题并提出未来该产业发展的政策建议。

关键词：能源结构；能源产业；能源基础设施；东盟五国

近年来世界上几乎所有的国家都把能源作为国家的重要战略资源，能源产业是事关每一个国家或地区经济社会稳定和可持续发展的重要因素，是经济增长的重要保障。东盟五国（印度尼西亚、马来西亚、菲律宾、新加坡和泰国）[①] 是世界经济增长的热点地区之一，也是世界能源

① 东盟是东南亚区域性组织，现有十个成员国，分别为印度尼西亚、马来西亚、菲律宾、新加坡、泰国、越南、缅甸、文莱、柬埔寨和老挝。东盟五国是东盟创始国，其经济总量、能源消费和碳排放量均超过该地区总量的3/4。

消费的重要国家。各国在能源、经济与产业发展方面具有许多相似之处。该地区能源消费与需求结构现状如何？能源相关产业的发展状况及产业如何？该地区未来对于能源产业基础设施投资建设如何？下面将一一进行解答。

一、东盟五国能源消费与需求结构

（一）能源消费结构

一直以来，东盟五国主要以三大化石能源消费为主，包括煤炭、石油和天然气，这些都是高碳排放的能源资源。消费总量中煤炭、石油和天然气分别为5540万吨油当量、19180万吨和1203亿立方米，其他可再生能源的消费量比重很小，水电能源消费量仅为840万吨油当量（见表1）。其中，新加坡能源消费结构中只有石油和天然气两种传统能源，消费结构非常单一，并且石油消费量高居东盟五国的第二位。其他四国能源消费量依次为石油、煤炭和天然气。可见，东盟五国能源消费量大，消费结构单一，主要以石化能源为主，水电等可再生能源利用比重非常小。而对于水电能的消费量东盟四国都很少，占能源消费量的比重非常小。其他能源，如生物能、地热能、太阳能利用程度也是很低的，多数国家几乎没有这些能源消费的存在，对于核能发电的利用更是一片空白。

表1　东盟五国能源消费结构（至2009年）

国家＼能源种类	煤炭（万吨油当量）	石油（万吨）	天然气（亿立方米）	水电（万吨油当量）
印度尼西亚	3050	6200	366	270
马来西亚	400	2140	315	200
菲律宾	680	1210	33	220
新加坡	—	5210	97	—
泰国	1410	4420	392	150
东盟五国	5540	19180	1203	840

资料来源：英国石油公司：《BP世界能源统计年鉴》（2010年）。

（二）能源需求结构

自20世纪末，东盟五国能源供给便出现紧张态势，生产消费前景堪忧，而需求量则不断增加，这种趋势在未来会更严峻。2007年东盟五国对石油、天然气和煤炭的需求量已达到1.79亿吨、1.17亿吨和0.76亿吨。据《2009世界能源展望》（*World Energy Outlook, 2009*）对东盟各国未来20年能源需求的预测，2007年到2030年一次能源需求的年均增长率为2.1%，到2030年，需求总量达到825万吨。到2030年，煤炭、石油和天然气依旧是东盟各国能源消费的首选，这三种化石能源的需求量占总需求量的比例仍然会比较高，需求量分别为1.50亿吨、2.24亿吨和1.52亿吨。生物能源是除这三种能源外东盟五国拥有而且需要大量发展的新能源，需求量到2030年也将达到1.76亿吨，将成为东盟五国第二大能源消费源（见表3）。

2007—2030年，水电和其他可再生能源增长率较高，年均增长率分别为4.2%和8.1%，未来可再生能源使用量占东盟五国能源总消费量比例将逐步上升，这有利于东盟五国提高能源利用效率，并降低二氧化碳等温室气体的排放量。值得注意的是核能发电站也将于2020年后在东盟国家开始投入使用，未来核能的开发利用是其可再生能源的一个重要组成部分。

表2 2007—2030年东盟五国能源需求结构（单位：亿吨）

	2007年	2020年	2030年	2007—2030年年均增长率（%）
煤炭	0.76	1.39	1.50	3.00
石油	1.79	1.92	2.24	1.00
天然气	1.17	1.39	1.52	1.10
核能	0.00	0.02	0.18	—
水电	0.06	0.09	0.15	4.20
生物能	1.20	1.45	1.76	1.70
其他可再生能源	0.15	0.30	0.89	8.10
总计	**5.13**	**6.56**	**8.24**	**2.10**

资料来源：IEA.World Energy Outlook（2009）:pp.535-618, Paris.

总之，通过对东盟五国现状能源消费结构的分析以及未来20年间能源需求结构的展望，我们得出这样的结论：东盟五国现在以及未来很长一段时间内，能源消费结构还是比较单一，主要以石油、煤炭和天然气为主；虽然未来20年间可再生新能源会慢慢出现在东盟五国需求结构表中，但是其占总能源比例并不大。

二、东盟五国化石能源产业

（一）石油生产与炼油产业发展

东盟五国石油储量丰富，主要集中在印度尼西亚和马来西亚。2008年，两国石油日产量分别为100万桶和77.1万桶，总产量则约为177万桶／日。两国石油生产量在不断下降，从1996年高峰期的约215万桶／日，到现在的约177万桶／日，这主要是印度尼西亚产量减少的结果。预计石油产量到2015年将下降到145万桶／日和2030年的70万桶／日。总的来说，各国的产量在未来都会有一定程度的下降，而且印度尼西亚下降的幅度比马来西亚要大（见图1）。

新加坡虽然是零能源储量和零能源生产国家，但是该国却利用其地理优势、技术实力和良好的政策支持，成为世界上三大石油贸易的集散地和炼油中心之一，仅次于荷兰的鹿特丹和美国的休斯敦。2009年，新加坡炼油（原油蒸馏）量达到130万桶／日，占整个东盟国家总炼油量的1／4。泰国和印度尼西亚分别达到日产量120万桶和110万桶，泰国和马来西亚也正筹备建设以出口炼油为导向的贸易中心。由此下去，东盟五国将成为未来亚太乃至世界炼油和石油贸易中心。

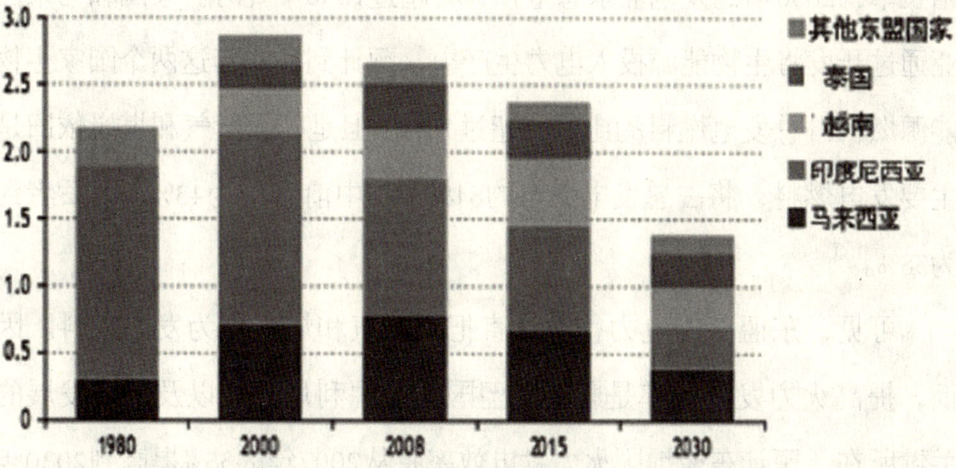

图1　1980—2030年东盟国家石油产量变化情况（单位：百万桶／日）

资料来源：IEA.World Energy Outlook（2009）：pp.535-618, Paris.

（二）煤电行业

2008年，东盟国家不能用电的人口达到1.6亿人，占整个地区总人口的28%。其中，大部分人口是生活在农村边远地区。2008年东盟国家农村和城市的电气化率分别为55%和91%，城乡供电差距明显。东盟五国中，除了新加坡的电气化率达到100%外，印度尼西亚和菲律宾分别有8100万人和1300万人用不上电。

电气化程度低，电力行业的发展相对滞后，是制约东盟五国能源经济和社会发展的重要因素。随着东盟五国工业化和城市化进程的推进，电力行业也不断发展。2007年东盟五国的发电总量为568千瓦时，这主要依靠天然气、煤炭和石油作为发电原料，三大原料分别占总发电燃料的46%、27%和11%。未来20多年间，各国发电量预计将保持年均2.5%的增长率，2030年的发电需求总量预计将超过1550千瓦时。泰国和马来西亚通过开发将生物能源投入电力生产中，预计到2030年这两个国家生物能源燃料占总发电燃料的比例会超过10%。但是，天然气和煤炭依旧是主要发电燃料，将占总发电燃料的81%，其中前者约为43%，而后者约为38%。①

可见，东盟五国电力行业一直把天然气和煤炭作为发电燃料。因而，提高火力发电效率是影响东盟国家能源利用效率以及经济发展的关键所在，预计东盟地区火力发电效率将从2007年的35%提高到2030年的42%。

（三）天然气行业

天然气是东盟五国储量最丰富的能源资源，它比石油和煤炭资源储量还要多。但由于其储备地点都比较偏远，因此建立天然气输送管道和优化液化石油气工业设施是该行业发展所面临的最大挑战。据国际能源署预测，按照东盟五国现在的生产量和储量，该地区的天然气资源可以持续开采33年，东盟国家天然气资源的开采量从300亿立方米增长到2030亿立方米，预计2030年将达到2480亿立方米。该地区天然气的生产国主要为印度尼西亚和马来西亚，2007年两国产量分别约为700亿立方米和600亿立方米。②

东盟五国是全球出口液化天然气最多的地区，截至2009年，其液化

① IEA. World Energy Outlook (2009), pp.535-618.
② IEA. World Energy Outlook (2009), pp.535-618.

天然气产量已经占全球总产量的31%，相当于年均产量为5900万吨。[①]由于各国经济的快速增长及人口膨胀，未来天然气将是东盟五国经济发展的保障性资源。随着东盟天然气管道网络的建构，未来天然气也将为地区的稳定、安全和可持续发展奠定坚实的基础。

三、能源产业基础设施建设

（一）能源产业基础设施建设

东盟五国能源存量相对比较丰富，但是能源开采技术相对落后，能源设施建设比较滞后，这些都限制区内能源的有效供给以及经济增长对能源的有效需求。2008年后，东盟五国政府将会加大对能源产业基础设施的建设，包括重点建设三大化石产业，特别是在可再生能源的开发与利用中增大投入。表3列出东盟国家已开始建设和未来计划建设的能源基础设施情况，2008—2030年间，预计投入资金为1147千万亿美元，相当于每年东盟国家GDP的2%将投入到能源基础设施的建设。2008—2020年以及2021—2030年两阶段的投入金额相差不大，分别为523万亿美元和624万亿美元。这些资金主要投向电力、天然气和石油三大产业的基础设施建设，55%的资金投向电力行业中，投入到炼油业和天然气的资金则分别占投资总额的18%和23%，而高污染的煤炭业以及清洁能源代表的生物燃料基础设施投资额都较少。值得一提的是，生物燃料发电和核能等新能源发电正成为未来东盟五国电力行业基础设施投入的重点。

① 英国石油公司：《BP世界能源统计年鉴》（2010年）。

表3 2008—2030年东盟能源基础设施投资情况（单位：万亿美元）

行业＼年	2008—2020	2021—2030	2008—2030
电力	259	376	635
天然气	137	127	264
石油	105	101	206
煤炭	19	19	38
生物燃料	3	1	4
总计	523	624	1147

资料来源：IEA.World Energy Outlook（2009）：pp.535—618, Paris.

（二）炼油行业基础设施建设

炼油行业的发展是衡量一个国家石油利用效率的重要指标。新加坡是世界上炼油业和石油贸易的三大中心之一，其日产量为130万桶；紧随其后的泰国和印度尼西亚，日产量分别为120万桶和110万桶；马来西亚和泰国正筹建成为出口导向的炼油中心。东盟五国正在重点筹建的几个炼油项目，包括新加坡裕廊芳烃公司（JAC）筹建的一家冷凝分离厂，在2011年建成并投入使用；泰国、马来西亚和印度尼西亚建设的一批规模较小的炼油厂，也在2011年前投入使用。①

在费氏全球能源咨询公司（FGE）报告中，关于东盟五国2008年已建成的炼油厂日产量和可能的附加产量情况显示，印度尼西亚、新加坡和泰国日产量都超过100万桶，其他两国的日产量分别为59.2万桶和29.2

① IEA.World Energy Outlook（2009）：pp.535—618，Paris.

万桶，东盟五国总产量将达到452.1万桶／日；其中，泰国和印度尼西亚的附加日产量分别为5万桶和2.7万桶，总附加值产量将为7.7万桶／日。这些都是东盟五国炼油业基础设施不断完善取得的成果。[①]

（三）新能源产业基础设施建设

相对于东盟五国人口增长与经济发展，电力行业在这些国家的发展相对滞后，特别表现在发电站等基础设施的建设上。当前，东盟五国主要依靠煤、石油和天然气发电，电力生产效率相对较低。为提高发电业的生产效率，东盟五国加大了对发电基础设施的投入，重点更新煤电生产设备，预计生产率将从2007年的35%提高到2030年的42%。同时，可再生新能源发电也是未来东盟国家投资建设的主要项目。其中，核能发电站是重点项目，预计在2020年第一个核电站将开始运营发电，这将会大大提高东盟五国的发电效率。

印度尼西亚、菲律宾和泰国已开始核电站建设的中长期规划，其中，泰国预计建成并投入使用的时间为2020年，印度尼西亚和菲律宾则都为2025年。[②] 另外，印度尼西亚则在2009年7月1日已开始了项目筹建工作，预计2016年开始施工，2025年投入使用，而马来西亚预计在2020年后才开始动工建设。印度尼西亚、菲律宾和泰国的核能产量分别为4800瓦兆、4200瓦兆和2000瓦兆。其中，菲律宾的产量分为四期，分别

① FACTS Global Energy (FGE) http://www.fgenergy.com/? page=article_type&action=read&id=1&tabno=49&submenuheader=0.

② 除了这三国，越南也开始核电站的筹建，计划2020年建成，预计产量为2000瓦兆，2021年和2025年附加产量也都为2000瓦兆。

为2400瓦兆、600瓦兆、600瓦兆和600瓦兆，预计分别在2025年、2027年、2030年和2034年完成建设并投入使用。①

此外，泰国和马来西亚正在筹建以秕、渣和棕榈油为主要燃料的生物能源发电厂，预计到2030年两国生物能源发电量占总发电量的比例都将超过10%。地热能、太阳能和风能发电设施也在筹备建设中，预计2030年这两个国家总发电量为20千兆瓦。②

（四）天然气行业基础设施建设

东盟五国是世界上重要的液化天然气（LNG）出口基地，液化天然气（LNG）的年均产量约5500万吨，约占全球总产量的30%，主要产气国为印度尼西亚和马来西亚。③ 加大对天然气行业基础设施的投入，是解决这些国家天然气短缺的重要措施。印度尼西亚、新加坡、菲律宾和泰国已经加大对相关基础设施的投入建设，包括国家液化天然气接收和终端再气化等厂房的建设，使天然气工业发展更为高效。

天然气资源是东盟五国最为丰富的能源资源，加大对区内天然气基础生产与输送设备的建设是缓解各国能源短缺的重要措施，也是东盟区域经济合作的重点项目。由表4可以看出，印度尼西亚和马来西亚总共有9个液化天然气项目已经建成并投入使用（总产量为5800万吨／年），2个正在筹备建设中（预计总产量为600万吨／年），到2014年

① IEA.World Energy Outlook (2009) :pp.535—618, Paris.

② ODYSSEE. Aggregate Energy Efficiency Indicators in ODYSSEE for Industry (1999). http://www.odyssee—indicators.org/publication/PDF/indic—ind.pdf.

③ 英国石油公司：《BP世界能源统计年鉴》（2010年）。

预计总产量将达到6400万吨/年。其中，印度尼西亚的1977年建成的Dontang A-H Trains项目是最大的，年产量是2230万吨，占现有东盟天然气总产量的34.2%。另外，印度尼西亚、菲律宾、新加坡和泰国正在筹建液化天然气的终端再气化项目总共为5个，预计产量将达到1380

表4　东盟四国已建成和正筹建中的液化天然气基础设施项目

	所在国家	项目	预计产量（万吨/年）	启用年份
液化天然气项目	印度尼西亚	Dontang A-H Trains	2230	1977
	印度尼西亚	Arun	410	1978
	印度尼西亚	Tangguh	760	2009
	印度尼西亚	Donggi	200	2012
	印度尼西亚	Masela	400	2014
	马来西亚	MLNG	810	1983
	马来西亚	MLNG Dua	780	1995
	马来西亚	De-bottlenecking	130	2009
	马来西亚	MLNG Tiga	680	2003
	东盟四国		**6400**	
液化天然气再气化项目	印度尼西亚	East Java&North Sumatra	300	2011
	印度尼西亚	West Java	150	2012
	菲律宾	Bataan	130	2012
	马来西亚	Jurong Island	300	2013
	泰国	Map Ta Phut	500	2011
	东盟四国		**1380**	

资料来源：IEA.World Energy Outlook（2009）：pp.535—618, Paris.

万吨／年，且这些项目预计都在未来5年间建成并投入使用。从国别上看，印度尼西亚和马来西亚的液化天然气项目总数分别为5个和4个，而在液化天然气的终端再气化筹建项目中，印度尼西亚也拥有2个。

四、面临挑战及前景展望

东盟五国能源产业发展的基本格局，归纳起来有几点：（1）能源资源分布不均衡，消费结构单一；（2）能源自给率不乐观；（3）能源效率提高缓慢；（4）二氧化碳排放量与日俱增。东盟国家能源消费以石油、天然气为主，可再生能源利用几乎为零。印度尼西亚和泰国的能源自给率分别从1991年的171%和62%下降到2007年的149%和53%，菲律宾能源自给率不足60%，新加坡的能源自给率则为0。衡量各国能源效率的能源强度，除新加坡外，其他四国几乎都超过50%。随着东盟五国经济的快速增长和能源的消耗，环境问题是东盟五国能源生产与消费所面临的重大问题之一。在能源市场全球化的背景下，构建地区能源的多样化结构、稳定供给、效率提升和清洁减排是东盟五国走低碳可持续发展能源体系的风向标。可见，该地区新能源的开发利用和提升能源效率是未来能源产业发展和经济持续增长的关键。

（一）重视生物能源产业发展支撑，投入逐年增加

以泰国为主的东盟国家拥有丰富而独特的动物、植物和微生物资源，但与起步早、投入大的国家相比，该地区的生物技术领域尚存在较大差距。所以，加大研发投入是提高创新能源和为生物能源产业发展提供持

续动力源泉的关键，应采取逐年加大投入来推动这一新兴领域的崛起。

（二）重新认识与定位核能，尽快启动核能产业

由于受日本福岛核电站危机的影响，东南亚国家核能计划受到巨大冲击。其中，泰国总理阿披实延后决定核电厂的兴建政策[①]；马来西亚“环境之友”及“槟城消费人协会”促请政府停止建设核能发电厂；只有印度尼西亚政府表示，正计划兴建的核能发电厂不会因日本发生核危机的影响而停止。

由于核电厂建设需要相当大的投资，包括科技、人才、法规环境等，东盟五国发展核能的资金、人才和技术相对滞后，加上东盟内部难以就核能问题达成共识，该产业的发展将受巨大影响。然而，核能将引领未来新能源产业发展的方向，是解决东盟能源产业问题的关键。因此，重新定位核能，重视核能产业的发展，吸取日本核能危机的经验教训，大力投入培养相关科技人才，政策和宣传结合消除人们顾虑，是保证该地区核能发展的关键。

（三）拓展和创新能源效率奖励系统

能源效率奖励系统在东盟各国的施行已取得良好的效果，获取地区以及各国能源奖已成为该地区企业一种莫大的荣誉，如菲律宾“Enercon”项目、泰国和新加坡能源效率建筑奖励系统、马来西亚能源

① 《泰国能源部建核电厂项目延期》，（泰国）《世界日报》，2011年4月27日。

效率行动方案等。但是，这些项目的奖励对象太窄，还不能起到应有的示范效应。所以，应以拓宽奖励对象为基点，创新“能源奖励制度”、积极宣传，以此来鼓励社会节约能源资源和促使企业提高能源资源的使用效率。

论东南亚地区非传统安全形势及东盟的应对举措①

广西民族大学东盟研究中心／东盟学院助理研究员　葛红亮

摘要：近年来，以2013年为例，东南亚非传统安全威胁因素形势复杂、形式多样，恐怖主义等“三股势力”有所抬头，自然灾害及族群矛盾等影响社会治安的问题也时常给地区国家安全带来危害。为应对这些非传统安全威胁，东盟国家虽然采取了多层次、多途径的应对举措，但效果不彰，非传统安全因素仍是地区和国家安全不容忽视的威胁。“东盟安全共同体”是东盟国家关于区域安全的设想，构成了研判东盟在非传统安全领域应对举措发展的重要参考。

关键词：非传统安全；东盟；“东盟安全共同体”

非传统安全是“安全研究”再定义的结果，有别于传统以军事安全为主导的国家安全，在内容上更具广泛性，包括经济安全、环境与生态

① 该文是国家社科西部项目“21世纪‘海上丝绸之路’的地缘安全基础研究”（15XGJ007）、广西高校科学研究一般项目“‘中国—东盟命运共同体’建设及广西的角色研究”（KY2015YB085）的阶段性研究成果。

安全、资源安全、网络与信息安全等，在观念上更为强调“让人民免受暴力威胁”。[①] 非传统安全问题固然具有显著的全球性和扩散性，但更多时候由于区域内社会、文化与宗教环境的特殊性，又有着明显的区域性。东南亚地区特殊的地理环境及发展历史造就了地区内国家间在社会文化、宗教信仰、政治制度、经济发展方面的多样性和复杂性。由于这一特殊环境，诸多非传统安全问题在东南亚地区有着天然的有利温床。受此影响，东南亚地区是各种非传统安全问题表现十分突出的一个区域，该地区诸如恐怖主义活动、海盗、毒品生产与贩运等问题不时引起世人的广泛关注。[②]

本文立足于东盟这个组织，希望在分析2013年东南亚地区非传统安全形势总体概况的基础上，从东盟组织层面探讨东盟在非传统安全领域的多层次应对举措，及以东盟“安全共同体”构建为指向，预判东盟国家在非传统安全领域合作举措的发展趋势。

一、东南亚地区非传统安全形势的概况与特点

一直以来，东南亚国家所面临的非传统安全问题形式之多、任务之严峻，是一般区域所不能相比的。[③] 2013年，东南亚地区非传统安全威胁因恐怖主义、宗教极端主义、民族分离主义等“三股势力”有所抬头，加之飓风、洪灾等自然灾害的不利影响，形势并不乐观。

① 朱锋：《“非传统安全”解析》，《中国社会科学》，2004年第4期，第139页。
② 王光厚：《东南亚的非传统安全问题》，《外国问题研究》，2011年第1期，第35页。
③ 同上文，第36页。

（一）“三股势力”有所抬头

经过东南亚国家之间及东南亚国家和区域外国家间多年的合作与努力，21世纪以来地区“三股势力”的发展受到重创和遏制，而地区非传统安全形势也曾一度出现好转的迹象。[①] 然而，由于地区国家内社会经济问题依旧严重与错综复杂的社会文化、宗教环境，“三股势力”仍持续存在，且有抬头、反弹的趋势。

第一，地区恐怖主义势力依旧存在，并有死灰复燃的迹象，持续给地区国家安全和人民生命财产安全带来显著危害。2013年2月13日凌晨，近百名携带枪支和炸药的武装分子对泰国南部陶公府一处的海军基地进行了袭击，泰国军方打死17名恐怖武装分子，其中1名为泰国南部恐怖袭击集团中非常重要的人物。据悉，这是近年来泰国南部发生的大规模暴力袭击事件之一。[②] 除陶公府外，泰国军方和警方还在北大年府的几个高度危险地区加强防范，以防止恐怖主义袭击再度发生。2012年10月印度尼西亚举行了巴厘岛爆炸案十周年纪念活动，印尼国内恐怖集团蠢蠢欲动，有死灰复燃迹象，多数恐怖袭击因极端分子和教派冲突引起。2013年7月，印尼宗教极端分子因教派之争发动了恐怖主义袭击，来自日惹、三宝垄和德芒贡等地的激进组织“捍卫伊斯兰阵线”的成员在中爪哇省根达尔苏哥勒惹地区进行了“暴力扫荡”，引发当地民众反抗及双方冲突。冲突导致数起伤亡，车辆被焚毁，严重损害了印尼国内的治安稳定。2013年8月26日，印尼发生“沙姆邦悲剧”，伊斯兰教逊尼派和什

① 葛红亮：《南中国海地区安全形势研究》，《太平洋学报》，2012年第4期，第90页。

② 凤凰网：《泰南一军事基地遇袭 17名武装人员被打死》，2013年2月13日，http://news.ifeng.com/world/detail_2013_02/14/22135412_0.shtml。

叶派间发生暴力袭击，造成了2人死亡，10人受伤，500人无家可归。[①]

第二，地区分离主义分子和反政府武装组织与政府间的武装冲突不断。这是东南亚地区非传统安全威胁骤增的重要因素之一。其中，以菲律宾、缅甸和马来西亚境内面临的地区分离威胁较为显著。

2013年菲律宾主要面临三股反政府武装组织的威胁，一是菲共领导的“新人民军”，二是阿布沙耶夫反政府武装组织，三是菲律宾南部地区分离武装组织。作为菲律宾国内最主要的反政府武装之一，“新人民军”（由菲律宾共产党领导，New People’s Army）在与政府达成的停火期尚未结束之际，[②]于2013年1月2日宣布单方面撕毁协议。阿基诺政府以此为由宣布终止双方谈判进程。菲共虽然在“海燕”台风来袭后宣布单方面停火，但在中央委员会纪念成立45周年时却发表声明，菲共已不指望与阿基诺政府重启和平谈判，并表示“除等待下届政府上台后再谈判外，别无选择”。[③]以“三宝颜”危机为代表的国内武装冲突也因此愈演愈烈。6—7月，菲政府军和“摩洛伊斯兰自由运动”（Bangsamoro Islamic Freedom Fighters）反政府武装时不时爆发武装冲突。8月，菲律宾南部反政府武装组织在与政府即将重启和平谈判之际，宣布建立“邦萨摩洛联邦共和国”，并在9月组织武装分子攻入了三宝颜市，强调在

① 李皖南：《2013年印尼政治、经济、外交形势回顾与2014年展望》，《东南亚研究》，2014年第2期，第47—48页。

② 2011年2月，菲律宾政府与菲共重启和谈，双方商定未来18个月达成全面和解。政府不再视菲共为恐怖组织，而把它视为一个政治组织。经谈判，这次停火协议原本是从2012年的12月20日持续到2013年的1月15日。See Philippine communist rebels call off truce, Al Jazeera.com, January 2, 2013, http://www.aljazeera.com/news/asia-pacific/2013/01/20131284554693970.html。

③ Delfin T. Mallari Jr., Communist party orders more attacks, seizure of weapons in 2014, Inquirer Southern Luzon, January 1, 2014, http://newsinfo.inquirer.net/555941/communist-party-orders-more-attacks-seizure-of-weapons-in-2014.

菲南部建立独立的伊斯兰国家是个国际性问题，要求国际调解。[①] 趁"三宝颜"危机，由伊斯兰极端组织阿布沙耶夫（Abu Sayyaf）领导的另一反政府武装在9月12日向三宝颜附近的拉密坦市发动了攻势，在经过1小时的战斗后被政府军击退。[②] 至9月28日，"三宝颜"危机方告结束，但此次危机给菲律宾民众带来了巨大的灾难。据相关数据显示，超过13万居民在此次危机期间逃离家园，还有大量的房屋被毁。[③]

2013年菲律宾和马来西亚还同时深受菲律宾南部武装组织之苦。2月12日，菲律宾百余名苏禄苏丹后裔从菲律宾南部进入马来西亚沙巴地区。经菲律宾、马来西亚两国和该群武装人员交涉无效后，马来西亚在最后通牒后采取了军事行动，向"苏禄王朝皇家安全部队"发动攻击。在双方交火中，马来西亚和菲律宾双方均有人员伤亡。3月3日，马来西亚警方与疑似侵入沙巴的菲律宾部落武装分子再次爆发枪战，交火中至少7人死亡。[④]

2012年爆发的缅甸克钦地区武装冲突持续发展，并在2013年继续对中缅边境的安全和地区人民生命财产构成威胁。据新加坡《联合早报》2013年1月4日报道，缅甸政府军与该国"克钦族独立军"发生冲突，导致缅甸1万多人逃亡至中国云南省境内寻求避难。[⑤] 双方长达17年的停战

---

① MNLF seeks int'l mediation on 3rd day of standoff, Philippine Daily Inquirer, September 12, 2013, http://newsinfo.inquirer.net/485815/mnlf-seeks-intl-mediation-on-3rd-day-of-standoff.

② ulie S. Alipala, Gov't forces battle Abu Sayyaf in Basilan, Inquirer Mindanao, September 13, 2013, http://newsinfo.inquirer.net/486639/govt-forces-battle-abu-sayyaf-in-basilan.

③ Roel Pareño, Zamboanga standoff over, the Philstar, September 28, 2013, http://www.philstar.com/nation/2013/09/28/1239180/zamboanga-standoff-over.

④ 韦朝晖：《马来西亚：2013年回顾与2014年展望》，《东南亚纵横》，2014年第4期，第27—28页。

⑤ ［新加坡］《联合早报》1月4日消息。

协议于2011年6月被打破。有关救援组织提供的数据显示：自2012年1月1日以来，克钦地区持续的武装冲突已导致约4万名难民涌向中缅边境，其中有2.5万人已经越过边境，在云南寻求庇护场所。①

第三，宗教极端主义和教派冲突仍在2013年给地区国家非传统安全问题增添了更多的不稳定因素。如前文所述，2013年宗教极端主义分子在印尼发动所谓“暴力扫荡”，打击别派教徒的同时，也给普通民众带来了安全威胁，实质上已经构成了恐怖主义袭击。除印尼外，缅甸2013年也爆发了因宗教矛盾产生的暴力袭击和打砸事件。3月20日，缅甸密铁拉一家金店内发生纠纷，事态迅速演变为“罗兴伽”穆斯林与信奉佛教的若开族人的暴力冲突事件。至3月22日，数十人在骚乱中丧生，多座清真寺、数家店铺和多所房屋被焚毁。缅甸总统吴登盛22日通过国家电视台发布通告，宣布密铁拉等四个中部城镇进入紧急状态，实施军事管制，由军队接管治安。缅甸全国民主联盟议员温登22日在密铁拉说，已经有至少20人丧生。大约1200个穆斯林家庭，即至少6000人逃离家园。② 据泰国官员统计，2013年2月7日约有5899名罗兴伽人逃亡泰国，2月25日130名罗兴伽人在逃离缅甸的途中，在印度洋海上饿死，仅33人在斯里兰卡获救。③ 穆斯林教徒与佛教徒之间的暴力冲突事件不仅使缅甸国内安全与治安环境大受影响，而且还给缅甸在国际舞台上带来了巨大的压力，损害了缅甸的国际形象。

① 《缅甸4万难民涌向中缅边境 2.5万人已越过边境》，《郑州晚报》，2013年2月10日，第A18版。

② 新华网：《缅甸总统宣布4城镇紧急状态》，2013年3月24日，http://news.xinhuanet.com/world/2013-03/24/c_124495641.htm。

③ 廖亚辉：《缅甸：2013年发展回顾与2014年展望》，《东南亚纵横》，2014年第3期，第24—25页。

（二）飓风、洪灾等自然灾害对地区国家安全威胁不容小觑

东南亚地区由于海洋地理环境的特殊性，近年来一直是自然灾害频发区域。[①] 2013年，东南亚地区洪灾、飓风和地震等自然灾害时有发生，给地区安全带来了更多的挑战。

2013年9月中旬至10月中旬，柬埔寨发生特大洪灾，全国20余省份受灾，造成168人死亡，受灾人口150余万。不仅如此，洪灾还造成30万公顷农田被毁，20万间民房、1390所学校、240公里道路及3100公里农村土路受不同程度损坏的恶劣影响，保守估计经济损失达到5亿美元。[②] 10月，菲律宾遭受7.3级地震，作为震中区域的保和省在尚未从受损中恢复之际又在11月上旬遭受了台风“海燕”的肆虐袭击。相关资料显示，台风登陆时，保和省还有多达5000人居住在帐篷中。“海燕”登陆后，对菲律宾造成了严重影响，电力、通信中断，空中和海上交通全部瘫痪，百万人分散流亡。11月12日，据新加坡联合早报网报道，超级台风“海燕”虽然已离开菲律宾，但它给菲律宾所造成的破坏之严重和灾民处境之恶劣难以估计。据悉，这场特大灾难夺走了1万以上菲律宾人的性命，共有41个省份的至少970万人受灾。[③]

---

① 曹云华、鞠海龙：《南海地区形势报告（2011—2013）》，北京：时事出版社，2012年版，第29页。

② 蒋玉山：《柬埔寨：2013年发展回顾与2014年展望》，《东南亚纵横》，2014年第2期，第38页。

③ 新华网北京11月12日电。

（三）族群矛盾、毒品等影响国内社会治安和地区安全的问题依旧凸显

东南亚地区国家大多数是多族群国家。族群矛盾时有发生，也是影响地区国家国内环境的重要因素。2013年12月8日至9日，新加坡发生了“1969年以来最严重的骚乱”，让整个新加坡十分震惊。新加坡内政部和警方召开记者会，将事件定性为“严重的暴动”。据警方的数据，参与骚乱事件的人数在400人以上，全部为南亚外籍劳工。① 据悉，此次暴力事件由一场交通事故引起，但从深层次来看，是新加坡等东南亚国内长期存在的族群间的地位不平等、国民待遇不公平的所引发的结果。

毒品问题历来危害着东南亚地区（特别是“金三角”地区），给地区安全环境带来了极其不稳定的因素，在形式上则主要表现为地区跨国毒品走私和贩运。据联合国禁毒署公布的数据，老挝北部2012年一年偷种的罂粟面积多达5000公顷。全国各地贩毒活动仍旧猖獗，吸毒现象增多，吸食各类毒品的人数大约有55000人。万象市在国际禁毒日一次就销毁了2500多公斤毒品，大多为近一年警方所缴获。②

综上所述，“三股势力”依然是东南亚地区非传统安全威胁最为显著、最具危害性的因素；同时，地区非传统安全威胁因素形式多样、形势复杂等特点也愈加明显。因这些复杂因素的影响，东南亚地区国家深受非传统安全威胁因素的危害，而应对这些非传统安全威胁需要东盟及其成员国作出更多的努力。

---

① 中新网：《“小印度”暴动惊呆新加坡 或成秩序社会分水岭》，2013年12月10日，http://www.chinanews.com/gj/2013/12-10/5598632.shtml。

② 陈定辉：《老挝：2013年发展回顾与2014年展望》，《东南亚纵横》，2014年第2期，第29—30页。

二、东盟应对非传统安全问题的途径与相关举措

近年来，亚太地区渐趋成为世界经济增长和政治发展的中心，而东南亚地区在这一过程中既为地区稳定与持久和平作出了重要贡献，又不可否认是世界重心向亚太地区转移的最大受益者之一。鉴于此，东南亚国家深谙维护地区稳定与和平的重要性。[①]然而，随着近几年恐怖主义活动再趋活跃，东南亚地区非传统安全问题再度凸显。资料显示，2013年全球遭受恐怖主义攻击最严重的前十国中有两个国家位于东南亚地区——菲律宾、泰国。[②]为此，东盟及其成员国在应对非传统安全领域挑战方面还需要在多层面付出更多努力。

（一）东盟成员国应对非传统安全问题的途径和举措

东南亚地区“三股势力”等非传统安全威胁因素又有抬头、反弹的趋势，地区各国政府为此采取了相关举措，从各做单边力量、双边与多边合作等途径，希望有效遏制地区非传统安全威胁因素的进一步滋长。

东盟成员国根据各自面对的非传统安全威胁采取了各自的举措，而效果也不尽相同。非传统安全威胁不仅有多种表现形式，而且还有着复杂而深刻的社会、历史背景，因而东南亚地区国家面临的非传统安全威胁在具有共性的同时，也表现出显著的差异性。针对具有差异性的非传统安全威胁，东南亚国家需要首先从国家的具体社会、文化、经济与宗

① 赵干城：《东南亚合作 关键通道欲觅新路》，《新民晚报》，2014年5月20日。
② 余建华：《反恐，对“重灾区”加强打击》，《新民晚报》，2014年5月20日。

教等环境出发，因地制宜地推出应对举措。然而，2013年菲律宾、马来西亚、泰国、缅甸、印尼、新加坡等国在应对各自国内形势不一的非传统安全问题时却未能拿出切实有效的举措。

“三股势力”是菲律宾、马来西亚、印尼、缅甸为代表的东南亚国家2013年面临的突出的非传统安全问题。如前文所述，在国内和解进程受阻的情况下，菲律宾境内多支反政府武装于2013年在地方发起了多起武装袭击事件。阿基诺三世政府以反政府武装单方面撕毁停火协议为由，终止了与菲律宾共产党领导的“新人民军”的和平谈判，试图将责任推向反政府武装。对此，“全国民主阵线”则持不同观点，他们认为阿基诺政府不愿遵守往届政府与菲共达成的一些协议，这才导致和平前景黯淡。① 受此影响，菲律宾国内各支反政府武装力量的利益受到了程度不一的挑衅，由此引发了以“三宝颜”危机为代表的多起反政府武装袭击事件。对此，国内学者在评述时认为，阿基诺政府对“和解”政策的搁置，及针对国内反政府武装的强硬政策无疑进一步加剧了政府与反政府武装力量间的矛盾和冲突。② 与菲律宾相似，马来西亚沙巴地区因菲律宾南部分离组织的侵袭再度出现安全问题。对此，马来西亚在非武力手段无效的情况下对地区分离武装组织采取了武力打击。印尼和缅甸则在2013年深受宗教极端主义暴力袭击事件之苦，两国在暴力事件发生后均加强了社会治安管理和采取了严惩肇事者的举措。

在国内和解进程方面，缅甸在2013年取得了明显的成绩。11月2

① See Inquirer.net , Philippines says communist peace talks have failed, April 29, 2013, http://newsinfo.inquirer.net/399303/philippines-says-communist-peace-talks-have-failed.

② 鞠海龙：《2013年菲律宾政治、经济与外交形势回顾》，《东南亚研究》，2014年第2期，第23页。

日，缅甸17支少数民族武装组织在北部克钦邦拉咱举行的和平峰会上，经过三天的磋商，就与政府签署全国停火协议问题达成多项共识，并签署了相关文件。11月4日至5日，缅甸政府首次与这些民地武组织举行集体对话，协商“全国性停火协定”和政治对话等事宜。①

此外，东盟成员国间就共同应对非传统安全威胁开展了一系列双边、多边合作，以图强化地区应对非传统安全威胁的能力和提升合作水平。虽然一直以来东盟成员国间的双边、多边合作在地区应对非传统安全问题方面有着不可忽视的作用，但总体来说，由于东盟成员国间的双边或多边非传统安全合作具有注重单一问题领域（例如反海盗）的合作，而不追求多领域综合合作及能力有限的特点，②东盟成员国间双边或多边合作也并未从根本上提出缓解或消除地区非传统安全威胁的药方。

（二）东盟主导下的地区多边非传统安全领域合作框架

冷战后，东盟获得了发展对外关系和提升自身国际地位的相对充分的空间和有利的地区环境。凭借“东盟方式”和规范的进一步社会化，东盟主导下的地区多边机制渐趋得到了其他国家或组织的认可。20世纪90年代，东盟地区论坛创建后，东盟在地区安全多边合作框架中日渐上升为主导者的角色，竭力成为地区安全合作发展的引导者。同样，东盟对主导地区多边非传统安全合作机制持有浓厚的兴趣。尚在冷战期间，东盟即已

① 新华网：《缅甸少数民族武装组织峰会达成和平共识》，2013年11月2日，http://news.xinhuanet.com/world/2013-11/02/c_117979647.htm。

② 韦红：《东南亚地区非传统安全合作机制架构与中国的策略思考》，《南洋问题研究》，2013年第2期，第3页。

经先后发表过《关于应对自然灾害的互相救助宣言》《打击滥用毒品原则宣言》和《组织和控制滥用和非法贩运毒品的东盟地区政策和战略》等一系列合作宣言，因此东盟关于非传统安全合作的机制建设起步较早。冷战后，特别是在非传统安全问题日益突出的背景下，东盟各层次的区域传统安全合作机制相继建立。虽然如此，东盟主导下的非传统安全合作宣言大多停留在倡导和规划层面，在东盟框架下付诸实施的却很少，总体而言执行比较乏力。[①] 比较之下，2013年东盟在非传统安全合作方面有着很明显的务实性，在继续强调倡导和规划的同时，日益重视在东盟主导下的多边框架内展开相关非传统安全领域的实际合作和联合演习。

一方面，东盟在其主导下的地区多边安全框架下继续发出关于加强非传统安全合作的倡导和进行相关规划。

东盟外长会议、东盟峰会及东盟国防部长会议等东盟组织内的多边机制一直是东盟宣导非传统安全合作的渠道。2013年4月24日至25日，在东盟第22届峰会上，与会各国领导人强调，持续增强在应对恐怖主义和跨国犯罪方面的地区合作，各方应共同制定相应的处理非传统安全问题的计划和相关举措。[②] 6月30日，东盟各国外长在第46届部长会议上就非传统安全领域的问题谈了下述四点：第一，与会各国部长强调共同应对非传统安全问题，特别是跨国犯罪和各种边境挑战；第二，全面有效落实东盟关于应对毒品生产和贩运的工作计划（2009—2015年），以期在

① 韦红：《东南亚地区非传统安全合作机制架构与中国的策略思考》，《南洋问题研究》，2013年第2期，第2页。

② ASEAN, Chairman's Statement of the 22nd ASEAN Summit, Bandar Seri Begawan, Brunei Darussalam, April 24-25, 2013.

2015年实现东南亚“无毒品”；第三，打击人口贩运，2013年6月东盟在越南召开了应对人口贩运的部长级会议；第四，对东盟应对恐怖主义综合计划得到落实表示欢迎，强调从根源上消除恐怖主义和提升各国的合作水平。① 8月29日，在东盟第二届防长会议上，与会各国防长再度强调对非传统安全合作的支持。特别是9月15日至19日，东盟为应对“跨国犯罪”在老挝召开了特别部长级会议；几乎同时，东盟第二届应对毒品问题的特别部长会议在文莱举行，会上东盟强调要落实好2015年实现东南亚地区“无毒化”的倡议。

“10+3”和“10+1”是东盟开展非传统安全合作的重要多边与双边渠道。以地区层面来看，“10+3”是地区非传统安全合作的重要机制和框架。2013年6月14日，第十四届“10+3”会议在文莱首都斯里巴加湾市举行。与会外长们在会后的声明中强调了“东盟+3”在地区安全、稳定维护方面的重要性，各方认为应继续加强“10+3”在政治安全领域的合作，来应对日益复杂、不断产生的恐怖主义、网络安全等非传统安全问题，希望推进各方在关于安全观念和制度认知方面的共享。此外，与会部长们还就能源安全、粮食安全等非传统安全议题进行了沟通和交流。② 此外，“10+1”则是东盟关于非传统安全领域合作的重要双边途径。以印度为例，2013年东盟与印度就非传统安全领域的合作达成了进一步的共识。10月10日，东盟—印度峰会在文莱召开。在会后声明中，

① ASEAN, Joint Statement of the 46th ASEAN Foreign Ministers' Meeting , Bandar Seri Begawan, Brunei Darussalam, June 30, 2013.

② ASEAN, Chairman's Statement of the 14th ASEAN Plus three Foreign Ministers' Meeting, Bandar Seri Begawan, Brunei Darussalam, June 13, 2013.

东盟不仅表示对印度在“东盟—印度伙伴关系”框架内的“东向政策”表示欢迎，而且还就印度在东盟地区论坛和东盟防长扩大会议上的支持和积极参与表示欣赏，也对印度积极参与东盟主持的第二届人道主义救援演习表示感谢。东盟和印度还就共同应对国际恐怖主义达成共识，希望持续落实“2003年东盟—印度合作反恐联合宣言”。①

东亚外长会议、东盟地区论坛等机制也是东盟进行非传统安全合作倡导和制定规划的重要途径。2013年7月2日，第三届东亚外长会议在文莱召开。会后发表的主席声明称，与会各国部长对持续增进非传统安全领域的合作持有相同共识，这些非传统安全问题包括恐怖主义、毒品走私等其他跨国犯罪。同时，针对日益增加的核扩散和大规模杀伤性武器扩散等问题，与会部长们认为需要从全球层面加强防范制度性建设。②同一天，第二十届东盟地区论坛举行。针对非传统安全问题，与会部长们就包括自然灾害、恐怖主义、毒品走私、人口贩运、空间安全和海盗等一系列非传统安全问题展开了讨论。部长们认为，各方在肯定加强合作重要性的同时，应在信息分享与能力建设方面持续提高合作水平，应寻求应对这些非传统安全威胁；同时，与会部长们还认为东盟地区论坛未来应在地区共同应对非传统安全问题多边合作中扮演主导角色。③

另一方面，在东盟主导的多边框架下，地区国家及区域外国家开展

① ASEAN, Chairman's Statement of the 11th ASEAN-India Summit, Bandar Seri Begawan, Brunei Darussalam, 10 October, 2013.

② ASEAN, Chairman's Statement of the 3rd East Asia Summit Foreign Ministers' Meeting, Bandar Seri Begawan, Brunei Darussalam, July 2, 2013.

③ ASEAN, Chairman's Statement of the 20th ASEAN Regional Forum, Bandar Seri Begawan, Brunei Darussalam, July 2, 2013.

了多种形式的、涉及非传统安全领域的合作与联合演习，在实际上将东盟的倡导落实到实处。2013年1月22日，东盟秘书处发表声明表示，东盟全体成员国已经全部签字通过《东盟反恐公约》（ACCT）。马来西亚是通过此文件的最后一个国家，并已于1月11日提交给东盟秘书处。[①]《东盟反恐公约》虽然在2011年已经生效，但马来西亚签署该公约这一举动依旧具有显著意义。这不仅将提升东盟在地区及全球反恐战略中的地位，而且有利于进一步深化东盟以"安全共同体"为目标的非传统安全合作实践。2月10日，东盟在越南举办了东盟地区自然灾害应急实地演练（ARDEX 13）计划会议。6月16日至20日，"10+8"东盟防长扩大会议机制第一次人道主义救援救灾和军事医学联合演练在文莱举行。东盟十国，及中国、韩国、日本、美国、印度、俄罗斯、澳大利亚、新西兰等18个国家的七艘军舰、18架直升机参与了此次联合演练，参演军人多达1800人。中国海军的"和平方舟"号医院船参加了演练。此次演练将有助于加强东盟防长扩大会机制在救灾和军事医学领域的务实合作，提高各成员国共同应对非传统安全挑战的能力。[②] 10月21日，2013年东盟地区自然灾害应急演练（ARDEX13）在越南首都河内市巴维县拉开帷幕。东盟十国中有七个国家参加了实兵演习，其余三个国家以观察员国资格参加了此次演习。演习人数共有2500人，装备有飞机、摩托艇、

① ASEAN Secretariat News, ASEAN Convention on Counter-Terrorism Completes Ratification Process, Jan.22,2013, http://www.asean.org/news/asean-secretariat-news/item/asean-convention-on-counter-terrorism-completes-ratification-process.

② 人民网曼谷6月17日电。

③ 新华网：《2013年东盟地区自然灾害应急演练在越南举行》，2013年10月24日，http://news.xinhuanet.com/world/2013-10/24/c_117849561.htm。

军事架桥、搜寻救难设备、医疗卫生设备、通信联络等700套设备。③

（三）东盟—中国双边与多边合作

中国作为地区重要的国家和大国，是地区非传统安全合作不可或缺的参与者，同时也是东盟及其成员国在地区开展非传统安全合作的重要对象。

东盟—中国“10+1”合作机制是中国—东盟在非传统安全领域开展合作和进行相关规划的重要平台，其中包括东盟—中国外长会议、东盟—中国峰会等。以2013年东盟—中国峰会为例，中国和东盟领导人就非传统安全领域的合作有着高度的共识。10月9日，东盟—中国第十六届峰会在文莱召开。双方在会后的联合声明中表示，东盟和中国将持续深化安全合作与交流，加强联系，增进双方互信关系和共同促进地区的和平、稳定与繁荣。①

不仅如此，2013年中国和东盟更加重视在实践层面的非传统安全合作，采取了多样的多边或双边措施。3月28日，中国、老挝、缅甸、泰国四国执法部门在北京启动湄公河流域“平安航道”联合扫毒行动。与会四国代表达成共识，此次联合行动将有力威慑湄公河金三角地区的毒品犯罪，使湄公河流域的非传统安全合作制度化再进一步。② 12月4日至5日，越中陆地边界联合委员会第四次会议在越南河内召开。会议上，双方就合作打击犯罪活动、维护边境地区治安秩序等多项内容达成共

---

① ASEAN, Joint Statement of the 16th ASEAN-China Summit on Commemoration of the 10th Anniversary of the ASEAN-China Strategic Partnership , Bandar Seri Begawan, Brunei Darussalam,9 October, 2013.

② 郭坤泽：《中老缅泰“平安航道”联合扫毒行动在京启动》，《人民公安报》，2013年3月29日，第01版。

识。12月9日，为期两周的代号为“突击—2013”的中泰陆军特种部队反恐训练在泰国华富里泰国陆军第一特战师举行开训仪式。此次联合训练是中国和泰国在2007年、2008年和2010年后，双方举行的第四次陆军特种部队训练。①

三、在东盟“安全共同体”构建框架内应对非传统安全威胁的举措

面对地区形式多样、形势复杂的非传统安全威胁，东南亚地区国家从各个层面采取了多种应对举措。然而，由于效果不彰，东南亚地区恐怖主义、极端宗教势力与地区分离主义势力及海盗、毒品走私等跨国犯罪依旧威胁着地区国家和人民的安全。因此，地区国家应突破思维，采取更为有效、综合性的举措，推动地区非传统安全问题得到标本兼治。“东盟安全共同体”是地区国家在地区实现区域安全的一种理想和已定方式，将是预判东盟未来应对非传统安全威胁举措的重要参考指标。

事实上，全球和地区范围内非传统安全威胁的增强是东盟提出建设“安全共同体”的重要背景和推动因素。曾任东盟秘书长的知名外交官鲁道夫·塞维利诺（Rodolfo C. Severino）对东南亚国家倡议建立“东盟安全共同体”的驱动因素进行过分析，他认为非传统安全威胁因素的增强则是重要一点。具体来看，这主要表现在两个方面：一是，2001年“9·11”事件的发生和美国相继发动的“阿富汗战争”和“伊拉克战争”，使东盟国家（特别是印尼）开始担心东盟对国际事态的反应缺乏

① 新华网曼谷12月9日电。

一致性；二是，2002年10月印尼巴厘岛爆炸案的发生，和印尼等成员国对东南亚地区的民族主义分离组织和恐怖主义组织在“9·11”事件后的频繁活动及对地区安全带来威胁持有担忧心理。[①]

在这一背景下，印尼成为“东盟安全共同体”的积极推动者和倡导者。据鲁道夫·塞维里诺回忆，2002年年底时任印尼外长的哈桑·维拉尤达（Hassan Witajuda）说印尼正在考虑2003年下半年东盟峰会的可能性成果，而这成果将会重提1976年的《东盟国家协调一致宣言》，并以该宣言中的相关原则作为基础。[②] 2003年8月，时任印尼总统的梅加瓦蒂（Megawati Sukarnoputri）第一次正式提出创建“东盟安全共同体”的建议。[③] 这一建议随后得到了东盟其他成员国领导人的一致接受，而这也为当年10月东盟第九届峰会通过《巴厘第二协议》（下述简称“第二协议”）提供了条件。依据“第二协议”，东盟国家正式将“东盟安全共同体”作为“东盟共同体”的三项内容之一。[④]

“东盟安全共同体”自提出开始即对地区非传统安全威胁给予了强烈的关注，不仅将非传统安全领域的安全视为“安全共同体”构建的重要领域，而且在持续的发展进程中为地区国家全面、综合应对非传统安全威胁提供了指针。在“第二协议”中，东盟国家重申了奠定区域安全事务处理方式和“安全共同体”建设的基本原则和政策，而且还规定

① ［菲律宾］鲁道夫·C．塞维利诺：《东南亚共同体建设探源：来自东盟前任秘书长的洞见》（王玉主等译），北京：社会科学文献出版社，2012年版，第303页。

② ［菲律宾］鲁道夫·C．塞维利诺：《东南亚共同体建设探源：来自东盟前任秘书长的洞见》，第302—303页。

③ 转引自郑先武：《“安全共同体”理论和东盟的实践》，南京：南京大学出版社，2009年版，第25页。

④ See ASEAN, 2003 Declaration of ASEAN Concord Ⅱ, Bali, Indonesia on 7 Oct 2003, http://www.aseansec.org/15159.htm.

了“东盟安全共同体”的内容旨在“将东盟的政治与安全合作提升至更高的平台”，并指出了七个有待加强的政治与安全合作领域，而大规模杀伤性武器、恐怖主义和跨国犯罪等非传统安全领域则显著在列。① 为推动“安全共同体”的建设，2004年11月东盟领导人万象峰会通过了“万象行动计划（2004—2010）”（Vientiane Action Programme 2004—2010）。该计划确定了“东盟安全共同体”的目标：提高整合政治和安全合作的水平，以增强区域的和平、稳定、民主与繁荣；还规定了政治发展、规范的塑造和分享、冲突预防、冲突解决后的和平重建等五个2010年前完成的战略重点。② 2005年12月，东盟各国领导人在马来西亚召开第十一届峰会。在峰会结束后发布的主席声明中，东盟国家强调《东盟宪章》将成为东盟发展历史上具有里程碑式的文件，因为它赋予了东盟法人地位和为东盟一体化发展与实现“一个远景、一个身份、一个共同体”（One Vision，One identity，One community）的基本目标提供了保障。③ 这也为东盟国家持续推进在非传统安全领域的合作找到关键黏合剂，为东盟国家在应对非传统安全威胁方面塑造了共同的角色。2007年1月东盟第十二届首脑会议决议加快了建设“东盟安全共同体”的进程，计划在2015年前建立东盟共同体，并对外公布了《东盟宪章蓝图》（the Blueprint of the ASEAN Charter），④ 为当年11月东盟国家在

---

① See ASEAN, 2003 Declaration of ASEAN Concord Ⅱ, Bali, Indonesia on 7 Oct 2003.

② ASEAN, Vientiane Action Programme (VAP) 2004-2010, Vientiane, Laos, 29 November 2004.

③ ASEAN, Chairman 's Statement of the 11th ASEAN Summit "One Vision, One identity, One community", Kuala Lumpur, Dec.12, 2005.

④ ASEAN, Cebu Declaration on the Acceleration of the Establishment of an ASEAN Community by 2015; ASEAN, Cebu Declaration on the Blueprint of the ASEAN Charter, the 12th ASEAN Summit, Cebu, Jan.13, 2007.

新加坡通过《东盟宪章》提供了前提。根据东盟第十三届首脑会议决议，东盟首脑会议授权东盟部长会议和高级官员草拟《东盟安全共同体蓝图》。在“蓝图”中，东盟成员国在非传统安全领域的合作则占据了不小的篇幅。① 随着《东盟宪章》在2008年生效，东盟在迈向区域一体化和“共同体”建设征程中又踏出了最具意义的一步。

稳步推进《东盟宪章》出台的同时，东盟还一改以往注重双边安全防务的传统倾向，转向在东盟框架下发展成员国间的多边安全合作，这对东盟国家合作应对非传统安全问题产生非常积极的意义。此后，东盟成员国不仅在东盟峰会、东盟外长会议和国防部长会议中就合作应对非传统安全威胁发出各种倡议和进行相关规划，也开始在东盟主导下的多边框架中积极推动非传统安全领域的合作，以寻求综合、有效地应对地区非传统安全威胁挑战。2009年4月，东盟国家在建设“安全共同体”的进程中又进行了新的努力，对外公布了《东盟共同体发展蓝图（2009—2015）》（Roadmap for an ASEAN Community 2009—2015）。在蓝图中，东盟以多达19页的篇幅阐述了“东盟政治与安全共同体”的详细行动举措，其中涉及非传统安全领域的详细行动计划就多达28条，覆盖跨国犯罪、恐怖主义和突发事件等多类非传统安全问题。② 2011年，在印尼的推动下，东盟在推进“安全共同体”建设方面又取得了新的成绩。11月，东盟在印尼巴厘岛举行的第十九届峰会上通过了《全球

① ASEAN, Chairman's Statement of the 13th ASEAN Summit: One ASEAN at the Heart of Dynamic Asia, Singapore, Nov.20, 2007.

② ASEAN, Roadmap for an ASEAN Community 2009-2015, Posted in ASEAN Publications, Publications Print, Apr.9, 2009,pp.15—17.

国家共同体下关于东盟共同体的巴厘宣言》（也即《巴厘第三协调一致宣言》，Bali Declaration on ASEAN Community in a Global Community of Nations，Bali Concord III），又一次强调了维护地区和平、安全与稳定方面的相关原则性规范，要求成员国切实加强合作以期共同应对跨国犯罪、海盗、恐怖主义和核扩散等非传统安全威胁。①

“东盟安全共同体”的构建在制度建设和规范分享方面取得了显著成绩，也切实地为成员国加强在非传统安全领域的合作提供了指导。然而，可以肯定的是，东盟在构建“安全共同体”进程中还并未切实有效、综合性地缓解和解决非传统安全威胁问题。东盟在非传统安全领域的合作还大多停留在倡议和计划层面，东盟成员国合作领域单一和能力的欠缺均影响着东盟在非传统安全领域合作水平的提升。虽然东盟国家在实践中推进各国在非传统安全领域的合作进程中面临着更为复杂的环境，需要解决很多难题，但“安全共同体”至少在规划和制度、规范上为东盟国家未来持续加强非传统安全领域的合作提供了有益条件和赋予了共同的角色。

2015年是东盟计划实现“安全共同体”构建目标的重要节点，因此东盟国家在“安全共同体”建设进程中有着明显的迫切心理。在此背景下，东盟国家如若能够在非传统安全领域的合作方面克服现存的一系列挑战和难题，势必将在非传统安全领域的合作方面推出更具务实性的举措，而这显然能够为地区非传统安全威胁的缓解带来益处。

① ASEAN, Bali Declaration on ASEAN Community in a Global Community of Nations, Bali Concord III, at the 19th ASEAN Summit, Indonesia, 2011.

热点分析

美国“重返”亚太对中国—东盟关系的影响[①]

——以美国奥巴马政府对湄公河地区合作的介入及其影响为例

贵州省六盘水师范学院三线建设研究中心研究员　俞家海

摘要：作为世界地缘政治中的边缘地带和中南半岛的心脏地带，湄公河地区历来为兵家必争之地。自奥巴马政府高调宣示“重返东南亚”以来，一度遭到冷落的湄公河地区重新受到美国在战略上的重视。奥巴马政府以“重返东南亚”为契机，以加大对湄公河地区的战略投入为杠杆，以积极介入湄公河地区合作为手段，试图恢复美国在湄公河地区的影响力。作为全球唯一的超级大国，美国在“重返亚太”战略的背景下，积极介入湄公河地区合作事宜，此举加剧了湄公河地区合作的竞争态势，使地区形势更为复杂，对中国亦造成了多重的影响。

关键词：奥巴马政府；湄公河地区；合作；影响

湄公河全长4880公里，流域总面积81万平方公里，该地是衔接东南

① 本文为2013 年度教育部人文社会科学研究西部和边疆地区项目“美国对湄公河地区策略的调整及其对GMS 合作的影响研究”阶段性研究成果。

亚、东亚、南亚三地的结合部，又是连接中国西南地区与印度洋、太平洋的一个重要战略基点，地理位置十分重要。湄公河地区是中国与周边国家和地区开展最早、成效最大和最具示范意义的区域，该区域已成为中国构筑西南周边地缘政治、地缘经济新格局的战略依托，其对于中国西南地区政治、经济发展的重要性自不待言。自20世纪90年代以来，中国与湄公河地区各国的关系不断发展，特别是自1992年以来双方开始开展的大湄公河次区域（GMS）合作，取得了令人瞩目的成绩，中国在该地区的影响力也与日俱增。随着近来中国崛起的步伐不断加快，引起了视中国为重要战略棋手的美国的日益重视，中国的周边国家和地区成为美国牵制中国崛起的重要战略棋子，湄公河地区再度成为美国对华战略中不可或缺的重要一环。特别是奥巴马政府上台后，美国不断以合作为手段，重新介入湄公河地区事务，企图恢复美国在湄公河地区的影响力，此举对中国造成了多重的影响。

一、美国奥巴马政府介入湄公河地区合作的背景及其目标

（一）美国奥巴马政府介入湄公河地区合作的背景

美国介入湄公河地区合作的时间较早，可以追溯至20世纪50年代"下湄公河流域调查协调委员会"（MC）的筹建。1957年9月，在"联合国亚洲及远东经济委员会控洪局"的推动下，泰国、老挝、柬埔寨和南越成立了"下湄公河流域调查协调委员会"，旨在合作开发水电项目、扩大土地灌溉面积、减少洪水威胁、延伸河流航道，解决湄公河流

域国家广泛的贫困问题。① 美国作为“下湄公河流域调查协调委员会”最初的赞助者，将此合作视为“非共产主义国家维护其地区利益的一种方式”。② 20世纪60年代卷入越南战争后，美国更为重视湄公河的战略地位，约翰逊总统是“湄公河开发计划”的支持者。截至1970年，美国是非流域国家中对“下湄公河流域调查协调委员会”捐助资金最多的国家，仅1969年就捐助了3300万美元，是第二大非流域捐助国联邦德国的近两倍。③

与前任总统肯尼迪一样，约翰逊总统也认为，“美国帮助第三世界国家摆脱贫困和落后是赢得冷战的重要手段”。因此，美国于1965年5月带头为“下湄公河流域调查协调委员会”在老挝的第一个优先开发项目南俄（Nam Ngum）水电站提供了一半的资金。约翰逊总统的态度极大地激发了湄公河流域内各国借对外合作来推动湄公河开发的热情。1965年1月，“下湄公河流域调查协调委员会”筹措的运作资金仅有7240万美元，但截至当年年底，“下湄公河流域调查协调委员会”运作经费已达1.05亿美元，一年期间增长了45%。④ 在这个时期，“下湄公河流域调查协调委员会”的职能也得到扩大，不仅涉及河流开发，还包括健康、教育、交通设施等方面，成为推动地区经济和社会变革的一支重要力量。当时的国际舆论普遍认为，“下湄公河流域调查协调委员会”站

① [美] 杰弗里 · W. 雅各布斯著、朱晓红译：《密西西比河与湄公河流域开发经验的比较》，《水利水电快报》，2000年第8期。

② Ashok Swain, *Managing Water Conflict: Asia, Africa and the Middle East*, Routledge, 2004, p.120..

③ Jeffrey W. Jacobs, “The United States and The Mekong Project”, *Water Policy(01)1999*, p.591.

④ Li Thi Tuyet, *Regional Cooperation In Southeast Asia: The Mekong Project*, Ph. D. Dissertation, The City University of New York, 1973, p181.

在一个充满希望的起点上。①

然而，20世纪70年代后，“印支战争”的不断升级打消了美国、联邦德国等捐助国的积极性，湄公河地区动荡的局势也阻碍了“下湄公河流域调查协调委员会”的活动，战争使湄公河流域部分地区成为禁区。湄公河流域各国之间的相互猜忌与防范，也限制了它们之间的合作。与此同时，由于美国在越南战场上陷入困境，其国内也面临严重的政治经济危机，约翰逊总统被迫放弃了1968年的总统竞选。1969年1月尼克松就任美国总统后，美国的东南亚政策转向收缩，尼克松政府不再把东南亚地区视为美国实施“全球战略”的关键利益所在。②因此，从1970年开始，美国削减了对“下湄公河流域调查协调委员会”的援助。1975年，随着越南南北统一、柬埔寨红色高棉的崛起以及老挝人民民主共和国的成立，美国最终停止了对“下湄公河流域调查协调委员会”的直接援助。

美国再度对湄公河地区的重视是在中国、老挝、缅甸、泰国、柬埔寨、越南六国宣布建立GMS合作机制之后。GMS合作于1992年由“亚洲开发银行”（ADB）发起，目前其成员包括柬埔寨、老挝、缅甸、泰国、越南和中国的云南省及广西壮族自治区。历经20余年的发展，GMS合作取得了重要的成就，充分促进了成员国经济和社会发展，推动了次区域一体化进程，中国在湄公河地区的影响力也与日俱增。与此同时，

① Jeffrey W. Jacobs, “Mekong Committee History and Lessons for River Basin Development”, *The Geographical Journal(02)1995*, p142.

② Frank C. Darling, “United States Policy in Southeast Asia: Permanency and Change”, *Asian Survey(14)1974*, P608.

美国在湄公河地区的影响力却日渐式微。2008年奥巴马当选为美国总统以后，美国改变了以往过于关注欧洲与中东的外交政策，开始在这些地区实行战略收缩，加大对亚太地区的战略投入，而东南亚尤其是湄公河地区成为美国外交的“新战场”。为了实现美国在湄公河地区的战略利益和战略目标，时任国务卿的希拉里·克林顿开始践行“巧实力”的外交理念，对湄公河地区各国展开更为积极的外交攻势，比以往推行更为积极、更为务实的湄公河政策，全面介入湄公河地区各项事务的合作。在希拉里新湄公河政策的指导下，美国积极发展与GMS各国的关系，重视“湄公河委员会”（MRC）在湄公河地区事务中所发挥的作用，强调要经常与“湄公河委员会”① 在湄公河地区事务上加强协商与合作，这在整体上提升了湄公河地区在美国全球战略中的地位，为美国在重新夺回湄公河地区事务主导权的奠定坚实基础。

（二）美国奥巴马政府介入湄公河地区合作的目标

美国政治学家约瑟夫·奈曾在《美国的区域合作政策》一文中，将美国对全世界范围内的区域合作政策总结为出于四个主要利益方面的考虑：“美国的区域影响力；围堵需要；经济发展需要；冲突预防和管理。”② 奥巴马政府介入GMS地区事务主要基于两重目标，其目标之一

① 湄公河委员会（Mekong River Commission，简称MRC），是在1957年成立的“湄公河下游调查协调委员会”（MC）的基础上产生的。新湄公河委员会由三个常设机构组成：即理事会、联合委员会和秘书处。理事会由每个成员国派一名级别不低于司长级官员组成，每年至少举行两次会议；秘书处负责为联合委员会和理事会提供技术和行政服务，其工作在首席执行官（CEO）的领导下进行，而首席执行官的任免则由理事会决定。

② Joseph Nye, “United States Policy Toward Regional Organizations”, *International Organization(23)1969*, p.723.

是“重返湄公河”，扩大美国在湄公河地区的政治影响力，并以此为依托，企图从西南陆地方向对中国构筑战略包围圈。约翰逊政府之后，美国减少了对湄公河开发计划的支持，只能通过对流域国家的双边援助，或通过国际机构和跨国公司继续维持在该地区的影响力。进入21世纪以来，中国经济的腾飞以及中国在湄公河地区的影响力不断扩大，使综合实力不断衰退的美国深感忧虑和压力，美国认为中国的崛起最终会挑战美国在亚太地区的霸主地位。① 因此美国急需拉拢湄公河下游各国来牵制中国的发展，维护美国在东南亚的领导地位，为美国“重返亚太”战略服务。故奥巴马政府改变了“9·11”事件以前小布什政府的单边主义政策，湄公河地区重新被纳入美国地缘战略的视野。美国的湄公河地区政策由此前的消极漠视转变为对湄公河地区的积极投入，大力发展美国与GMS各国的关系，积极介入GMS地区合作，借此来维护美国在湄公河地区的战略利益和削弱中国在湄公河下游地区的影响力，试图发挥美国在湄公河地区事务中的主导作用。

其目标之二，即是在GMS已成为亚太地区新的增长极，以及金融危机后美国经济恢复乏力的背景下，把湄公河地区打造成美国新的出口市场，从而为恢复美国经济助一臂之力。奥巴马上台之时正值美国遭受严重的金融危机之际，金融危机对美国长期以来引以为自豪的金融业和实体经济造成了严重的冲击，甚至危及美元自1944年布雷顿森林体系以来所确立的霸权地位。面对如此严重的金融危机，奥巴马政

① James Bellacqua.The China Factor in U.S.-Vietnam Relations. http://www.cna.org/sites/default/files/research/the%20china%20factor%20in%20us%20vietnam%20relations%20drm-2012-u-000184-final.pdf.

府采取了一系列措施来进行补救，全力遏制新世纪美国经济危机的蔓延和深化。对于国内方面，奥巴马政府重点调整国家发展模式，改变了以往重视虚拟经济而轻视实体经济的经济发展理念，实施“再工业化”战略，加大政府对经济的宏观调控，积极推进绿色革命，提倡发展新能源，着力打造国家新的经济增长点；对外方面，奥巴马政府改变了布什政府在世界各地频频进行军事扩张的政策，将经济外交放在国家整体外交的重要位置。在新时期美国外交战略调整的大背景下，东南亚地区的新兴经济体成为新时期美国经济外交重点关注的对象。东盟是美国重要的贸易伙伴，特别是湄公河地区资源丰富，人口众多，经济发展潜力巨大，蕴含广阔的市场开拓前景。以越南为例，美越关系正常化以后，双边贸易额从1995年仅有的4.5亿美元发展到2011年的170亿美元，增长了近40倍。① 处于内外交困的奥巴马政府将大力开拓湄公河地区市场，加大对湄公河地区各国在经贸方面的合作力度，这对于奥巴马政府试图通过对外贸易来减轻金融危机的影响是十分重要的。美国顺应经济发展和地区合作的时代趋势，采取了多边合作的方式，即通过支持湄公河委员会等具有区域影响力的国际组织，运用经济和外交手段以最大限度地实现美国的国家利益。

---

① Vietnams Relations with America Are in Fact a Strategic Partnership, *Vietnam Net Bridge*, 11 July 2010.

二、美国奥巴马政府介入湄公河地区合作的进展情况及其成效

（一）美国奥巴马政府介入湄公河地区合作进展情况

2009年7月23日，希拉里访问泰国，与泰国、越南、老挝和柬埔寨等湄公河下游四国外长在泰国普吉岛举行了美国与湄公河下游国家前所未有的首次外长会议，讨论了在环境、健康、教育和基础设施发展等流域共同关注的问题。会后，五国外长把这种形式的会晤机制制度化，下一年度的会议将在每年的东盟与对话伙伴外长会议期间举行。决定成立一个专门的工作小组，对湄公河流域有关情况进行研究并将成果提交给美国，以便湄公河流域各国能够共享灾害预防方面的专业建议和意见，有效地预防各种自然灾害。2010年7月22日，希拉里在越南河内与柬埔寨、老挝、泰国和越南四国的外交部长举行会谈，彰显美国与湄公河下游四国在共同关注的重要议题上日益增强的协作。会后，五国外长启动了《湄公河下游倡议》。这个倡议重点关注环境、卫生、教育和基础设施等领域。具体内容包括：首先，2010年，美国将为湄公河流域的环境项目提供2200多万美元。以下是《湄公河下游倡议》所资助的项目，其主要内容包括：（1）开展一个为期三年的项目，协助湄公河下游四国发展合作战略，应对气候变化对于水资源、粮食保障和居民生计的影响，美国已为项目第一年拨款300万美元；（2）湄公河委员会和密西西比河委员会在2010年5月12日签署一项结为“姊妹河”的合作协定，旨在改进越境水资源的管理；（3）持续开发“预测湄公河”（Forecast Mekong）这个预测性模型工具，用以

显示气候变化和其他挑战对于湄公河流域可持续发展的影响；（4）资助一项湄公河下游四国各大学进行的两年期研究项目，研究湄公河流域长期存在的有机污染源。① 其次，2010年美国将为湄公河下游四国的健康项目提供的援助总计将超过1.47亿美元，重点集中在提高湄公河地区各国应对流行性传染疾病有关的培训、研究等能力建设。在教育领域，2010年美国为该区域提供的教育援助总额超过1800万美元，其支持的教育项目包括：（1）美国—东盟论坛（US-ASEAN Forum）,即将以“乡村互联网的连接、教育和发展”为主题举行，以湄公河地区为重点，邀请开发专家、政府官员、公民社会、私营部门和捐助方共聚一堂，分享在贫穷的乡村地区普及互联网的最佳实践；（2）国际访问者领袖计划（International Visitors Leadership Program），为该地区教育、环境和健康方面的专家提供访问美国的机会，与同行探讨最佳实践并建立区域性和国际性的工作联系；（3）通过在当地设立奖学金支持英语培训，帮助参与《湄公河下游倡议》工作的专业人员提高他们在区域和国际范围内的交流沟通能力。② 此次会议，美国通过主动介入湄公河次区域合作，改善了美国在湄公河下游各国人民中的形象，提高了美国在湄公河下游地区的影响力。

2010年3月，时任美国助理国务卿的坎贝尔访问老挝，与老挝湄公河委员会会晤并提出了援助方案。③ 为进一步落实《湄公河下游倡

① Bureau of Public Affairs of the U.S. Department of State, *The U.S. and the Lower Mekong: Building Capacity to Manage Natural Resources*. http://www.america.gov/st/energy-chinese/2010/January/20100107151756eaifas0.6362813.html.

② 李益波：《奥巴马政府对东南亚政策的调整及原因分析》，《太平洋学报》，2010年第1期。

③ 《美国拉拢老挝制衡中国，越南关注》，2010年3月29日，http://news. 163.com/10/0329/13/62UP3BV1000146BC.html。

议》，同年7月，希拉里在越南河内与柬埔寨、老挝、泰国及越南等湄公河下游四国外长共同出席“第二届美国—湄公河下游四国外长会议”。[①]这次会议主要以美湄普吉岛外长峰会上提出的《湄公河下游倡议》及其执行情况为议题，并就美国下一年度的湄公河援助计划举行磋商，美湄外长会议开始定期化、机制化。2011年7月，希拉里与湄公河下游的泰国、越南、老挝和柬埔寨等四国外长在印度尼西亚巴厘国际会展中心举行了“第三届美国—湄公河下游外长会议暨首届湄公河下游之友外长会议”。在此次会议上，《湄公河下游倡议》的伙伴国家一致通过了一份概念文件即《湄公河下游倡议》，汇总了这项倡议的远景和结构以及一项指明未来五年中跨国挑战和合作领域的行动计划，美国对湄公河地区教育、环境、卫生等领域的援助将增加到约2.12亿美元，与2009年的援助金额相比，增长达44%。会议还通过了“美国—湄公河下游国家框架合作外长会议纪要内容”和“2010年湄公河委员会与密西西比河合作谅解备忘录”。《湄公河下游倡议》国家还建立了一个网上秘书处，以加强协调与规划。美国将通过创建“湄公河下游之友”（Friends of Lower Mekong group）把越来越多的国家带入这一伙伴关系。[②]同日还举行了首届“湄公河下游之友外长会议”。同年11月，“第四届美国—湄公河下游国家外长会议”在老挝万象召开。老挝外交部副部长本格·桑孔萨参加并主持会议，美国、柬埔寨、泰国和越南等

① 《克林顿敦促按国际法解决南中国海争端》，2010年7月27日，http://www.america.gov/st/eap-chinese/2010/July/20100723150647kkgnast0.4684979.html。

② 《希拉里·克林顿国务卿在美国—湄公河下游部长级会议上的讲话》，美国国务院发言人办公室，2011年7月22日，http://iipdigital.usembassy.gov/st/chinese/texttrans/2011/07/20110722171527x0.75341.html。

框架合作成员国代表80多人与会。会议回顾了各方在四大优势合作领域（卫生、教育、环保和基础设施）的工作进展情况，讨论了下一步相关工作计划，特别是要细化并落实2011年7月在印尼巴厘岛峰会通过的“美国—湄公河下游国家框架合作外长会议纪要内容”和“2010年湄公河委员会与密西西比河合作谅解备忘录”。

2012年7月14日，“第五届美国—湄公河下游四国外长会议暨第二届湄公河下游之友外长会议”在柬埔寨首都金边举行。美国决定在今后两年内，将向越南、柬埔寨、老挝和泰国等湄公河下游四国提供5000万美元的援助。在未来几年内，美国将把《湄公河下游倡议》视为本国与湄公河下游四国合作克服公共卫生、基础设施建设、环境保护和教育等目前所面临的挑战的权威论坛。[①] 13日所公布的2020年《湄公河下游倡议》旨在促进本地区各国广泛和有效地参与，推动湄公河下游乃至东南亚地区的发展以及缩小区域内各国的发展差距。关于越南在《湄公河下游倡议》中的作用，美方认为越南将与美国共同扮演推动关于环境和水资源保护等方面的角色，其中更加注重卫生、洪水管理、确保城市清洁水源和有关问题等，并强调可持续和有效利用湄公河水源是本地区各国所面临的一大挑战。美国还决定向湄公河委员会提供100万美元的援助，用于研究湄公河上游水电站项目对湄公河生态环境的影响。[②] 同年12月20日，美国总统奥巴马在柬埔寨首都金边出席东亚峰会期间，与《湄公河下游倡议》伙伴国即柬埔寨、老挝、缅甸、泰国和越南等国领导人举

① 《湄公河下游国家与美国加强合作》，2012年7月14日，http://cn.vietnamplus.vn/18302.vnplus。

② 《湄公河下游国家与美国加强合作》，越通社，2012年7月14日，http://cn.vietnamplus.vn/18302.vnplus。

行会晤，这是2009年希拉里与湄公河下游四国外长举行会晤以来，举行的最高级别会议。会议主要就教育、环保、卫生、能源安全、湄公河委员会-密西西比河委员会伙伴关系等议题进行会谈，另外还提到了电力、交通、通信等议题，并承诺将在这些领域继续加强交流与合作。[①]

（二）美国奥巴马政府介入湄公河地区合作的成效分析

奥巴马上台以来，灵活运用“软实力”外交，利用湄公河地区各国的内部矛盾及他们对中国崛起带来的不确定性的顾虑，通过开展湄公河地区合作为杠杆，顺利地以小成本成功“重返”湄公河地区。在2012年奥巴马访问缅甸之前，美国重新绘制了一幅新时期的湄公河战略蓝图，奥巴马政府介入湄公河地区的合作，收到了一定的成效。

借助湄公河地区开展的合作，美国与湄公河地区各国的高层交往日趋频繁，双边关系明显得到夯实和改善。2009年7月，希拉里访问泰国，并参加东盟地区论坛，这不仅充分显示了美国对湄公河地区事务的重视，还有效地巩固了美国与中南半岛地区传统盟友的关系；在加强与传统盟友泰国关系的同时，美国还积极发展与老挝、柬埔寨和越南等国的友好合作关系，美国的外交努力使美国与老挝、柬埔寨的关系得到进一步改善，两国不再是美国外交决策者“遗忘的角落”；美国还通过加强与越南的政治、军事、经济关系来拉拢越南制衡中国，分散中国对湄公河事务的注意力，为其“重返湄公河”铺平道路。此外，美国以缅甸

① President Obama Meets with Lower Mekong Initiative Leaders, November 20, 2012,http://www.lowermekong.org/Partners.

的民主转型为契机，不断调整对缅政策，以《湄公河下游倡议》合作框架为手段，于2012年成功吸纳缅甸为《湄公河下游倡议》的成员国，积极改善了美缅关系。2012年11月奥巴马总统还历史性地对缅甸实现了“破冰之旅”，2013年5月缅甸总统吴登盛也成功对美国实现了回访，缅甸的外交越来越显示出在中美之间寻求平衡的发展势头，完全改变了此前向中国一边倒的外交倾向。

美国还通过介入湄公河地区的合作为名，与GMS各国在湄公河地区建立了多种合作交流机制。从2009年7月美国国务院发起的《湄公河下游倡议》开始，奥巴马政府已经与湄公河各国建立了“美国一湄公河下游四国外长会议”“湄公河下游倡议”“湄公河下游之友外长会议”“湄公河委员会与密西西比河合作”等四个交流合作机制，基本完成了在湄公河地区合作机制的建设，为其在湄公河地区进一步施展影响力提供了多个平台。随着美国在湄公河地区多个交流机制的建立及资金的不断投入，美国在湄公河地区开展的合作博得了湄公河各国政府不同程度的认同，美国在一定程度上改变了以往“口惠而实不至”的形象。奥巴马政府通过“重返湄公河”，进一步提高了美国在湄公河地区的软实力，扭转了美国在湄公河地区事务中的不利局面，大大提升了美国在该地区的影响力。

三、美国奥巴马政府介入GMS合作对中国的影响

奥巴马政府介入湄公河地区合作后，对大湄公河次区域各国的形势发展产生了不同程度的影响。但奥巴马政府醉翁之意不在酒，其中影响

最大的自然是中国。在政治层面，美国奥巴马政府以湄公河地区合作为名，加大对湄公河地区事务介入的力度，增强了美国在湄公河地区事务中的发言权，这给中国与GMS各国发展良好的关系带来一定的挑战。奥巴马上台后，对湄公河地区政策由消极漠视转变为对湄公河地区的积极投入，不断加大对湄公河地区合作的力度。作为目前全球唯一的超级大国，美国的强势回归为湄公河五国实行"大国平衡"战略提供了可乘之机。美国则充分利用GMS各国对中国崛起的担心和不信任，不断扩大与GMS各国的关系，包括政治、经济与军事关系，进而拉近与GMS各国之间的地缘与政治上的距离。在美国看来，应该在中国还未建立牢固的湄公河地区关系时，快速插足、分化GMS各国，拉拢GMS各国与美国的合作，以阻止继续出现GMS各国倾向于中国的局面。[①] 美国利用湄公河下游国家对中国在湄公河上游（澜沧江）建设梯级大坝给其带来农业和渔业危机的戒备心理，将湄公河下游地区作为其东南亚陆地外交的重点，通过加强湄公河下游各国的关系来离间中国与GMS各国的关系。[②] 美国介入湄公河地区事务确有遏制中国在湄公河地区的影响力，扩大美国自身影响力的考虑。美国充分利用湄公河五国对中国迅速崛起的不确定性心理，在一定程度上离间了中国与GMS各国的关系，湄公河五国的"等距离"外交对中国与GMS五国关系的深度发展带来了一定的挑战。

在经济层面，奥巴马政府倡导的以《湄公河下游倡议》为主的合作

① By Felix K. Chang. *The Lower Mekong Initiative & U.S. Foreign Policy in Southeast Asia: Energy, Environment & Power*. Orbis: A Journal of World Affairs, http://www.fpri.org/articles/2013/04/lower-mekong-initiative-us-foreign-policy-southeast-asia-energy-environment-power.

② Richard Cronin and Timothy Hamlin, *Mekong Turning Point: Shared River for a Shared Future*, January 2012, The Henry L. Stimson Center, p49.

机制，同中国与湄公河五国的GMS合作机制形成明显的竞争态势，影响了中国与湄公河五国经济合作的正常开展。奥巴马倡导的《湄公河下游倡议》的合作多以保护和修复湄公河地区的生态环境，发展当地的公共卫生和教育事业，兴建当地的公共设施等为主要内容，更加注重的是扩大美国政府在湄公河五国民间的影响力，为美国在湄公河地区的合作树立了一个较好的形象。与此相对应的是，中国与GMS的合作虽然提升了湄公河五国的经济发展，但这种合作多体现在以耗费各国当地资源为主要内容的资源消耗型合作，这不仅凸显了中国政府似乎掠夺当地资源的形象，还对当地的环境直接造成了一定的破坏，给不少湄公河地区当地民众造成了不良印象。美国政府也利用这种合作内容上的反差，煽动一些不明真相的当地群众来抵制中国与GMS各国开展的合作。密松水电站项目搁浅，莱比塘铜矿在进展中遭遇抗议声不断，中资企业因此惨遭损失即是明显的案例。在美国幕后的推动下，湄公河地区的一些政治团体和社会团体不断以环保为名，要求抵制中国在湄公河地区开展的一些经济合作，此举增加了中国与GMS合作的成本，影响了中国与湄公河五国经济合作的正常开展，而美国也趁此达到了一定的政治意图。湄公河地区的形势日趋复杂化，给本地区发展带来一定困扰，在一定程度上对中国参与湄公河地区事务造成不利影响。

在安全层面，奥巴马政府以柔性外交手段强势介入湄公河地区事务，加快了美国构筑围堵中国包围圈的步伐，使中国西南周边的地区形势变得复杂，对中国的西南安全造成无法忽视的潜在威胁。湄公河地区不仅是中国实施两洋（太平洋、印度洋）战略的关键，更是中国面向西南“桥头堡”建设的第一站。湄公河地区的得失与否不但影响到中国西南周边地区的形势变化，亦直接关系到中国西南地区门户的安全。在1840年以前，中国正是由于逐渐失去了西南境外的这些安全屏障，使殖民者觊觎中国有了立足点，此后西方殖民者逐渐溯洋北上，直至将整个中国沦为半殖民地。奥巴马政府在湄公河地区的布局遵循的是一个渐进与不断扩展的过程，从“重返湄公河”到“战略再平衡”，从生态环境保护、教育卫生等领域逐渐扩展到与湄公河地区各国的安全合作。经过四年多的经营，奥巴马政府在湄公河地区的战略效应开始逐渐显现，整个GMS国家都在逐渐被美国以介入湄公河合作的策略所绑架，使湄公河地区成为美国遏制中国崛起的一个重要的战略桥头堡。例如，越南和缅甸的地缘位置对中国的西南安全的重要性不言而喻，美国除了在经济上有针对性地不断扩大与越南、缅甸的合作，在安全上寻求与越南、缅甸的合作也是不遗余力。在美国的努力下，美越关系正在向事实上的战略伙伴关系演进，与此同时，美国也极力拉拢缅甸开展安全合作。奥巴马政府布局湄公河地区，美国一方面遏制了中国在湄公河地区影响力的发挥，另一方面，美国在亚太地区海洋上已占据绝对优势的前提下，由海及陆，拉拢湄公河地区各国，不断扩大美国在湄公河地区的影响力，强化对中国的战略围堵。营造稳定的周边环境，深化我国与周边国家的政治互信和友好合作，确保中国的长远战略利益，这是中国实施周边外交政策的目的。因此，美国介入湄公河地区合作，使中国在湄公河地区的外交努力大打折扣，也将直接影响到中国未来的“两洋战略”“桥头堡战略”的顺利实施和西南能源通道的安全。美国还可能利用湄公河地区的合作，不断提升与湄公河各国的安全关系，特别是两个属于稳定破碎区的国家——缅甸和越南给中国制造外交上的麻烦，这无疑不利于中国发展西南地区经济、改善西南少数民族地区的民生、维护西南边疆少数民族地区的安全与稳定。

四、美国介入湄公河地区合作的发展趋势

（一）制约未来美国介入湄公河地区合作的主要因素

从目前形势来看，虽然美国对湄公河地区合作的介入力度很大，也取得一些进展，但仍然面临一些不利因素，湄公河地区一种若隐若现的“去美国化”即是其中之一。[①] 它使美国产生了强烈的危机感，如果任由其发展下去，则美国在湄公河地区的利益和影响力将遭受重大损失。奥巴马政府当前面临的挑战在于，要充分改变美国在湄公河地区所扮演的角色，把美国利益与湄公河地区的新现实结合起来。为了改变这种“去美国化”的现状，美国开始加大对湄公河地区的关注力度，争取在中南半岛各国的经济发展大潮当中获得主动地位。奥巴马上台后，以“发展”为重点议题的奥巴马外交开始渗透到东南亚内陆国家。2009年7月，希拉里与湄公河下游四国外长会面，并举行了首次湄公河下游外长会议，在教育、卫生、基础建设方面与四国加强合

① 冷战结束后，由于湄公河地区在美国全球战略中的地位一落千丈，美国对湄公河地区的关注度开始下降，该地区遂成为美国外交决策者“遗忘的角落”。而中国由于西南地区对外开放和西部大开发的需要，加大对湄公河地区的关注力度，与GMS各国加强经济、政治方面的合作，中国在该地区的影响力不断扩大，GMS各国民众对中国的好感连年攀升，而对美国的好感连年下降，中国在湄公河地区大有取代美国的势头。美国学者把这种现象称之为“去美国化”。

作达成协议，密西西比河委员会将与湄公河委员会建立伙伴关系。同时奥巴马政府还积极向国会争取额外的1500万美元，用于改善湄公河下游四国的食品安全。[①]

美国的战略“重返”也受到GMS各国收受能力的制约。从根本上说，美国与GMS各国的战略目标大为不同。作为其亚太战略的重要组成部分，美国“重返”的根本目的在于全面强化其在湄公河地区的影响和制衡其他大国特别是中国在该地区的影响力。而从GMS各国而言，这些国家在主权、人权、价值观等问题上与美国存在较大差异，越南、老挝、柬埔寨甚至与美国曾经兵戎相见，越南、老挝又是社会主义国家，不管双方如何示好，其意识形态的矛盾在短期内是无法消弭的。现在越南仍然无法彻底忘记越战，短期内越南无论如何也不会完全倒向美国。虽然缅甸的政治转型使美缅关系获得巨大改善，但缅甸对于美国发展美缅关系的战略意图始终保持一定的警惕。而湄公河地区各国坚守“大国平衡”战略亦对美国在湄公河地区的战略投入有所牵绊。尽管美越关系表现出前所未有的“亲密”，美缅关系亦在加速冰释前嫌，但既希望拉住美国以抗衡中国影响力，同时亦希望保持与中国的传统友好关系，是包括越南、缅甸在内的所有湄公河国家的普遍心态。湄公河沿岸各国更不希望湄公河地区成为大国角逐的竞技场。然美国如此积极迫切地加入到湄公河地区合作机制中来，极有可能会影响湄公河地区各国在湄公河地区合作中的独立性和自主性，湄公河地区各国担心在不久的将来美国

① Anonymous, “Singapore Paper Views ‘Renewed’ US Attention in Southeast Asia”, *BBC Monitoring Asia Pacific*, August 12, 2009.

会主导湄公河地区的合作，将更加突出湄公河地区合作中的大国影响，加剧多方的竞争态势，不利于湄公河地区合作的进程，并使湄公河地区合作机制走向由大国主导的不利局面。

美对湄公河地区的战略企图还受美国国力衰退的制约。美国目前正面临着国债压力日增，财政紧缩需求上升的窘境。相较而言，无论是中、日、韩三国，还是正在对湄公河地区合作付诸行动的印度，都资金雄厚。尽管美国不断对湄公河地区加大战略投入，扩大合作范围，企图在湄公河合作中扮演主导者的角色，但与前述四国投入的资金相比，显得杯水车薪，美国的实力不济制约了美国在湄公河地区合作的广度和深度。与此同时，湄公河各国却恰好利用这种群雄逐鹿的竞争态势来渔翁得利，谋求各国利益的最大化。此外，东盟不少官员认为美国并不是真正关心湄公河的发展，而是为了和中国竞争，比如东盟一位官员2009年11月在华盛顿的一次国际会议上公开指出，密西西比河是内河，湄公河是国际河流，两者不具备可比性，因此，湄公河与密西西比河的合作是没有意义的。

（二）美国将加大对湄公河地区合作的介入力度

尽管美国介入湄公河地区的合作面临着诸多的困难，但未来美国依然会加大介入湄公河地区合作的力度。进入21世纪以来，湄公河地区的力量格局已经开始发生巨大的变化，不仅日、韩、印等国不断加大力度挺进湄公河地区，具有地缘优势的中国在湄公河地区的影响力更是与日俱增。美国担心未来在湄公河地区开展的合作竞争中被边缘化，尤其担心未来中国会取代美国在东南亚的领导地位。[①] 在美国看来，中国的崛起终将挑战美国的世界霸权地位，中国在湄公河地区软实力的提升是以牺牲美国的利益为代价的。因此，对于中国与湄公河地区各国关系的全面发展，美国自然无法做到熟视无睹。随着美国TPP（跨太平洋伙伴关系协议Trans-Pacific Partnership Agreement, TPP）项目的启动，美国可能会把湄公河地区五国纳入其一手打造的合作机制中去，形成一个把中国排除在外的国际经济合作组织，与中国和GMS各国的经济合作形成一种竞争关系，干扰云南“桥头堡战略”的实施。美国急欲利用湄公河地区国家来牵制中国的发展，以维护美国在东南亚地区的领导地位。尽管中国在湄公河地区还未获得与美国同等的软实力，但忽视这一趋势对于美国来说是很危险的，美国需要对湄公河地区投入更多的关注来平衡中国的软实力。[②] 作为美国对中国战略围堵棋局中的一枚重要棋子，美国对湄公河地区的作用自然不会无动于衷。因此，美国为达到延缓中国崛起的目的，未来将加快“重返东南亚”的脚步，以介入湄公河地区合作为手段的战略投入会不断加重，以增强美国在湄公河地区的影响力。

结 语

美国奥巴马政府对湄公河地区合作的介入是在世界战略重心东移的大背景下进行的，它是美国实施“巧实力”外交实践的重要舞台，是美

① Rex Li, *A Rising China and Security in East Asia: Identity Construction and Security Discourse*, Routledge, 2009, p8.

② By Felix K. Chang. *The Lower Mekong Initiative & U.S. Foreign Policy in Southeast Asia: Energy, Environment & Power*. Orbis: A Journal of World Affairs, http://www.fpri.org/articles/2013/04/lower-mekong-initiative-us-foreign-policy-southeast-asia-energy-environment-power.

国“重返亚太”战略的一个重要环节。奥巴马“重返湄公河”使湄公河地区的局势变得复杂起来，对中国与GMS各国之间的关系造成不利影响，给中国做好周边地区外交工作、维护西南边疆地区的稳定带来一定的挑战。湄公河地区是中国的近邻，是中国周边外交、地区外交以及多边外交实施的重要舞台，中国应加强与湄公河流域各国的沟通、协调，为进一步加强GMS合作营造一个稳定的环境，以抵制美国利用湄公河流域国家对中国形成战略包围的企图。中国与湄公河地区各国发展全面深入的合作关系有利于中国构建长期和平发展的环境，而且中国与湄公河地区各国之间经贸联系紧密，对于中国经济的发展有着较大的推动作用。中国应该继续深化与GMS各国在经济领域方面的合作，同时要适时适度地推进与GMS各国的政治互信建设。另外，中国在维护自己的合法权益上，一定要立场坚定，对部分国家的不友好行为进行有礼有节地斗争，避免对湄公河地区各国的政策呈现单一化、片面化。唯有如此，中国才能确保西南周边地区的繁荣、安全与稳定，从而为中国建设面向西南开放的“桥头堡”创造更为有利的外部环境，并实现“两洋战略”的长远目标。

“亚太再平衡”战略背景下的美国与印尼的“大国”军事关系

中国现代国际关系研究院南亚东南亚及大洋洲
研究所副研究员　宋清润

摘要：奥巴马政府推进“亚太再平衡”战略，将美国战略重心东移至亚太。在此背景下，美国更加重视与东南亚国家的军事合作。其中，美国与印尼两个“大国”对彼此的军事需求明显上升，近年来的军事合作特点非常明显，具有典型性。未来，两国军事合作将维持总体提升的发展惯性，其密切程度和重要性会日益接近美泰同盟军事合作，在某些领域甚至会有所超越，在地区发挥更大影响力。但是，两国军事合作也存在一些问题。

关键词：“亚太再平衡”战略；美国；印尼；军事合作

奥巴马政府将美国外交和军事的战略重心东移至亚太地区，先后提出“重返”[①]亚太、“亚太再平衡”战略等政策称谓。为配合实施战略重心东移，美国愈发重视东南亚的政治、经济和军事价值，“重返”东南亚，强化与东南亚国家的军事合作，甚至明里暗里鼓动个别东南亚国家在南海问题上频频挑战中国利益，目的之一是制衡中国崛起。同时，东南亚国家在军事现代化、国家安全、区域安全等方面对美国的需求与日俱增，尤其是在中国快速崛起的背景下，联合美国制衡中国是其新的大国平衡外交政策选项之一。由此可见，美国与部分东南亚国家近年来军事合作的提升，均有防范中国崛起的一面，因为它们感受到中国崛起带来的安全压力。其中，印尼是奥巴马政府推进“亚太再平衡”战略以来，重点拓展的军事合作对象之一，而且，两个“大国”的军事合作特点明显，地区影响力大。

一、研究当前美国与印尼军事关系的重要性

印尼是东南亚最大的国家，经常被称为东盟“盟主”。印尼地缘位置也十分重要，地处南海南端，是连接太平洋和印度洋的枢纽国家。因此，美国与印尼的军事合作是美国与东南亚国家军事合作中比较重要的，有必要深入研究两国军事合作的诸多细致特点。

① 本文也采用学术界惯常的用词，所说的美国“重返”亚太或者东南亚，指的是美国强化在地区的战略力量投入，因为美国从来没有离开过亚太或东南亚地区。后文中出现“重返”亚太或东南亚的类似用词时，不再重复解释。在行文中，为避免啰唆，有关奥巴马政府的亚太战略调整，经常直接使用“亚太再平衡”战略。

（一）印尼经常被称为东盟"盟主"

印尼正在成长为"举足轻重的地区大国"，国际影响力日益增长。印尼陆地面积1904443平方公里，海洋面积3166163平方公里（不包括专属经济区），是东南亚最大的海岛国家，总人口2.376亿（2010年印尼人口普查），是世界第四人口大国，其人口规模占东盟约40%，约是越南、菲律宾等国人口的2.5倍，约是泰国、缅甸等国人口的4倍。印尼国民中约87%的人信奉伊斯兰教，是世界上最大的伊斯兰国家。① 印尼是东盟最大成员国、最大的资本主义民主国家、最大的经济体、综合实力最强国，是东盟创始国之一，在东盟共同体建设中起着重要作用，东盟秘书处设在印尼首都雅加达，中国、美国、欧盟等国家和组织的驻东盟使团都在雅加达。因此，印尼经常被称为东盟"盟主"。

印尼在国际舞台上的地位也在上升，其是东盟在"20国集团"的唯一固定成员。而有些东盟国家，如东盟当年的轮值主席国，有时也可以代表东盟参加"20国集团峰会"，但这些轮值主席国一年一换，其他偶尔受邀参加峰会的东盟国家也不固定。此外，印尼还有望成为"金砖国家"新成员。

奥巴马政府认为印尼拥有强大影响力，美国前国务卿希拉里·克林顿更是直接称印尼为美国在崛起的亚洲地区架构中的"支点国家"之一②，是其上任后首个出访的东南亚国家，是奥巴马政府在东南亚首个建立"全

① "印尼国家概况（最近更新时间：2014年9月）"，中华人民共和国外交部网站，http://www.fmprc.gov.cn/mfa_chn/gjhdq_603914/gj_603916/yz_603918/1206_604954/。

② Ernest Z. Bower, "Hillary Clinton's Asia Sojourn", The Center for Strategic and International Studies, July 19, 2011, http://csis.org/publication/hillary-clintons-asia-sojourn.

面伙伴关系”的国家。美国要从安全、政治、经济等全方位塑造印尼发展，让印尼作为关键桥梁，为其东南亚和亚太战略、改善与伊斯兰世界的关系服务。①

在军事和地缘政治上，印尼是连接印度洋和太平洋的枢纽国家，是奥巴马政府推进“印太”两洋战略的战略依托国，美国发展与印尼的密切军事关系具有重要地区意义。美国还需要通过与印尼的全方位合作，通过印尼这个桥梁，帮助美国强化对东南亚、东盟和整个穆斯林世界的影响。②

（二）两国军事合作具有典型性

美国与印尼的军事关系曾历经曲折。印尼独立后，在苏加诺基本主政的1945年至1965年期间，苏加诺一度表示印尼要实行社会主义，并积极倡导发展中国家团结自强，领导不结盟运动，召开“万隆会议”，抵制美国霸权。美国和印尼“志不同、道不合”，1966年，美国暗中帮助印尼军队中反共的苏哈托等军官，推翻苏加诺。苏哈托掌权后，美国和印尼由于在反共方面“志同道合”，开展密切军事合作，印尼被视为美国在东南亚的关键军事合作伙伴之一。1967年，美国恢复对印尼的军事援助，此后每年达2000万美元，1976年后增至每年4000万美元，旨在提

① Abraham M. Denmark with Rizal Sukma and Christine Parthemore, “Crafting a Srategic Vision: a New Era of U.S.-Indonesia Relations”, Center for a New American Security, June, 2010, p.11, http://www.cnas.org/files/documents/publications/CNAS_Crafting%20a%20Strategic%20Vision_Denmark.pdf.

② “Remarks by President Obama and President Yudhoyono of Indonesia after Bilateral Meeting,”Shangri-La Hotel, Singapore, November 15, 2009, http://www.whitehouse.gov/the-preess-office/remarks-president-obama-and-president-yudhoyono-indonesia-after-bilateral-meeting.

升苏哈托政权在国内压制共产党的能力。[①] 随着冷战结束，两国军事合作失去共同敌人。当时，世界范围内的“第三波”西方民主浪潮深入发展，美国对发展中国家外交政策的重点转为民主和人权问题。20世纪90年代，美国指责印尼军队多次杀害要求独立的东帝汶民众，导致两军合作时断时续。1998年，美国逼迫苏哈托独裁政权下台。“9·11”事件后，美国和印尼开展反恐军事合作，加大对印尼的军援，但是，小布什政府咄咄逼人的单边军事与外交行动引发印尼政府和民众不满。

奥巴马执政后，美国与印尼的“大国”军事关系发展快速，进入极具活力的时期，形式非常丰富，特点比较典型。在军事合作需求层面，美国需要印尼帮助其维护地区关键海域的所谓航行自由与安全，帮助美军强化在东南亚的军事存在，助力美国的“亚太再平衡”战略和“印太”战略；需要拓展印尼的军火市场，需要借助与印尼军队的合作来巩固印尼的民主发展。同时，印尼在推进军事现代化，维护本国和地区的传统和非传统安全，维护地区海域的稳定，提升其在地区安全与外交格局中的地位等方面对美国的需求较大。在军事合作的领域方面，涉及高层对话与高级军官互访、反恐、战斗性和非战斗性军演、国际维和、军事教育培训、军事援助、武器交易、特种部队合作、多边合作等。美国与印尼的军事合作比美国与有些东南亚国家的军事合作有更丰富的内容。

综上所述，美国是超级大国，更是超级军事大国，而印尼在东南亚有着举足轻重的政治、经济和军事地位，两国均希望通过双方军事合作

① “Timeline: US-Indonesia Relations”, *Contemporary Southeast Asia*, Vol.32, No.3, 2010, p.396.

在地区安全方面彰显影响力。[①] 因此，两个“大国”的军事合作对东南亚地区、亚太乃至印太地区而言，都是较为重要的双边军事合作关系，在地区具有较大影响力。

二、近年来两国军事合作动力强劲

奥巴马2009年执政后，美国和印尼开展军事合作有了更好的基础和有利条件。奥巴马当选总统后，两国元首都对彼此国家有着很好的感情，这也是两国政治和军事关系近年来迅速走近的“催化剂”。奥巴马童年在印尼生活过四年，在雅加达读过小学。而被美国视为“民主改革者”的印尼总统苏西洛年轻时在美国军校受过训练，被美国视为其培养的最成功的印尼精英。奥巴马上任伊始，2009年2月，时任美国国务卿的希拉里·克林顿首次亚洲行就将印尼作为一站。2010年，希拉里、时任国防部长盖茨、奥巴马先后访问印尼，两国签署《全面伙伴关系协议》。两国高层密集互动推动战略合作向纵深发展。2014年7月22日，佐科当选印尼新总统，10月20日就职，由于外表、个人经历与作风与奥巴马颇有几分相似，佐科又被称为“印尼版奥巴马”，两国领导人又增加了几分好感。

当然，两国展开密切军事合作更重要的动力是各自战略利益，相互安全需求在新的历史条件下日益增多。

① Abraham M. Denmark with Rizal Sukma and Christine Parthemore, “Crafting a Srategic Vision: a New Era of U.S.-Indonesia Relations”, Center for a New American Security, June, 2010, p.11, http://www.cnas.org/files/documents/publications/CNAS_Crafting%20a%20Strategic%20Vision_Denmark.pdf.

（一）美国在印尼的多重地缘与军事战略目标

奥巴马政府希望提升与印尼的全方位军事合作，实现多重战略目标。第一，美国认识到，一个强有力的双边关系在未来亚太地区新地缘政治格局塑造中将发挥长期巨大作用。印尼是美国推动的不同信仰间国家友好共处战略的典范国家，美国在协调反恐、防扩散、海上安全、气候变化等重要国际议题时，均需要印尼的协助。[①]

尤为重要的是，印尼是连接太平洋和印度洋的枢纽，其北面是南海和马六甲海峡，向西则连接印度洋，向南则是南太平洋和大洋洲。美军曾要求驻守马六甲海峡，遭到印尼等沿岸国家拒绝后，一直谋求以灵活方式强化在海峡周边的军事存在，并力图控制印尼毗邻的巽他海峡、望加锡海峡等地区的重要海上通道，在南海南端增强军事力量存在[②]，加强控制太平洋和印度洋，加快推进“亚太再平衡”战略和“印太”两洋战略，强化美军在两大洋枢纽地带的影响力，在两洋方向更有力地制衡中国拓展地区影响力。[③] 因此，美国牢牢笼络住这个在地区有较大影响力的“全面伙伴关系国”，让两国军事合作不再“摇摆、起伏”，提升“亚太再平衡”战略实施效果。

第二，印尼军队与美国搞大规模、高频率的战斗性和非战斗性军演等军事互动的意愿和能力均在东南亚国家中排在前列，在协助美军地区

① “Remarks by President Obama and President Yudhoyono of Indonesia after Bilateral Meeting,”Shangri-La Hotel, Singapore, November 15, 2009, http://www.whitehouse.gov/the-preess-office/remarks-president-obama-and-president-yudhoyono-indonesia-after-bilateral-meeting.

② Tony Ng, “US Poised to Help Modernize TNI as China Sea Simmers”, *Jakarta Globe*, February 21, 2014.

③ “Council on Foreign Relations Address by Secretary of State Hillary Clinton”, The Council on Foreign Relations, July 15, 2009, http://www.cfr.org/diplomacy-and-statecraft/council-foreign-relations-address-secretary-state-hillary-clinton/p19840.

活动方面发挥着较大作用，尤其是在南海南端、南太平洋、印度洋附近海域。综观东南亚国家的军队，缅甸、老挝、柬埔寨、文莱的军队基本无法与美国搞大型海空联合军演，越南与美国目前主要是进行非战斗性联合演练。菲律宾在配合美国地区军事行动方面，意愿很强，但海外军事行动能力弱，又处于南海北端。泰国配合美国地区军事行动的能力较强，但美泰同盟在2014年遇挫，泰国又处于南海的边缘地区，协助美国强化在南海海域军事存在所起的作用具有局限性。马来西亚配合美国地区军事行动的意愿和能力在东南亚处于中等，新加坡配合美国地区军事行动的意愿强，但其最大的局限性是军队规模和国土面积有限。因此，在东南亚国家中，印尼地缘位置重要，军队实力较强，积极配合美军的地区行动，美国再顺势加强与印尼的军事合作，将极大助力美军在地区的军事活动，尤其是帮助美军强化对关键海域和海上通道的控制。

第三，与欧洲、亚洲国家争夺印尼巨大的军火市场份额。印尼总统苏西洛2004—2014年执政期间，加快军事现代化进程，军备采购费用共计100多亿美元[①]。奥巴马执政以来，印尼采购美国武器额在东南亚国家中居第二，这让美国军火产业获利颇丰。未来，印尼随着经济的不断增长和国家安全需求的增加，会持续进口大量武器装备，这让饱受军费缩减之苦的美国军火商高度重视。

（二）印尼对美国的地缘与军事安全需求大

印尼近年来推行“动态平衡”外交战略，要广交友、零树敌，但其

① Abdul-Latif Halimi, “The Regional Implications of Indonesia's Rise”, *The Diplomat*, April 10, 2014.

军事实力相对不足是实现地区大国多重战略目标的一大短板，非常希望借助提升与美国的军事合作，来助力其“大国梦”。[①]

第一，印尼军队以前长期关注打击国内分裂势力，而今，印尼军队维护国家安全和周边海域安全的迫切性凸显，国防重点要从对内转向对外，但印尼军队能力不足的问题十分突出，尤其是在海空军方面。印尼要建立强大防御能力，单凭现有国防工业能力和军队人才是远远不够的，需要寻找“外援”。而美国有意愿也有能力指导印尼军队现代化发展，支持印尼增强国防能力，是印尼当前最可倚重的域外大国。[②]

具体而言，当前，海洋对于印尼和周边国家的生存与发展均至关重要，海洋争端日益升温，涉及海洋的多种安全问题增多，印尼面临的安全形势日益严峻。本土方面，印尼全国共有1.7万多个岛屿，地震、海啸和火山爆发等灾害频发，印尼军队防御面积大而散，任务多而重，防御能力相对不足：一要对付国内恐怖分子和叛乱分子，二要在频繁发生的自然灾害之后开展救灾行动和提供人道救援。周边海域方面，印尼海岸线达5.47万公里，各类港口共670个，海洋面积316.62万平方公里（不包括专属经济区），[③] 海洋经济对印尼及其周边国家的重要性凸显。同时，印尼与邻国的海域纠纷也在增多，印尼周边海域的多种传统和非传

① “Address by H.E. Marty M. Natalegawa, Minister for Foreign Affairs of the Republic of Indonesia on the Conferement (sic.) of the Doctorate of Letters by the Macquarie University”, Sydney, July 15, 2013, <kemlu.go.id/Documents/Remarks%20Menlu%20di%20Sydney/Remarks%20Dr.%20Marty%20Natalegawa.pdf>.

② Benjamin Schreer, “Moving beyond ambitions? Indonesia’s military modernisation”, The Australian Strategic Policy Institute, November 2013, pp.11-14, https://www.aspi.org.au/publications/moving-beyond-ambitions-indonesias-military-modernisation/Strategy_Moving_beyond_ambitions.pdf.

③ “印尼国家概况（最近更新时间：2014年9月）”，中国外交部网站，http://www.fmprc.gov.cn/mfa_chn/gjhdq_603914/gj_603916/yz_603918/1206_604954/.

统安全问题（海盗、毒品走私、非法捕鱼、非法移民、自然灾害、坠机事件，等等）日益突出，而印尼重要邻国新加坡和澳大利亚的军费开支高出其许多，马来西亚军费开支占国内生产总值（GDP）的比重也比印尼高很多。因此，印尼要提升军力，既要改善武器装备，又要提升军队官兵素质，提升军队后勤保障能力，建立现代化指挥作战系统，在与马来西亚的海洋资源纠纷中彰显军力优势，防范澳大利亚军力增长带来的安全压力，应对周边海域各种类型的传统与非传统安全挑战。

第二，印尼综合国力居东盟之首，但其军事实力却难说是东盟绝对最强，不仅不能有效维护其“万岛之国”的安全，也不能显示其“东盟盟主”地位，使之在东南亚地区安全事务上无法掌握应有的话语权，得不到其他东盟成员国应有的尊重。印尼军队获得美国更多援助和军备，有利于加快军事现代化进程，提升其在地区和全球的安全影响力。①

第三，苏西洛总统领导印尼实施“动态平衡”外交战略，印尼领导东盟的雄心越来越强，并要扩大全球影响力，但印尼还是发展中国家，仅靠自身实力难以实现其“大国”战略雄心，其地区大国地位的提升需要借助美国全方位支持，尤其是在军事安全层面。印尼军队通过提升与美军的深层次合作，巩固两国战略互信关系，推进全面伙伴关系框架下的广泛战略合作。在美国亚太外交精力受到分散时，印尼力图让美国在外交上更加持续关注印尼和东南亚。②

① 《尤多约诺：落实军事现代化　印尼10年内可成“亚洲之虎”》，［新加坡］《联合早报》，2014年10月7日。

② Gregory B. Poling, “Dynamic Equilibrium: Indonesia’s Blueprint for a 21st Century Asia Pacific”, Center for Strategic and International Studies, March 8, 2013, http://csis.org/publication/dynamic-equilibrium-indonesias-blueprint-21st-century-asia-pacific.

三、两国军事合作新态势

奥巴马执政以来，诸多共同利益契合点促使两国军事合作的广度、深度与互动频率均迅速提升、全面展开，进入与两大资本主义民主国家“全面伙伴关系”总体相匹配的极具活力时期。美国与印尼每年的军演、官兵交流等各类互动200次左右，奥巴马政府对印尼的军售与军援总量均在美国与东南亚国家同类指标中排第二，综合来看，美国与印尼的军事合作水平，已经稳居美国与东南亚十国军事合作的“第一梯队”。[①] 然而，两国在国家利益、外交原则、军事发展目标等领域的分歧犹存，“全面伙伴关系”下的军事合作水平，在有些方面尚未达到美菲、美泰的缔约同盟层级。

（一）印尼进口美国武器额攀升

印尼军费历史欠账太多。从1990年至今的 20多年，印尼军费开支占国民生产总值比重约1%，其中，2001年仅占0.5%。[②] 而同一时期，泰国军费开支占国民生产总值的比重在4%—6%之间，新加坡在2%—4%之间，菲律宾在2%—3%之间，马来西亚在2%上下浮动。[③] 即便苏西洛总统2004—2014年执政期间增加军费，但印尼军费占国民生产总值的比重仍在1%左右徘徊。2013年和2014年，印尼年度军费开支增长到70—80亿

① John Mcbeth, “US-Indonesia military ties robust”, *The Straits Times*, April 20, 2014.

② “Indonesian Military Budget” (2001 to 2012), http://militarybudget.org/indonesia/.

③ “Military Spending (Indonesia: 2005-2017)”, http://www.globalsecurity.org/military/world/indonesia/budget.htm.

美元，但同期，新加坡年度军费开支约120亿美元，澳大利亚年度军费开支在260亿美元左右，而这两个邻国的人口比印尼少得多。[①]

印尼军队很多装备是冷战时期遗留下来的，先进装备不足，尤其是海空军武器质量相比马来西亚、新加坡、泰国等国家没有多少优势，在有些方面还有不足，而且，官兵素质也亟待提高。印尼军队防御面积大而散，既要对抗海盗、恐怖分子和国内叛乱活动等现实威胁，还需在频繁发生的自然灾害之后开展救灾行动和人道救援。[②] 印尼军事现代化任务艰巨，更新落后装备任重道远，要采取自力更生、扩大武器进口加争取美国军援的多头方式进行。

而奥巴马政府和美国军火公司认为印尼是东南亚的重要新兴出口市场，并积极拓展对印尼的武器出口。2010年印尼发布的“战略防卫规划”规定，到2014年，将拿出150亿美元采购导弹、火箭炮、战斗机、潜艇等军备[③]。多国围绕印尼军火市场的争夺异常激烈。美国企图与俄罗斯、荷兰、韩国、德国、法国等国争夺印尼军火市场，并制约印尼和其他大国发展密切军事关系。奥巴马政府扩大向印尼出售海空装备等多种先进武器，支持印尼军事现代化。[④]

2009—2014年间，印尼进口美国武器总额在东南亚国家中居第二

---

① Abdul-Latif Halimi, “The Regional Implications of Indonesia's Rise”, *The Diplomat*, April 10, 2014, http://thediplomat.com/2014/04/the-regional-implications-of-indonesias-rise/.

② “印尼国家概况（最近更新时间：2014年9月）”，中国外交部网站，http://www.fmprc.gov.cn/mfa_chn/gjhdq_603914/gj_603916/yz_603918/1206_604954/。

③ Abdul-Latif Halimi, “The Regional Implications of Indonesia's Rise”, *The Diplomat*, April 10, 2014, http://thediplomat.com/2014/04/the-regional-implications-of-indonesias-rise/.

④ Veeramalla Anjaiah, “US offers to sell weapons to support RI’s military modernization”, *The Jakarta Post*, June 1, 2013.

位。瑞典斯德哥尔摩国际和平研究所的统计数据显示，2001—2008年小布什执政时期，印尼共进口美国武器的开支为6600万美元，2009—2011年，印尼基本未从美国进口武器，2012—2014年为2.64亿美元，三年进口额就已经是小布什执政八年时期的四倍。① 不过，需要指出的是，不知是何种原因，该数据库未统计美国近年来的两大军售合同。第一笔是，2011年11月19日，美国宣布将向印尼出售24架翻新的F-16C/D型战机，这被视为奥巴马9天亚太之行中继加强在澳驻军之后的第二项重要军事决定。2012年，双方签署这项约7亿美元的军售合同，2014年7月开始付运。② 印尼拥有战斗力更强的F-16C/D战机，可在更偏远的边境地区执行任务，而印尼空军此前所拥有的战机缺乏此种能力。第二笔是，2013年8月底，哈格尔访问印尼时宣布，美国将出售八架阿帕奇AH-64E型攻击直升机给印尼，这笔交易价值5亿美元。雅加达媒体特别指出这是阿帕奇攻击直升机最新产品，比邻国新加坡所拥有的AH-64D式阿帕奇攻击直升机更为先进，满足了印尼的长期愿望。而美国出售更多先进武器不仅有助于提升印尼安全，还让美国获利颇丰，同时，军事上日益强大的印尼对美国“亚太再平衡”战略的助力作用越来越大。③

综合上述数据来看，尤其是加上这两笔大额武器交易，奥巴马执政时期，美国对印尼的武器出口额较之小布什时期可谓是突飞猛进，现在已经成为印尼的最大武器供应国。

① 数据来源：瑞典斯德哥尔摩国际和平研究所（Stockholm International Peace Research Institute, SIPRI）有关武器交易的数据库，http://armstrade.sipri.org/armstrade/page/values.php.

② Bagus BT Saragih, “RI must benefit from US’ Asia pivot”, *The Jakarta Post*, August 28 2013.

③ Abdul-Latif Halimi, “The Regional Implications of Indonesia's Rise”, *The Diplomat*, April 10, 2014.

此外，截至2015年9月，尽管无法得到美国对印尼同年度军售总额的数据，但美国对印尼的军售仍维持高位态势。其中，较大的一笔是，2015年5月初，美国国务院批准了一项未来对印尼的军售项目，在这项约4700万美元的协议中，美国政府同意近期向印尼销售AIM-9X-2空对空导弹及其部件。这批导弹有利于提升印尼军队防御能力，并加强其与美军协同演练和行动的能力。①

单位：百万美元

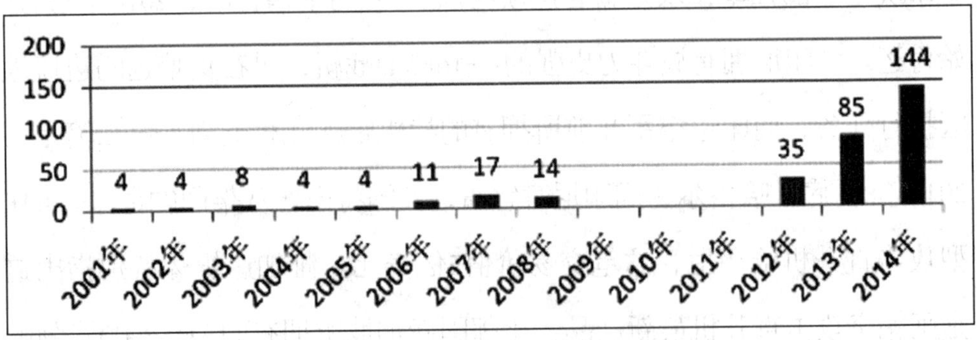

图1　2001—2014年美国对印尼军售额

资料来源：瑞典斯德哥尔摩国际和平研究所（Stockholm International Peace Research Institute，SIPRI）有关武器交易的数据库，http://armstrade.sipri.org/armstrade/page/values.php。

（二）印尼接受奥巴马政府军援额在东南亚国家中常居第二

奥巴马政府执政后，迅速增加对印尼的军事援助，总量在东南亚仅次于美国对“铁杆”盟国菲律宾的军援，居第二位，是美国对盟国泰国军援的数倍。

① Prashanth Parameswaran, “US Approves New Missile Deals for Indonesia, Malaysia”, *The Diplomat*, May 7, 2015, http://thediplomat.com/2015/05/us-approves-new-missile-deals-for-indonesia-malaysia/.

单位：百万美元

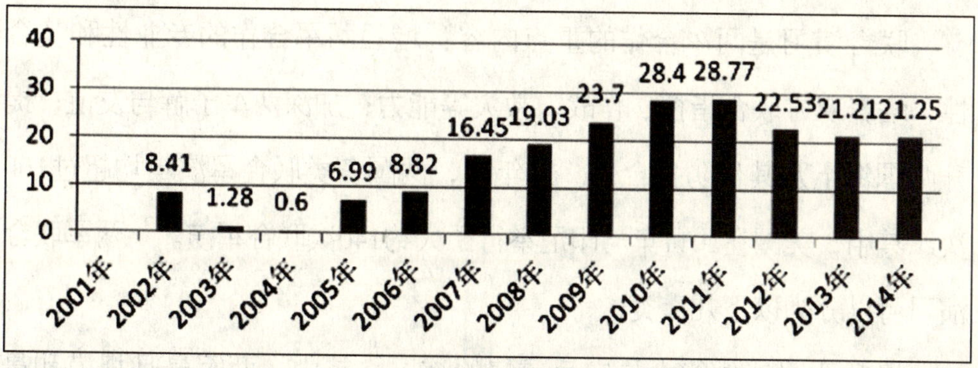

图2 2001—2014年美国对印尼军援额

资料来源：根据相关年度的美国国际开发署每年发布的Congressional Budget Justification for Foreign Operations报告数据整理而成。奥巴马政府对印尼从其他渠道增加额外军援，但未统计在美国国务院外援数据中，本文会在正文中专门指出，但不将其列在本图中。此外，2015年美国对印尼的对外军事援助申请额度为1400万美元，国际军事与教育培训项目额度为240万美元，远远超过对泰国的援助额。①

此外，近年来，美国对印尼的其他军援还包括由五角大楼资助的全球训练和装备计划（Global Train and Equip Program）之下的4700万美元，用于在印尼全境关键位置安装雷达系统，用来打击走私、抢劫和贩运，以改善印尼本国、马六甲海峡和望加锡海峡的安全。2010年6月，双方还签订《防务领域合作框架安排》，进一步整合两军合作关系，美国派人前往印尼检修F-16战斗机与C-130运输机，使印尼空军安全率快速提升。② 美国国务院2011年7月宣布，向印尼提供一批巡逻艇，部署在印尼群岛之间。

① 数据来源：美国国务院的2015财年的报告“Congressional Budget Justification”。
② 区肇威：《“再平衡战略”下的美国印尼军事关系》，［马来西亚］《东方日报》，2014年1月16日。

（三）大力拓展联合军演

联合演习是两军合作的重点内容：增强两军合作的专业性和契合性，培养双方联合指挥、作战、救灾等能力；加深两军了解与友谊；提升两国海上及其他防务合作。近年来，两国各类联合军演年均超过100次，其中，美国在2011年与印尼举行了大约140次联合军演。① 两军联合演习可以分为以下几大类：

提升两军协作能力与官兵感情的演习。其中，两军最具规模和最复杂的军演是“金翅鸟盾牌”军演，其旨在加强双边军事伙伴关系，分享战术，提升军队协同作战质量。2007年以来，该军演每年举行一次。近年来，规模扩大，形式更丰富。比如，2013年6月的第七次“金翅鸟盾牌”军演共分四部分内容：战术作战中心联合指挥、电脑编制作战计划、战场练习、空军协同活动等。② 演习不仅涵盖的军事项目全面，还增进了印尼民众与美国官兵的接触以及对彼此的喜爱之情。③ 此外，军队中的精英部队——海军陆战队的联合军演也是两国联合军演的一大亮点。2014年9月9日至9月18日，两国海军陆战队作战模拟演习（Marines Tactical Warfare Simulation）在印尼爪哇岛东部西多尔佐（Sidoarjo）举行，既锻炼了两国海军陆战队在复杂战场条件下的协同作战能力，又增进了友谊。

---

① Lt. Mike Morley, “CARAT/NEA Indonesia Closes, Ending Successful Exercise Series”, the official web site for the U.S. 7th Fleet, September 3, 2009, http://www.c7f.navy.mil/news/2009/09-September/04.htm.

② Wyatt Olson, “Exercises with Indonesia show growing ties with largest Muslim nation”, June 21, 2013, http://www.stripes.com/news/exercises-with-indonesia-show-growing-ties-with-largest-muslim-nation-1.226871.

③ Wyatt Olson, “Exercises with Indonesia show growing ties with largest Muslim nation”, June 21, 2013, http://www.stripes.com/news/exercises-with-indonesia-show-growing-ties-with-largest-muslim-nation-1.226871.

提升两国维护印尼周边和地区海域安全能力的演习。两国每年举行一次“卡拉特”军演，这是双边军演中较为重要的综合海空演习，军演既显示了美国维护印尼及其周边海域安全的承诺，也提升了两国合作应对地区潜在威胁、重大灾害的能力。近年来，两军“卡拉特”军演人数在一两千人，动用导弹驱逐舰、海上巡逻艇、补给舰、战斗机等装备，演习区域主要在印尼附近的重要海域，如马都拉海峡、马六甲海峡、爪哇海等。演习一般分两个阶段：开始或结束时举行盛大庆祝仪式。在实际军演阶段，海上项目有：士兵进行十天左右的丛林演练，还要联合演练搜救、炮击和登陆。陆上项目，除了建设医疗和社区民用设施之外，主要是举行系列学术会议，研讨主题涉及海上行动、空中行动、海洋法、海上执法等，深化军演成果。① 2014年，两国“卡拉特”军演新增网络作战演练项目，提升应对高科技安全威胁的协同“作战”能力。2015年4月，美国与印尼在距离纳土纳群岛约480公里的巴淡岛举行联合军事演习，侦察机和P-3“猎户座”巡逻机等参加了演习。印尼海军官员表示，这是两国在该地区举行的第二次联合军事演习，双方计划2016年再举行一次，并希望定期在该地区举行联合军事演习。② 同年8月上旬，两国举行第21次“卡拉特”军演，以加强海军合作关系。

维护地区海域安全的其他演习。2011年5月，两国海军在巽他海峡举行了为期三天的海军陆战队联合演练，以巩固两国控制该海峡的能

① “U.S. and Indonesia to Participate in 17th Annual CARAT Exercise”, U.S. Embassy Jakarta, Indonesia, May 24, 2011, http://jakarta.usembassy.gov/pr_05242011.html.

② 《印尼考虑与美国在南中国海定期举行联合军事演习》，路透社，2015年4月13日，http://cn.reuters.com/article/2015/04/13/id-us-idCNKBS0N410720150413。

力。巽他海峡位于印尼群岛中的苏门答腊岛和爪哇岛之间，宽22—110公里，水深，非常适于大型舰船通航，成为太平洋通往印度洋的重要战略通道之一，也是美国第七舰队往返太平洋和印度洋的重要通道，美国要确保该通道更好地服务于其全球军事战略。①

增强两国联合应对地区重大自然灾害能力的专门演习。2004年印度洋海啸和2009年印尼苏门答腊岛大地震等重大自然灾害推动两军密切救灾合作。“卡拉特”等联合军演项目中涉及救灾内容，同时，近年来，两军专门的联合救灾演习也较密集。比如，2014年6月3日至6日在印尼西苏门答腊省巴东举行应对地震与海啸的军演，6月6日至10日在印尼仙图国际和平与安全中心举行自然灾害救助演习。

提升美国和印尼等国协同维护国际和平能力的演习。奥巴马政府支持印尼建成维和中心，2012年又提供220万美元装备，帮助该中心提升训练水平。② 2014年8月19日至9月1日，印尼、美国等26国军队共541人在印尼维和中心举行全球和平行动演习，印尼国民军维和中心司令普朗托、美国太平洋陆军司令文森特·布鲁克斯专门出席演习。演习分为高级培训研讨会、参谋人员培训活动、战场培训活动三个阶段，提升两军在国际维和舞台的地位。③

美国还注重提升印尼精英部队的作战能力。2010年5月25日至26日，在美国和印尼安全对话会上，印尼国防部官员向美国通报了该国在职业

① “Sunda Strait”, Wikipedia, http://en.wikipedia.org/wiki/Sunda_Strait.

② “United States-Indonesia Relations”, the U.S. State Department, September 3, 2012, http://www.state.gov/r/pa/prs/ps/2012/09/197277.htm.

③ 顾时宏：《印尼国民军与26国军队举行全球和平行动演习》，中国新闻网，2014年8月20日，http://www.chinanews.com/mil/2014/08-20/6512939.shtml.

化、现代化和尊重人权方面的进展。[①] 美国也认为，印尼已经开始惩罚那些侵犯人权的官兵，并且，印尼特种部队官兵相对年轻，基本未参与20世纪90年代虐待东帝汶民众的事件。同年7月，时任美国国防部长的盖茨访问雅加达，宣布美国结束对印尼特种部队12年的接触与援助禁令。两国签署《防务合作框架协定》，美国恢复训练印尼特种部队。此后，两国特种部队（含海军陆战队）经常开展协同演练。[②] 比如，2013年8月20日至9月6日间，两国海军在东爪哇省泗都文罗（Situbonod）区外南梦（Banyuwangi）的拉姆蓬（Lampon）作战训练中心举行代号为“铁灯笼13-1”（Lantern Iron 13-1）的联合军演。印尼海军陆战的66名士兵和美国海军陆战队特种作战司令部的11名士兵参演。演练主要科目是狙击、游泳侦查、治疗战斗中的伤员、排雷等。此外，两国海军陆战队士兵还开展山区和海上的作战技能和生存能力培训计划，分享处理战场情况经验。[③] 2015年4月，美国海军特种兵和印尼海军陆战队两栖侦察兵举行代号为“钢铁侠15-5524”的“城市战”联合军演，旨在提升印尼海军陆战队两栖侦察兵的城市战知识和作战能力。

（四）官兵互动密集

官兵交流是巩固两军关系的坚固桥梁。两国军队高官互访或与军

① “U.S.-Indonesia Joint Commission and Bilateral Meeting”, Office of the Spokesman, The U.S. State Department, September 17, 2010, http://www.state.gov/r/pa/prs/ps/2010/09/147309.htm.

② Jeonghoon Ha, “The Need for More Smart Power: Strategic Implications of the US Military Assistance to Indonesia, the Philippines and Thailand for US Foreign Policy”, *Southeast Asia, Summer*, 2011, p.167.

③ “Indonesian, US Marine Corps Hold Joint Exercise in East Java”, *Antaranews*, August 20, 2013, http://www.antaranews.com/en/news/90345/indonesian-us-marine-corps-hold-joint-exercise-in-east-java.

事合作相关的团组互访增多，拉近两军官兵感情，建立牢固人脉纽带。2012年，两国有近200场军事交流活动，包括高层互访、联合演练、军官座谈等。①

军事教育培训与联合研讨会持续密切两军官兵情谊。几十年来，两军官兵到对方国家军事院校接受培训或进行联合演练的官兵数目达几千人，其中，主要是印尼官兵赴美学习。这些军队精英为两军建立长期友谊与合作奠定了丰富的人脉基础。2012年3月20日，印尼举办一场有关军事教育与对外军事合作的研讨会，讨论印尼和美国的军事教育体系差异，以及印尼如何更好地从两国军事教育合作中获益等问题。印尼学者高度评价了两国军事教育合作项目对印尼军官成长的重要作用，呼吁两国更多学校参与并深化双边军事教育合作，向更多军官和文官开放军事教育，为军官提供更广泛的知识。印尼学者还呼吁向美国军队学习培养官兵的灵活模式，比如，让军官获取更广泛的经历，开阔视野，更多思考问题。②

时任美国国防部长的哈格尔2013年8月底访问印尼时，除官方座谈和新闻发布会之外，还与美国培养的印尼官兵精英座谈，重点表扬2010年和2011年在美国接受过军事培训的苏西洛总统之子——阿各斯·尤多约诺。③阿各斯通过与曾在伊拉克和阿富汗服役的美国军官交流，丰富

① Murray Hiebert, Jeremiah Magpile, "Comprehensive Partnership Nudges U.S.-Indonesia Relations to New Levels of Cooperation", The Center for Strategic and International Studies, September 28, 2012, https://csis.org/publication/comprehensive-partnership-nudges-us-indonesia-relations-new-levels-cooperation.

② "Expanding and Strengthening the U.S.-Indonesia Security Partnership: The Military Education Component", The United States and Indonesia Society, March 20, 2012, http://www.usindo.org/resources/expanding-and-strengthening-the-u-s-indonesia-security-partnership-the-military-education-component.

③ 《哈格尔与印尼军人谈教育和训练》，《美国参考》，2013年8月30日，http://iipdigital.usembassy.gov/st/chinese/article/2013/08/20130830281977.html#axzz39VHx8IaU。

了军事与文化知识，这对其大有裨益。他建议继续增加军事培训项目来增进两军合作。[①] 这种气氛热烈、极具亲和力的面对面交流，在拉近两军官兵关系中的作用不亚于一场“卡拉特”联合军演。

两国防长还同意成立一个在对方国家接受培训并参加过联合军演的军人组成的校友会，以密切两军人际关系纽带。哈格尔表示，美国将扩大对印尼的国际军事教育和训练项目。[②] 2014年9月，美国再度增加培训印尼官兵的数量，培训内容涉及军事及情报知识。[③]

（五）其他领域合作

两国当前反恐合作尽管比小布什执政时有所减少，但基于现实利益需求，仍保持反恐军事合作。2009年7月17日，雅加达丽思卡尔顿酒店和万豪酒店发生爆炸事件，造成数十人伤亡，这是印尼自2005年10月1日巴厘岛等处发生连环爆炸事件以来的最大恐怖袭击事件，印尼反恐压力骤增。同时，继续与印尼合作反恐，也符合美国利益。因为印尼多次恐怖袭击事件伤及不少美国人，类似事件可能重演，奥巴马政府需要与印尼合作反恐来保护美国海外公民安全。而且，印尼稳定还有利于维护马六甲海峡、巽他海峡、龙目海峡等重要海域安全。[④]

双边层面，美国加强对印尼的反恐援助。2012年，美国国务院反恐

---

① 《哈格尔与印尼军人谈教育和训练》，《美国参考》，2013年8月30日，http://iipdigital.usembassy.gov/st/chinese/article/2013/08/20130830281977.html#axzz39VHx8IaU。

② 同上。

③ John Mcbeth, “US-Indonesia military ties robust”, *The Straits Times*, April 20, 2014.

④ Walter Lohman, “U.S.-Indonesia Relations: Build for Endurance, Not Speed”, March 4, 2010, http://www.heritage.org/research/reports/2010/03/us-indonesia-relations-build-for-endurance-not-speed.

援助项目向印尼545名警官提供培训和装备。该项目培养的印尼学员又培训同事，“以滚雪球方式”提升印尼军警反恐能力。① 多边层面，两国推动提升地区整体反恐能力。2013年9月9日，东盟十国及美国等八个伙伴国的反恐联合军演在雅加达郊区拉开帷幕，为期五天，共有872名各国精英部队士兵参与。美国对演习给予很大支持，美国驻东盟大使卡登鼓励参与国家能够分享反恐经验与信息，称此种合作方式也可用于应对地区灾难。②

美国与印尼的军事合作在地区开始发挥一定的协调或者说是引领作用，尤其是在非传统安全领域，这有利于地区安全与稳定。在地区和全球防扩散领域，奥巴马政府和印尼保持经常性磋商，取得重要成果。2011年，印尼担任东盟轮值主席国。奥巴马政府与苏西洛政府支持并加强《核不扩散条约》的三大支柱：不扩散、和平利用核能、核裁军。两国合作推动所有东盟国家与国际原子能机构签署《不扩散核武器条约》有关的保障监督协议附加议定书。并且，在印尼努力斡旋下，在2011年11月12日至14日在印尼巴厘岛举行东亚峰会期间，美国、俄罗斯、中国、英国、法国五大拥核国家和东盟就《东南亚无核武器区条约》议定书问题举行磋商，取得积极进展，各方已就解决《东南亚无核武器区条约》议定书所有遗留问题达成一致。根据条约议定书有关规定，五个核大国将在签署和批准议定书后，承担不对条约缔约国使用或威胁使用核武器的义务。③

---

① “United States-Indonesia Relations”, the U.S. State Department, September 3, 2012, http://www.state.gov/r/pa/prs/ps/2012/09/197277.htm.

② “Joint Counterterrorism Exercise Kicks Off in Sentul”, *The Jakarta Post*, September 10, 2013.

③ Nusa Dua, “ASEAN-P5 talks on nuclear-free zone proceeding positively”, *Antaranews*, November15, 2011, http://www.antaranews.com/en/news/77570/asean-p5-talks-on-nuclear-free-zone-proceeding-positively.

两国还在东盟防长扩大会等地区安全机制下保持密切合作。比如，在2010年东盟防长扩大会首次会议之后的三年，美国和印尼共同主持东盟防长扩大会机制下的反恐专家工作组，在两国积极推动下，在东盟防长扩大会其他成员国支持下，2013年9月9日，东盟防长扩大会议机制首次反恐演练在印尼茂物拉开帷幕，来自东盟十个成员国以及八个对话伙伴国的872名军人参加，演习为期五天。①

四、两国军事合作的发展前景与制约因素

美国与印尼的“大国”军事合作将维持总体提升的发展惯性，军事合作密切程度和重要性势必会日益接近美泰同盟军事合作，在某些领域甚至会有所超越，在地区发挥更大影响力。美国维护地区重要海域安全，深化推进“亚太再平衡”和“印太”战略，不管是在军事安全还是地区外交层面，均需要继续依靠印尼这个“新战略支点国家”发挥更大作用。为提升印尼在军事安全上配合美国战略实施的能力，美国对印尼的年度军援将继续维持高位，基本在其对东南亚国家军援额度中居第二位，远远超过美国对泰国的年度军援额。而印尼要想加快实现军事现代化，在东南亚地区安全事务上发挥更大实质作用，尽快实现“世界大国”之梦，在军事安全与外交方面均必须争取美国更大支持。因此，两国的双边和多边军事安全合作将继续向更深更广的方向发展，在东南亚发挥更大影响。

然而，两国军事合作并非总是一帆风顺地向前发展，也存在一些

① “Joint Counterterrorism Exercise Kicks Off in Sentul”, *The Jakarta Post*, September 10, 2013.

问题。

一是，印尼与中国在南海问题上几乎没有争端，不愿积极配合美国利用南海问题施压中国。比如，印尼官员在介绍有关2015年4月印尼与美国在距离纳土纳群岛约480公里的巴淡岛举行的联合军事演习时，明确指出，此次演习以及加强纳土纳群岛军事力量的计划不针对任何具体威胁。[①] 比起美菲等渲染所谓的中国在南海的威胁，印尼更关注美国在澳大利亚北部达尔文港增加驻军对其安全的影响。印尼外长马蒂曾警告称，这一举动可能造成“印尼与美国关系的紧张，加剧不信任”。[②]

二是，美国出售给印尼的翻新F-16C/D战斗机在2015年4月出事，导致印尼的不满和担忧，印尼也有意识地摆脱对美国武器的过度依赖，重视国防工业独立自强和进口武器来源多元化，从俄罗斯、中国等国家采购部分先进武器，以防其军队与安全被美国控制。印尼对外军事合作还注重在大国间的平衡，不仅进口武器来源多元化，还与中国等国举行联合军演，以避免陷入在大国间“选边站”的尴尬境地，力争在中美之间左右逢源。

三是，尽管奥巴马政府更加从地缘战略利益角度出发加强与印尼的军事关系，但人权因素还在影响两国军事交流。2013年6月1日，在新加坡举行的香格里拉对话会上，时任美国国防部长的哈格尔再次强调，印尼军队尊重人权是美国扩大对印尼军售、深化与印尼军事关系的前提。[③]

---

① 《印尼考虑与美国在南中国海定期举行联合军事演习》，路透社，2015年4月13日，http://cn.reuters.com/article/2015/04/13/id-us-idCNKBS0N410720150413。

② Stephen McDonell, Helen Brown and wires, “China, Indonesia wary of US troops in Darwin”, *ABC news*, April 26, 2013, http://www.abc.net.au/news/2011-11-17/china-indonesia-wary-of-us-troops-in-darwin/3675866.

③ “US Pledges to Step Up Military Ties With Indonesia”, *Agence France-Presse*, June 1, 2013.

而且，美国对印尼军售始终面临东帝汶与印尼行动网络、（印尼）西巴布亚游说小组、人权观察等人权组织的公开谴责与抗议，他们认为美国忽视人权因素而重启与印尼的军事合作损害了美国国际信誉，呼吁将人权作为决定美国与印尼军事合作的考虑因素。[①]

① Bagus BT Saragih, "RI must benefit from US' Asia pivot", *The Jakarta Post*, August 28 2013.

政治互信与经贸合作：推动中泰关系稳定发展的双引擎

北京大学国际关系学院教授、泰国国立法政大学
比里帕侬荣国际学院教授　杨保筠

摘要：中泰建交40年来，两国在政治与经贸等各领域的合作关系都取得了引人注目的成就。回顾两国关系的发展历程，可以清楚地看到：政治互信与经贸合作是推动中泰关系稳定发展的双引擎。政治互信构成了推动双方经贸合作的重要基础，而经贸关系的不断加强促使双方之间的政治互信更趋巩固。正因如此，中泰两国关系的发展呈现出明显的政治互信与经贸合作齐头并进、相互促进的特点。中泰建交40年来，两国在政经互动、政经并举方面已经取得了丰富的经验，并给双方都带来了巨大的经济和战略利益。今后，政治互信与经贸合作仍将是推动中泰两国关系的发展的双引擎，继续发挥其重要作用。

关键词：中泰关系；政治互信；经贸合作；双引擎

2015年是中华人民共和国与泰王国建立正式外交关系40周年。

中泰友好交往源远流长。两国地理相近，血缘相亲，文化相通。自1975年正式建交以来，中泰两国遵循友好平等、互利互惠的原则，在政治、经济、贸易、军事、教育、科技等各领域的友好合作都取得长足发展。中泰两国经过40年的共同努力，双边关系始终保持健康发展势头。彼此之间在政治安全领域互信共存、和睦相处；经济领域互利共赢、共同发展；文化领域互鉴共进、兼收并蓄，给两国人民带来了实实在在的好处。回顾两国建交40年来的历程，可以清楚地看到：政治互信与经贸合作是推动中泰关系稳定发展的双引擎，是推动两国关系稳定发展的重要因素。

一、政治互信是推进双方经贸合作的重要基础

中华人民共和国成立初期，由于当时的国际与地区环境，泰国銮披汶政府奉行“亲美反华”的外交政策，新中国成为意识形态斗争的标靶。虽然以周恩来总理为团长的中国代表团在1955年的万隆会议上反复介绍了中国的外交政策后，中泰关系出现过短暂缓和，但是由于意识形态和政治立场的根本对立，中泰之间官方与民间往来仍然长期基本断绝，双方的经济关系也处于冻结状态。

20世纪70年代上半期，东南亚地区局势发生变化，中泰关系开始改善。1975年7月1日，中泰两国正式建交。两国总理共同签署《中泰建交联合公报》，明确肯定将以和平共处五项原则作为发展双边关系的基础。虽然此后中泰关系的发展仍经历了一些曲折和反复，但随着双方在政治安全、经济贸易等领域的共同利益不断增加，中泰关系逐步出现实

质性的突破，增进了两国间的互信，为政治制度不同的两国建立良好的友好合作关系奠定了基础。正因如此，邓小平在1989年10月会见访华的泰国总理差猜·春哈旺时指出，“中泰关系是不同社会制度国家之间友好合作的典范”[①]。

冷战结束以后，随着国际和地区环境的缓和，中国与泰国关系进一步加强。中国改革开放政策的深化以及泰国发展经济的需求，使两国关系在巩固政治互信的前提下，把合作重点转向经济与贸易领域，并且取得了显著成效。1999年2月，中泰两国签署了《关于21世纪合作计划的联合声明》，从而为双方在新世纪“进一步拓展双方之间睦邻互信的全方位合作关系”制定了框架和方针。

他信·西那瓦于2001年出任泰国总理后，以积极进取的态度推行对华友好合作政策，并表现出进行战略性合作的意愿。当年8月他信访华期间，中泰双方共同发表《联合公报》，双方领导人“同意巩固中泰之间业已存在的传统友谊，并推进双方战略性合作”，为两国间关系的稳定发展和双方之间在各个领域中的长期战略合作指明了方向。2007年5月时任泰国总理的素拉育·朱拉暖访华期间，中泰双方共同签署了《中泰战略性合作共同行动计划》，从而为未来的双边合作确定了具体目标。2012年4月，两国确立“全面战略合作伙伴关系”，将两国关系上升到一个新的高度。2013年10月，李克强总理访问泰国，两国政府发表《中泰关系发展远景规划》，确定了双边关系在新形势下发展的具体

① 转引自：周方冶：《中国与周边国家：构建新型伙伴关系》，社会科学文献出版社 2008，http://niis.cass.cn/news/523976.htm.

规划和目标。访泰期间，李克强总理还在泰国国会发表题为《让中泰友好之花结出新硕果》的演讲，指出“在东盟国家中，泰国第一个同中国签署关于21世纪合作计划的联合声明，第一个同中国推进战略性合作，第一个同中国实现蔬菜、水果零关税安排，第一个建成中国文化中心，第一个同中国建立防务安全磋商机制并进行两年联演联训。泰国即将成为在中国开设领事馆最多的国家。这么多‘第一’，在国与国交往中是少有的，充分说明中泰关系是不同社会制度国家之间友好合作的典范”①。李克强总理的这篇演讲，既是对中泰战略友好关系的生动描述和全面总结，也为此后两国关系的进一步发展规划了蓝图。

两国间政治关系的发展与巩固，互信的增强，为双边贸易创造了良好条件。例如：中泰建交就使双方之间的经贸往来得以快速增长，可谓“立竿见影”。1975 年，即中泰建交的当年，两国之间的贸易额就达到2462万美元，比1974年的339万美元增长了626.3%②。1976 年双边贸易额更是猛增到1.0563亿美元，为1974 年的 30倍③。在随后的数年中，双方的贸易额几乎呈直线上升状态，到1986 年，中国就已经成为泰国十大贸易伙伴之一。随着两国关系的发展和中国改革开放步伐的加快所带来的经济需求，1990 年双方贸易额突破了 10 亿美元大关，并在其后保持着连年增长的势头。进入 21 世纪以后，中泰的经贸合作越来越频繁，双

① 李克强：“让中泰友好之花结出新硕果——在泰国国会的演讲”，http://politics.people.com.cn/n/2013/1012/c1024-23171024.html。

② 《稳定健康、可持续发展的中泰经贸关系》，http://world.people.com.cn/n/2014/1104/c1002-25973891.html。

③ 梁源灵：《中泰经贸关系的回顾与展望》，《东南亚纵横》，2000年第2期。

边贸易额和进出口比重均有所提高。根据中国海关总署统计，2003年，双边贸易达到126亿美元，而2013年就猛增至712亿美元，10年间增长了5.6倍。中国成为泰国最大的出口市场和第二大进口来源地。① 虽然后来泰国国内局势发生重大变化，但2014年中泰双边贸易额仍然达到726.7亿美元，同比增长2%。1999年，泰国出口到中国的规模只占其出口总量的2%，2014年已经上升至12%，位列泰国出口国第一位，超过美国、欧洲和日本，中国成为泰国最大贸易伙伴；泰国也成为中国在东盟国家中的第四大贸易伙伴。中泰贸易也带动了泰国的产业发展。例如，仅中国每年从泰国进口的橡胶数量就高达400万吨。泰国副总理比里亚通评价称："如果没有中国的进口，泰国橡胶业也不会发展这么好、这么快。"②

此外，中泰双方的经济关系并不仅限于贸易，在相互投资及承包工程和劳务合作等服务贸易领域上也进展迅速。

由于中国的投资环境日益改善以及双方关系的稳定发展，1995 年泰国成为中国第八大投资来源国。根据中国商务部统计，泰国对华实际投资额从2004年到2013年的十年中，保持稳中有升，平均每年投资额超过1亿美元，其中2013年达4.8亿美元。中国企业对泰国投资则呈现稳步增长之势。根据泰国投资促进委员会（BOI）统计，2004年至2008年的五年里，年均实际投资额为2亿多美元，2009年至2013年的五年中，年均实际投资额为8亿多美元，近几年，中资在泰投资呈现制造业为主和大额投

① 《稳定健康、可持续发展的中泰经贸关系》，http://world.people.com.cn/n/2014/1104/c1002-25973891.html。

② 外交部网站：《中国同泰国的关系》（最近更新时间：2015年3月）http://www.fmprc.gov.cn/mfa_chn/gjhdq_603914/gj_603916/yz_603918/1206_604642/sbgx_604646/；《泰副总理：中泰关系一直没有脱离过'友好'主线》，http://world.huanqiu.com/exclusive/2015-03/5840423.html。

资增多趋势。2014年在泰开工的玲珑轮胎厂、上汽集团和正大集团合作的汽车制造厂投资额都达到100亿泰铢（约20亿人民币）。中泰罗勇工业园前两期规划的4平方公里土地已开发完毕，共有60家中资企业入住该工业园，目前正式实施第三期规划，将再开发8平方公里土地。①

在工程承包方面，截至2013年年底，中国企业在泰签订承包工程合同额119.2亿美元，完成营业额74.9亿美元。② 2014年，中国企业在泰新签对外承包工程、劳务合作和设计咨询合同额 17.8亿美元，完成营业额18.4亿美元。③

为了给两国间的经贸合作提供法律和机制方面的保障，双方签署了一系列相关条约和协议，建立起政府间的合作机制。双方签订了《促进和保护投资协定》（1985 年）、《避免双重征税和防止偷漏税协定》（1986年）、《贸易经济和技术合作谅解备忘录》（1997年）、《双边货币互换协议》（2011年、2014年）等。2004年6月，泰国承认中国完全市场经济地位。在此基础上，两国又先后签署了《扩大和深化双边经贸合作的协议》（2009年）、《经贸合作五年发展规划》（2012年）等重要的经贸合作文件。2014年12月，两国央行签署《关于在泰国建立人民币清算安排的合作谅解备忘录》，为双方间贸易合作提供了便利。1985年，中泰两国成立了部长级经贸联委会。随着双边关系的发展和两国经

① 《稳定健康、可持续发展的中泰经贸关系》，http://world.people.com.cn/n/2014/1104/c1002-25973891.html。

② 商务部：《中国泰国双边经贸合作简况》，http://yzs.mofcom.gov.cn/article/t/201408/20140800707320.shtml。

③ 外交部网站：《中国同泰国的关系》（最近更新时间：2015年3月）http://www.fmprc.gov.cn/mfa_chn/gjhdq_603914/gj_603916/yz_603918/1206_604642/sbgx_604646/。

贸规模的扩大，2003年6月又升格为副总理级。2004年7月，吴仪副总理与差瓦利副总理在北京共同主持联委会首次会议；2005年9月，吴仪副总理与颂奇副总理在泰国清迈共同主持联委会第二次会议。联委会第三次会议于2014年11月在北京举行，由王勇国务委员和泰国副总理比里亚通共同主持。

二、中泰两国推进政治互信与经贸合作并行发展的特点

首先，中泰两国自建交以来，始终保持着高层之间的密切交往。中国历届国家主席、副主席、政府总理、人大常委会委员长、政协主席等领导人大都访问过泰国。泰国王室的主要成员，如诗丽吉王后曾代表普密蓬国王对中国进行正式访问；哇集拉隆功王储、诗琳通公主、朱拉蓬公主等也都曾多次访华。此外，泰国的历任总理、国会主席和军队领导人也大都曾访问中国。虽然中泰建交以来，双边关系的发展并不总是一帆风顺，但随着地区局势的转变，特别是冷战结束后出现的缓和局势，在两国领导人的共同推动下，双边关系总体保持稳定和持续发展的态势。应当说，两国高层领导的频繁往来为维系和推进双边关系发挥了极其重要的作用。因两国领导人大力推动双边关系的发展是以改善人民福祉为基本目标的，因此也对两国之间基于互利的经贸关系发挥了极大的促进作用。

其次，泰中两国都坚持以和平共处五项原则与万隆精神为双边关系的基本准则和基础，而互不干涉内政也正是这些原则和准则的核心。正是基于此，无论对方国家的国内政治发生什么变化，双方都能够坚持

维持两国关系正常发展的大方向，使双方之间的经贸合作继续保持稳定和发展的势头。2006年9月，军人集团发动政变，他信总理被赶下台，《1997年泰国宪法》也遭废除。对此，中国坚持不干涉别国内政的基本原则，表现出客观的中立态度，尊重泰国国内政治的独立自主。中国表示“泰国国内局势发生的变化是泰国内部事务，中国政府一贯奉行不干涉别国内政原则”，并真诚地表示“祝愿泰国和谐繁荣，国泰民安，中泰友好关系不断发展”[①]。2014年5月泰国发生军事政变，政变领导人巴育经国王普密蓬·阿杜德任命，于当年8月出任泰国政府总理。对此，中国政府继续秉承不干涉他国内政的原则，与泰国新政府保持正常关系。巴育总理于2014年年底正式访华，中国国家主席习近平在会见巴育总理时强调，中方将继续尊重和支持泰国为实现政治稳定、经济发展、民生改善所作努力[②]，两国还就铁路建设、农产品贸易等达成一系列合作协议。

第三，华人华侨问题的政治解决，使其成为推动中泰经济关系发展的重要力量。中国对泰国政治和社会存在着难以回避的重要影响力，尤其是为数众多的华人移民及其后裔，更是成为彰显中国影响力的重要载体。据统计，1905年泰国的华族已占到全国830万总人口的10%左右。此后，随着中国国内政局的动荡，移民泰国的华人更是不断增加。虽然学界对目前泰国华侨华人人口总数的估计一直存在很大争议，有600余万

① 外交部：《外交部发言人秦刚就当前泰国局势发表谈话》，http://www.fmprc.gov.cn/mfa_chn/fyrbt_602243/t272780.shtml。

② 《习近平会见泰国总理巴育》，http://news.xinhuanet.com/world/2014-12/23/c_1113751588.htm。

人、1000万人诸说，使泰国的华人华裔人口无精确统计数字。[①] 但是，这也正说明了华人在泰国社会中融入程度之深、之广。

在中泰关系发展的过程中，两国政府都充分认识到华侨华人在两国关系中的重要地位和作用，都采取了积极而审慎的态度来妥善处理这一问题。例如，在《中泰关于建立外交关系的联合公报》中，就提出："中华人民共和国政府注意到，几个世纪以来侨居在泰国的中国人能遵循泰国的法律和泰国人民的风俗习惯，同泰国人民和谐友好相处。中华人民共和国政府宣布他们不承认双重国籍。双方政府认为任何中国籍或中国血统的人在取得泰国国籍后都自动失去了中国国籍。对自愿选择保留中国国籍的在泰国的中国侨民，中国政府按照其一贯政策要求他们遵守泰王国法律，尊重泰国人民的风俗习惯，并与泰国人民友好相处。他们的正当权利和利益将得到中国政府的保护，并将受到泰王国政府的尊重。"可以说，泰国华族的政治归化问题在两国的共同努力下得到了妥善的解决，才使中泰双边关系在各个领域都能够不断取得实质性的突破与进展，并形成了"中泰一家亲"的共识。

由于华人在泰国的经济中发挥着举足轻重的作用，如何看待和评价泰国华人的经济地位不仅是个经济问题，也是个有可能对双边关系产生直接影响的政治问题。实际上，泰国历届政府对华人的经济政策与其在政治上的同化政策相辅相成，为华人成功地深度融入泰国社会创造了有

① 吴群、李有江：《二战后泰国华侨华人社会的变化》，《云南师范大学学报》，第36卷第5期2004年9月。实际上，泰国华侨华人数量大且特别难以估算。按泰国华人自然增长率与全国的人口增长率大体相当、泰国华人占泰国人口10%来估算泰华数量，再加上近20年涌入泰国的新移民，则2007年泰国华侨华人约有700万人。但华泰混血儿数量很大，如果他们大批认同华人身份，则这个估算数据可能偏低。http://qwgzyj.gqb.gov.cn/yjytt/155/1830.shtml。

利条件。泰政府认可华人在王国经济事务中所发挥的重要作用，因此，大批富有朝气的华人企业家在泰国的银行、制造、贸易、进出口等各行各业中均有出色表现。一大批杰出的华人企业家在工业、金融、投资等部门担任领导职务。泰国经济的这一特色也使华人经济事实上与该国经济完全融为一体、不可分离，也没有出现其他东南亚国家所谓的华人经济从外侨经济转变为民族经济的过程，从而真正成为泰国经济中富有活力的组成部分。也正因如此，那些指称华侨华人控制泰国经济的说法是站不住脚的。诚如经济学博士李国卿所言："泰国经济如不能有现代化的发展，就不会有泰华经济之现代化，相反的，没有泰华经济之快速成长，也就不会有泰国经济的快速发展。"① 可以说，泰国华人是在认同泰国、效忠泰皇，以发展泰国经济为主要目标的前提下，充分利用其优势，在与中国的政治、经济、文化关系中发挥其作用，特别是为两国之间经贸关系的发展做出贡献的。归根结底，这也是中泰两国妥善处理华侨华人问题的结果。

三、政经互动将继续维持中泰关系的稳定发展

冷战结束以来，发展经济、改善民生已经成为世界各国政府所追求的目标，因而导致国际格局变化，使国际政治经济化与国际经济政治化成为一种难以避免的趋势。因此，政治与经济互动在今后相当长时期内仍将主导中泰两国关系的发展。

首先，泰中两国已经成为"命运共同体"，而这一"命运"也涵盖

① 转引自王望波，《泰国华人政策及其影响》，《八桂侨史》，1996年第1期。

了政治、经济、社会等各个层面。对于泰国而言，拓展和深化对中国的经贸关系具有重要意义。历史的经验值得注意。首先爆发于泰国的1997年金融危机，使泰国政府认识到加强与中国经贸关系的重要性。中国在这场危机中表现出的抗风险能力和对泰国等深受危机影响国家的援助，使泰国看到中国的经济实力和市场潜力，必须通过双方业已建立的牢固的政治关系，推动两国间的经贸关系，充分利用中国的资金和市场，以分散风险，降低国际市场变动对于泰国经济的冲击；扩大出口，保持外贸部门的经济推动力；促进产业升级。对中国而言，推进中泰双边贸易的发展不仅有利于进一步巩固中泰之间的传统友谊和合作关系，而且也有助于彰显中国“睦邻、安邻、富邻”的周边外交政策。虽然中泰双边贸易的发展仍然存在一些客观制约因素，两国的低附加值同质产品的竞争激烈，但随着中国高技术产品出口的崛起，双方将建立起互补性的贸易结构，这将成为确保中泰双边贸易继续稳定发展的重要机遇。而这一切，都是以两国间牢固的政治关系为基础的。

其次，在世界经济全球化及区域合作不断深化的背景下，中泰关系已经超越了双边范畴，其影响已经扩大到中南半岛和整个东南亚地区。冷战后，随着地区局势的稳定和中印两国的崛起，中南半岛逐渐成为连接东南亚、中国、印度的海陆要道，而泰国位于半岛中心，北上通陆路，南下扼海道，战略地位显著提高。对中国而言，加强同泰国的关系，有利于推动与东盟这一区域合作组织及其他东盟成员国的关系，因此，中方愿与泰方进一步加强区域和多边合作的协调，保持在国际和地区事务中的密切沟通与协作。例如，中泰双边贸易的迅猛发展，对消除东盟其他国家的顾虑与担忧，推动中国—东盟自由贸易区合作的深入发展发挥了积极作用。2003年10月，中泰两国率先在中国—东盟自由贸易区框架下实施了蔬果零关税安排，从而有力地推动了东盟各国的合作步伐，也使中国与东南亚的联系愈加紧密。就泰国而言，随着其战略地位的提高，泰国试图寻求东盟主导权的愿望也在增强。但是，尽管地区发展态势对泰国有利，仅凭泰国一己之力想取得东盟领导权却是困难重重，于是，争取中国的理解与支持也就成为泰国最为现实的选择。对于泰国的政治意图，中国表示支持泰国在地区事务中发挥更大的作用，从而给予了正面的回应与配合。当泰国外长在2001年举行的第34次东盟外长会议上正式提出旨在通过设立对话机制，促进亚洲区域内贸易、投资及其他领域合作的“亚洲合作对话”概念，并于2002年和2003年先后在昌安与清迈主办了“亚洲合作对话”第一次和第二次外长会议之时，中国都给予了全力的支持与配合，使“亚洲合作对话”机制得以延续，成员国也从最初的17个增至30个，并在不少合作领域取得重要进展。而泰国作为“亚洲合作对话”机制的首倡者和协调者，其地区影响力也得到显著的提高。此外，近年来成效显著的次区域经济合作，如中泰两国共同参与的四角经济合作（中、泰、老、缅四国）和大湄公河次区域经济合作（中、泰、老、缅、越、柬六国）等区域经济合作也对中泰关系的发展发挥了重要的促进作用，这一方面有利于中泰两国边缘地区的经济发展，改善当地的贫困局面；另一方面也有助于该地区各国之间彼此加深了解，增强互信，逐步化解历史积怨，以利于维护地区的稳定。可见，中泰两国之间的政经互动关系，对促进区域合作，加快东南亚地区的经济发展以及维护该地区的稳定都发挥着重要作用；而这一作用的增强，也会进一步促进中泰关系的全方位发展。

第三，中国提出的“一带一路”倡议将有利于推动中泰关系的发展。“一带一路”倡议是中国政府提出的涵盖政治、经济和社会等各个领域的宏伟设想，越来越引起国际社会，特别是“一带一路”沿线国家的关注。在东南亚国家中，泰国是对该设想反应最为正面，响应最为积极的国家之一。泰国朝野上下都认为该规划是一个具有建设性的建议，为泰国提供了巨大的发展机会，有助于增强两国之间的经济合作，为泰国产品打开新市场，有利于改善国内经济，特别是基础设施建设滞后的现状。泰国副总理比里亚通指出，泰中两国之间投资合作未来有很多机遇。泰国有优势行业可以去中国，中国有优势的企业可来泰国。同时，投资还要考虑市场潜力，要进一步抓住机会实现扩展。在科技方面，中国肯定比泰国领先一步，中国在泰国扩展自己的市场是自然的。中国在高铁技术方面有着雄厚的实力和经验，泰国在这方面肯定要依靠中国，这也符合中国“21世纪海上丝绸之路”向南延伸的战略，对泰中双方来说，这是一个双赢。① 说明泰国政府已经把“一带一路”，特别是“21世纪海上丝绸之路”纳入到泰国政府对经济转型的规划之中。此外，许多泰国学者和官员还认为，“一带一路”倡议与东盟的“互联互通”规划相辅相成，也将有利于东盟各国正在实施的一些现有的次区域合作项目，如大湄公河次区域合作、印度尼西亚—马来西亚—泰国成长三角、

① 《泰副总理：中泰关系一直没有脱离过“友好”主线》，http://world.huanqiu.com/exclusive/2015-03/5840423.html。

文莱—马来西亚—菲律宾东部增长区等规划，并希望能够把这些区域合作计划也纳入“一带一路”设想的建设之中。同时，泰国的许多大型华人财团和企业也都在积极筹备，观察“一带一路”倡议可能带来的商机，并为参与其中而做好准备。“一带一路”建设计划首先是以政治互信为基础的，泰国方面对该计划的积极反应显示其对发展两国合作的信心，而“一带一路”设想的具体实施，也将给双方的经贸合作带来实实在在的巨大利益。

综上所述，政治与经济关系是维护两个国家关系的重要引擎，所谓的“政热经冷”或者是“政冷经热”的局面都是难以持久的，而且不利于两国关系持续稳定发展。回顾中泰建交40年来的历程，两国在政经互动、政经并举方面已经取得了丰富的经验，双方也都从中获得了巨大的经济和战略利益。相信政治和经贸关系今后仍将作为推动中泰两国关系发展的双引擎，继续发挥重要作用。

语言文化

论越南传统文化的来源及其与中国文化的关系

洛阳外国语学院越南语教研室教授　谭志词

摘要：关于越南文化的来源问题，主要有“中国文化说”和“东南亚文化说”两种意见。“东南亚文化说”的立论依据主要是神话、传说、民谣及带“水分”的考古遗物，也与其论者对中国文化的曲解有关，其实质是“越南中心论”。越南传统文化主要来源于中国传统文化，中越传统文化大同小异，中越文化交流是双向的，扬良弃莠是中越两国传统文化现代化的共同命题。

关键词：越南文化；来源；东南亚；中国文化

关于越南文化的来源问题，中越学者主要有两种意见：一种意见认为越南传统文化来源于中国传统文化，我们称之为“中国文化说”；另一种意见认为，越南文化来源于东南亚文化，我们称之为“东南亚文化说”。持前一种观点者主要是中国学者和部分越南学者。如北京大学的傅成劼教授认为：“越南传统文化渊源于中国文化。”[①] 越南学者陶维英亦称：“我们（指越南）的文化虽然来源于中国，但为了保存自己，已经形成了自己的特色。”[②] 持后一种观点者主要是部分当代越南学者和部分西方学者。如越南学者曾金银通过对越南51个民间神话传说故事的分析，得出结论：“越南传统文化属于东南亚文化范畴。”[③] 陈玉添博士在《越南文化特质研究》（下称《特质》）一书中说：“就其来源而言，越南文化的空间本来是在东南亚地区文化空间的基础上形成的……由于处于特殊的地理位置，越南最充分地汇集了地区文化的各种特征……越南是东南亚的一个缩影……也正因为这一点，越南文化才与中国文化有着根本的不同。”[④]《特质》一书在越南影响很大，从1997—2004年的七年间，该书已再版三次，2000年，越南学术界还举办了以该书为主题的研讨会，越南国内外许多学者撰专文来讨论。笔者拜读“东南亚文化说”的种种论据之后，顿觉疑窦丛生，拟借本文同越南学者商榷。

一、“神话”“传说”岂能当“真”

持“东南亚文化说”的越南学者都有一种共同的观点，即认为早在中国文化进入越南之前的文郎国和瓯雒国时期，越南传统文化已经定型。“在对雄王时代的物质和精神文化生活进行研究之后，许多学者认

① 傅成劼：《现代汉语、越南语称谓语比较——兼论称谓语与中越两国传统文化》，季羡林等著《东方文化研究》，北京大学出版社，1984年。

② ［越］陶维英：《越南文化史纲》，四方出版社，1951年，第320页。

③ ［越］曾金银：《越族神话传说故事》，胡志明市：教育出版社，1997年，第167页。

④ ［越］陈玉添：《越南文化特质研究》，胡志明市出版社，1997年，第60—61页。

为在这个时代已经奠定了越南文化的基础和精神传统，其中突出表现为劳动创造、聪明、坚韧不拔、团结互助、重视妇女地位等传统”[①]。“由于古螺城的建立，一个真实的国家——瓯雒国诞生了（公元前3世纪——原注）。在这个国家中，一些生活习惯、习俗，一些宗教信仰得以形成。这些成为后来整个越南历史中越南民族传统文化的核心”。[②]不难发现，这些越南学者在论述越南文化来源时所依据的材料主要是有口碑的流传于民间传说的故事、神话、民谣。尽管有的越南学者宣称：“民间故事历史化是越南民间传说故事的一个普遍现象（其意是说越南民间传说故事基本上是从历史事实演化而来，与事实十分贴近——笔者注）”。[③]但是，再贴近事实也不能等同于事实。神话、传说、民谣不能视为信史，只能说它们折射出越南民族历史、文化的某些“影子”，仅此而已，这是人所共知的科学原则，更何况越南有很多神话、传说故事是来源于中国的。成书于14世纪和15世纪的《越甸幽灵集》（李济川整理）、《嶺南摭怪》（武琼、乔富整理）是关于越南古代神话、传说故事的最主要的两本书，均用汉文写成，现已有多种越译本。其中的《越井传》来源于唐、宋时代的《才鬼记》和元代吴来的《南海古迹记》；《金龟传》脱胎于古代流传于我国巴蜀之地的传说；反映越南民族起源的《鸿庞氏传》来自唐代著名传奇《柳毅传书》等。这说明，中国文化对越南文化的影响已经深入到民间，并不像某些越南学者所说的“最有趣的是，在抵御北属时期，虽然越南与中国发生直接和经常性的

① ［越］《越南历史》第一集，河内：越南社会科学出版社，1971年，第48—66页。

② ［越］曾金银：前揭书，第147页。

③ ［越］曾金银：前揭书，第168页。

接触，但是，越南接受中国文化很少。儒教几乎未能进入越南社会。与此同时，越南主要受到佛教文化的影响——起初从印度传入，后来才途经中国传入。理由很简单：佛教是通过和平途径传入越南，而中国文化是随着侵略者的铁蹄而来的”。[①] 在越南学者所依据的传说故事中，最值得注意的是《鸿庞氏传》，其主要内容是：越南民族是炎帝神农氏之后，是貉龙君与瓯姬之后裔，是“龙子仙孙”。越南人早在公元前2879年就建立了最早的国家文郎国，其国分十五部，国界北至洞庭湖，南到狐狲精国（今越南中部）。其国君王称雄王，传18世，至公元前258年为蜀王子泮所灭。这是一篇道地的传说故事，从古代的越南封建史学家到近代的资产阶级史学家，甚至是现代的部分史学家都说此故事乃以疑传疑，未必确切可信。如吴士连将此故事载入《大越史记全书》的外纪部分，“是因为他怀疑史料的准确性，还没有把它当作正史”。[②]《钦定越史通鉴纲目》（前编，卷一）认为雄王之事是“以疑传疑”，传说中的文郎国地域纯属“侈大其辞”。近代越南资产阶级史学家陈重金也说：“纵观自泾阳王至雄王十八世，君王凡二十易（18世雄王加上泾阳王和貉龙君），而从壬戌年（公元前2879年）计起至癸卯年（公元前258年），共2622年，若取长补短平均计算，每位君王在位约150年！虽系上古时代之人，也难有这么多人如此长寿。观此则可知，鸿庞时代之事，不一定是确实可信的。”[③] 对《鸿庞纪》中“貉龙君娶妪姬生百卵（百男）”之说，越南阮朝翼宗皇帝就曾提出质疑曰：“诗云则百斯男，

---

① ［越］陈玉添：前揭书，第89页。

② ［越］文新等著：《引言》《雄王时代》，越南社会科学出版社，1976年。

③ ［越］陈重金著，戴可来译：《越南通史》，北京：商务印书馆，1992年，第15页。

是颂其多男耳，考其实亦未至此，况百卵乎？果然则何以异于禽兽，尚可为人乎？……此殆与蛇身人首，人身牛首同一荒渺无稽者乎？”[①] 法国汉学家H. 马伯乐认为没有“雄王”，只有“雒王”“文郎”当为“夜郎（汉代时中国中南地区的一个国家，相当于今天广西和贵州的一部分）”。“雄王”“文郎”均是越南史学家抄录中国古籍所误（把“雒”字误抄成“雄”字，把“夜”字抄成“文”字）。越南现代史学家陶维英同意马伯乐的观点，认为“文郎一名只能是后人杜撰的”，并且说：“我们不能拘泥于‘国’字就认为雄王（雒王）所辖的地方是一个具有今天国家含义的国家。”[②] 我国则有学者指出，《鸿庞氏传》中“关于神农氏、帝宜的追述，是从中国史籍记载中嫁接过去的，……妪姬生百卵是附会百越民族，以解释百越的起源，文郎国的地域大致也是百越活动的范围，文郎国十五部是古代至隋唐的一些地名拼凑而成，立国时间是按中国史推算出来的”。[③] 由上可知，诸如“雄王建立文郎国”之事，古今中外颇多学者均认为不能将其视为信史。然而，一些现代越南学者仍不遗余力地寻找种种论据，以把“雄王建立文郎国”等传说故事变成活生生的“历史事实”。从近二十年来越南学者对文郎国问题的研究来看，“向语言学要证据”成为其研究的一大动向。针对有些学者提出的“文郎国时期越南没有文字”的问题，20世纪80年代初，越南考古学家何文晋教授通过对越南东山文化出土的文物上的一些记事符

① ［越］潘清简等：《钦定越史通鉴纲目》，前编，卷一。

② ［越］陶维英著，刘统文、子钺译：《越南古代史》（上册），北京：商务印书馆，1976年，第188—191页。

③ 戴可来、于向东：《越南早期传说与古代历史》，《北大亚太研究》第4期，北京：中国物价出版社，1998年。

号进行研究，指出在汉人进入越南之前的文郎国时期，越南曾有过一种文字体系，这种文字曾流传到中国湖南省的常德、长沙等地。由此，他认为，东山文化曾沿着马江、沧江流域向北传播到楚国，这是显而易见的。① 针对"18世雄王不可信"的问题，越南学者也有了新的解释，他们认为"在传说时代，有很多数字只是表示象征意义，而不是实际意义。'9''18'以及'9'的倍数的所有数字，如36、99、999等在民间思维中只表示'多'的意思。也许，18世雄王也是'许多代雄王'的意思。也许，这是起源于古代越人（百越）的一种以9为基数的计数法"。② 不难发现，越南学者的这些"新见""新论据"有时是牵强附会、缺乏说服力的，如上文所说的"文字"，既不成体系，也不见载诸中国或越南史书，越南学者也不能识读这些"文字"；又如上文所说的99、999等数字，都来源于民谣、成语等，其中的"三十六计，……"明显来源于中国古代兵书中的"三十六计，走为上计"。总之，没有史书的记载，仅靠神话传说和民谣来撰写民族文化史，恐怕是很难令人信服的。对于越南封建文人把神话传说载入正史的动机，越南资产阶级史学家陈重金曾一针见血地指出："在混沌之初，谁都希望从神话之中寻找自己的根源来光耀自己的民族。无疑也因为这个道理，我国的史书记载鸿庞氏为'龙子仙孙'云云……读史者应该分辨何为真实的，何为捏造的，这样才对学习历史有益。"③ 那么，今天的某些越南学者是否在步封建文人的后尘，以把历史的谎言变成"真实谎言"呢？我们不禁要

① ［越］何文晋：《雄王时期有一种越南古文字》，《越南画报》，1983年3月第291期。
② ［越］潘辉黎等著：《越南历史》第一集，大学与专业教育出版社，1991年河内版，第94页。
③ ［越］陈重金著、戴可来译：前揭书，第17页。

问，“神话”“传说”岂能当“真”？

二、地下材料带“水分”

考古遗物（主要是和平文化和东山文化遗物）是持“东南亚文化说”的越南学者所依据的又一重要材料。关于和平文化、东山文化，中外学者历来颇多争议。“和平文化”一词是由法国女考古学家M. 科拉妮（M · Colani）首先提出来的。起初，这一术语只用于指在越南北方发现的文化遗址，后来它所指的范围越来越广，从越南北方扩大到整个中南半岛、菲律宾、印尼、中国南部，甚至印度、日本、澳大利亚等地区。通常的理解是：“和平文化”是东南亚旧石器时代晚期文化的代表，国外学者称之为“中石器时代文化”。可分为早、中、晚三个时期：早期出土的石器主要是由砾石打制的石片石器，如刮削器和击石等，其典型代表是用天然砾石打制的椭圆形石斧，年代属于旧石器时代晚期（西方称之为中石器时代，即旧石器时代向新石器时代的过渡时期），距今约11000—9000年；中期出现了刃部加以磨光的石器，标志着已经开始进入新石器时代，但尚属前陶新石器时代，年代约距今9000—7500年；晚期除仍存在少数通体磨光石器和夹砂绳纹陶器，个别遗址还出现了有肩石斧，属新石器时代早期，距今约7500—5000年。

值得注意的是，东南亚“和平文化”与华南地区新石器时代早期文化有着非常相似（或者说大同小异）的特征，加上地缘上的关系，有的学者认为“和平文化”是受到华南地区文化影响和传播的结果；中国有的学者则认为华南和东南亚地区新石器时代文化是从华北传来的；[①] 西方有的学者认为华南地区新石器时代文化是从东南亚“和平文化”传来的，持“东南亚文化中心论”“中国文化南来说”，如美国考古学家索尔海姆（W·G·Sholheim）认为东南亚是世界上最早的作物栽培、磨利石器、陶器等许多重要文化因素的发源地，中国南、北古文化皆来自东南亚，直到大约公元前2000年，都是东南亚古文化由南向北传播，而后文化发展中心才移到华北。他认为“中国仰韶文化和在此基础上发展起来的龙山文化都源于‘和平文化’”。[②]持“东南亚文化中心论”“中国文化南来说”的还有拜亚德（D·Bayerd）、伊斯特里克（Van Esterik）、切斯诺夫（Chesnov）等。[③] 对“东南亚文化中心论”，中国一些学者曾在不同场合给予抨击。如有学者指出，由于地层被扰乱、采集碳素标本数量微小、实验室工作的误差等种种原因，东南亚早期文化的断代往往有“偏早”的倾向，其数据是不可靠的；有学者从分析铜鼓产生的条件出发，指出至少在公元前500年以前，泰国和越南北方并不存在创造铜鼓的传统，也缺乏必要的社会条件和技术条件。[④] 我们认为，应该这样理解东南亚“和平文化”与华南地区新石器时代早期文化之间的相似性：二者早期文化面貌的相似性是由相似的自然环境（二者都濒海临河、气候湿热、动植物资

① 张光直：《华南史前民族文化史提纲》，台北：《中央研究院历史语言研究所集刊》第7本，1959年。

② 参见Solheim, W.G.;1971, New Light On a Forgotten Past, National Geographic Magazine, Vol.139.

③ 切斯诺夫：《东南亚：古代文化的中心》，《历史问题》，1973年第1期。莫润先译文见于《考古学参考资料》第1期，文物出版社，1978年。Bayerd,D.,1975,North China,South China,Southeast Asia,or simply Far East?*Journal of the Hongkong Archacological Society*,Vol.6.

④ 安志敏：《关于华南早期新石器的几各问题》，《文物集刊》第3辑；童恩正：《再论早期铜鼓》，《中国铜鼓研究会第二次学术讨论会论文集》，北京：文物出版社，1986年；中国古代铜鼓研究会编：《中国古代铜鼓》，北京：文物出版社，1988年。

源丰富）、相似的文化发展阶段（都处于中石器时代）和相似的文化背景（旧石器时代砾石工业和砍砸器传统）所决定的，也就是说，华南地区新石器时代早期文化和东南亚“和平文化”的早期阶段是在各自地区的旧石器时代文化的基础上独立地产生和发展起来的，谁也不影响谁，是一种土著文化；但二者中、晚期文化内涵的相似性，则是在早期相似文化的基础上，东南亚地区的“和平文化”受到华南地区文化影响的结果，因为根据考古发现，华南地区和东南亚地区都具备了独立产生和发展新石器时代文化的条件。① 但是，到了新石器时代的中、晚期阶段，华南地区的文化发展较快，比较发达，东南亚地区的“和平文化”发展较慢，随着远古人类活动范围的扩大，华南地区和东南亚地区的居民互相有了往来，这样华南地区较先进的文化就很容易被东南亚地区的文化所吸收。华南地区的文化因素陆续传到了东南亚。

东山文化因其首先在越南清化省东山县发现而得名，属青铜器时代末期和铁器时代早期。出土的文物中最典型的是铜鼓。就越南来说，东山代表了广布于越南北方的青铜文化和早期铁器文化的中心，是青铜文化发展的顶点。在越南东山文化遗址中，发现了一把汉代铜剑、一面汉代铜镜、一件汉代艺术品扁壶、大批汉代五铢钱和几枚王莽铜币等，这些表明东山文化时期越南曾与中国有过密切的联系。

东山文化起源问题的实质是铜鼓的起源问题。这个问题非常复杂，中外学者曾长期争论不休。根据我国西南五省汇编的《中国古代铜鼓》

① 戴国华：《论东南亚“和平文化”及其与华南文化的关系》，《东南亚》，1988年第1期。

一书的统计，截至1990年，我国国内各文物、博物馆所收藏的铜鼓就有1400多件，国外只有500多件，其中越南有200件左右。因此，我国是目前拥有铜鼓最多的国家。

我们知道，越南学者认定铜鼓起源于越南北方，其主要依据是1902年黑格尔在对铜鼓进行分类时，确认越南玉缕铜鼓是最古老的铜鼓。而中国云南楚雄万家坝铜鼓是20世纪20年代才出土的，黑格尔在没有看到楚雄万家坝铜鼓之前就已经为铜鼓类型和断代问题盖棺论定，其错误是难免的。如他认定纹饰繁缛精美的铜鼓是年代较古老的铜鼓，而事实恰好相反，楚雄万家坝铜鼓的情况表明，愈是古老的铜鼓，其纹饰愈稚拙、粗犷、简朴。楚雄万家坝铜鼓上的文饰稚拙、粗犷、简朴，明显反映出铜鼓的原始形态特征；而越南玉缕铜鼓和黄下铜鼓文饰繁复精美，表明其已经不是铜鼓的原始形态；从铜鼓的年代来看，楚雄万家坝铜鼓比越南玉缕铜鼓和黄下铜鼓要早400年。1955年至1959年间，中国还对云南晋宁石寨山的墓葬遗址先后进行了四次发掘，经测定，其铜鼓年代为公元前3世纪到公元前1世纪之间，相当于西汉初期或中期。越南出土的玉缕铜鼓和黄下铜鼓，属于石寨山型铜鼓，不是最古老的铜鼓。但石寨山型铜鼓比万家坝型铜鼓流布范围要广，在云南省境内，东至曲靖，东北至昭通，西至腾冲、云县，东南至广南、麻栗坡等地；在云南境外，北至四川，东北到贵州，东南到广西，南方远达于印度支那半岛及印度尼西亚群岛，都有石寨山型铜鼓的出土。

1988年10月，昆明举办“中国南方及东南亚地区古代铜鼓和青铜文化国际学术研讨会，会上国内外许多考古学者都赞同“云南是铜鼓发源地”的观点。

因此，我们有理由认为，铜鼓最初的功能是釜（即炊具），后来转化为叩、击乐器（大约在我国春秋晚期到战国时期转化），而且渗入诸民族的战争、祭祀鬼神、朝贡、饮宴歌舞、婚丧嫁娶等广泛的社会活动中，形成一种独特的以鼓功能（乐器）为主的铜鼓文化。这种铜鼓文化起源于云南洱海地区的新石器文化。这一完整的文化体系，距今已有4000多年的历史，它以洱海为中心，随着铜鼓文化的发展和扩散，向四面辐射，并覆盖了整个东南亚。中国云南中部是铜鼓的故乡。越南东山铜鼓是中国石寨山型铜鼓流传到越南的产物。其流传的路线，主要是从云南沿红河传入。越南东山文化是越南民族祖先骆越人在越南土著文化的基础上，吸收和融化中国南方民族铜鼓文化的产物，它一方面受到中国南方民族文化的影响，另一方面又有着较为浓厚的地方特点，如东山铜鼓上有较多的鲛鱼、怪兽形象等。

综上所述，可知“东南亚文化说”所依据的地下材料——和平文化和东山文化遗物在断代方面是有问题的，在其形成和发展过程中都已经受到中国南方文化的影响，所以我们说这些地下材料是带“水分”的，依靠这些带“水分”的材料来断定越南文化来源于“东南亚文化”是苍白无力的。

三、对中国文化的曲解

应该说，某些越南学者之所以持“东南亚文化说”，与其对中国文化的错误认识不无关系。

《特质》认为，越南文化是一种典型的农业文化，中国文化来源于黄河流域，是一种游牧文化，[①] 这种观点是缺乏科学依据的。其错误在于用一元论来解释中国文化的起源。大量的材料和研究成果表明，中国文化的起源是多元的，它有南、北两大体系，北系是发源于黄河流域的仰韶文化，其典型农作物是粟（即小米）；南系是发源于长江流域的河姆渡文化，其典型农作物是水稻。中国湖南道县玉蟾岩遗址、湖南澧县彭头山稻作遗址，以及江西万年县仙人洞距今万余年水稻植硅石的发现，雄辩地把我国稻作农业起源上溯到一万年以前。现在，稻作起源于中国的观点已为学界一致公认，尽管关于具体的起源中心地带还存在着长江中下游说、长江中游与淮河上游、华南说等争议。[②] 仅就中国北方文化而言，也不能以"游牧文化"概括之。

四、"东南亚文化说"之实质

"东南亚文化说"的实质是什么呢？一些敢于直言的越南学者曾撰文指出："在刊载于《文艺报》的一篇题为《越南文化基础——科学还是传说》的论文中，我们有足够的证据表明，陈玉添是用金定牧师的全部空泛论说来当作自己的'科学'体系。现在，陈国旺教授又以剪贴的方式抄袭陈玉添书中的第51—67页。他们都犯了一些文化常识性的错误，如认为越南农业文明位于中国和西方游牧文明之间，就像是中国和

① ［越］陈玉添：前揭书，第64—68页。

② 严文明：《我国稻作起源研究的新进展》，《考古》，1997年第9期；《中国栽培稻起源研究的现状与展望》，《农业考古》，1998年第1期；李锦芳：《中国稻作起源问题的语言学新证》，《民族语文》，1999年第3期。

西方没有农业文明一样。金定、陈玉添、陈国旺坚持‘越南中心论’，把一切美好的东西都归入越南农业文明，把一切丑陋的东西都推给中国和西方，在他们看来，中国和西方一文不值。如金定及其从者都认为雒越（越南民族的祖先）农业文明的特征是重‘静’、重情义，有综合、辩证思维，他们保护自然环境、爱好和平、灵活、民主、平等、尊重妇女，而中国和西方游牧文明则反之……他们忘了，长江流域占据着中国文化的半壁江山，这里也有与东南亚地区相同的气候特征，如炎热、潮湿、雨量大，也种水稻。陈国旺教授还犯了地理常识方面的错误，如他把天山山脉扯到东南亚地区，作为东南亚地区河流的发源地……”[①] 陈玉添博士在其著作的前言部分曾说金定牧师摆脱了“中国中心论”，却走向另一个极端——“越南中心论”，[②] 其实，陈玉添博士本人也没有摆脱金定牧师的窠臼！

五、越南传统文化与中国文化的关系

综上所述，我们认为“越南文化来源于东南亚文化说”的立论依据、方法均不可靠，因而其结论不可能正确。“东南亚文化说”的实质是“越南中心论”。那么，应该如何认识越南传统文化的来源问题呢？我们认为应该把握以下观点：

---

① ［越］陈孟好：《〈越南文化基础〉还缺乏科学依据》，（越）《文艺报》，1998年6月20日。
② ［越］陈玉添：前揭书，第12页。

（一）越南传统文化主要来源于中国传统文化，同时也具有越南民族特色

民族传统文化的形成是一个长期积累的历史过程，只有在文明发展到较高的程度，并且积淀下来，形成本民族特色的文化——知识系统以及基本的思想体系和价值观念之时，民族传统文化才告形成。如上所述，越南历史上的文郎国和瓯雒国时期，属于传说的性质，当时，越南社会尚处于“文明的门槛上”，没有文字，没有真正意义上的国家，更谈不上什么民族知识系统和思想体系，所以这一时期不可能形成越南民族传统文化。秦汉时期，中国文化已经相当发达，中国传统文化已告形成，而越南社会、经济、文化尚十分落后。自秦在越南设置郡县以后，中国文化逐渐在越南传播，经两汉至唐，中国封建中央王朝对越南的统治日渐加强，制度日臻完善，中国传统文化通过中国封建中央王朝派往当地的官吏，如锡光、任延、士燮、高骈等的积极灌输，中原与越南地区南来北往的移民影响以及隋唐科举制度的实施等方式和途径，在越南北方广泛传播，深入人心。汉字成为越南的官方文字，儒、道、释三教纷至沓来，广披南土。尤其是儒家思想已经成为越南地区占主导地位的意识形态。至公元10世纪中叶郡县时代结束之时，中国文化已经在越南扎下根基，越南传统文化也于此时形成。

从公元10世纪中叶至19世纪中叶的900年间，可视为越南传统文化的更新发展期。在此期间，越南建立独立自主封建国家以后，仍与中国保持宗藩关系。越南历代封建王朝更加主动、自觉地吸收和融化中国传统文化，中国传统文化在越南的传播呈现出较前更加强劲的势头。作为中国文化载体的汉字及在汉字的基础上创造出来的越南民族文字——喃字成为越南文化的主要载体，这为中国传统文化在越南的继续传播提供了便利条件。大量的汉文著述相继问世，其内容包括古籍研究、经传释义、史地纂修、诗文创作等，可以说哲学、政治、经济、历史、地理、宗教、文学等无所不包，推动越南学术繁荣发展。作为中国传统文化核心的儒学经郡县时代在越南奠基之后，经历丁、前黎、李、陈等朝与佛教的斗争和发展，到后黎朝时成了在越南占统治地位的意识形态。由于历史的原因，独立后的越南始终没有建立起独立于中国文化之外的文化体系，其占主导地位的文化，仍然是来源于中国文化，同时它又适应越南社会发展的需要，反映越南的政治、经济、历史、文化，表达越南人的思想、感情、心理，具有越南民族的特色，是中国文化与越南民间文化的融合，我们可以称之为“汉越文化”。这一时期，随着越南疆域不断向南扩展，这种“汉越文化”也不断南披，直至涵盖今天的越南全境。

从19世纪中叶至今可以视为中越传统文化的转型期。这一时期，一方面，中越两国的国门被西方殖民者用坚船利炮轰开，西方文化滚滚而来，冲击着长期禁锢保守的中越传统文化；另一方面，中越两国封建制度逐渐衰败，新的社会制度经过两国人民长时间的摸索后最终诞生，又在摸索中发展。汉字和喃字最终退出了越南历史的舞台，“国语字”承担起承载越南文化的历史重任，越南传统文化出现了“断层”现象。正如法国著名的东方学者汪德迈教授所说：“在越南，汉字的弃置确然使其知识阶层一下子从各种文化传统的束缚中解放出来了。然而，结果并不是整个国家都向先进国家前进了一大步，而是又给越南知识精英开辟了一条吸收西方文化的道路……在法国殖民时代，没有任何殖民地像越南一样产生了如此多的出类拔萃的文化人才。然而，这些人才是完全脱离其民族土壤的。”[①] 这一时期，中越传统文化面临共同的命运——如何走向现代化。

（二）就内容而言，中越传统文化大同小异，同是根本，异是枝节

越南在接受中国文化时，往往存在着求同、求异、实用三种心理。他们对中国文化顶礼膜拜，以接受，甚至以成为中国文化的一员而感到自豪。越南人编出“貉龙君与妪姬生百男”的故事，将其载入正史，并据此以“龙子仙孙”自诩。历史上越南人曾以“汉人”自称，而称中国人为唐人、北人。黎利蓝山起义时，自称为“中国”，视邻邦为“夷”“蛮”并自称统御“华夷”。绍治元年（1841年），越南使臣李文馥出使中国时，清朝安排给他居住的驿馆壁上题有“越夷会馆”四个大字，他勃然大怒，令行人裂碎那个“夷”字后才入馆居住。他还就此作《辨夷论》曰：“越南原圣帝神农氏之后，华也，非夷也。道学则师孔孟程朱，法度则遵周汉唐宋，未始编发左为夷行者……”[②] 陈朝末期，外戚胡季犛权势日涨，陈艺宗恐其日后篡位，便于1395年2月“命画工画周公辅成王，霍光辅昭帝，诸葛辅蜀后主，苏宪诚辅李高宗，名为四辅图，以赐季犛，使辅官家，当是如此”。[①]

① ［法］汪德迈著、陈彦译：《新汉文化圈》，江西人民出版社，1993年，第102页。转引自贺圣达：《中越传统文化关系及其阶段、特征》，《东南亚》，1998年第2期。

② 潘叔直辑：《国史遗编·绍治元年条》，香港中文大学新亚研究所，1965年。

在四辅图中，除了苏宪诚辅李高宗之外，其余的都是中国历史上辅君的典例，然而，胡季犛最后还是篡夺了帝位。越南历代封建王朝在统治制度方面基本上都效法中国。这些现象就是其欲与以“炎黄子孙”自诩的华夏民族攀亲、“套近乎”，是求同心理的突出反映。在“求同”心理的作用下，越南没有建立起独立于中国之外的文化体系，其占主导地位的文化都来源于中国传统文化。因此，其主要内容与中国传统文化是相同的，即都是儒、释、道三教。三教的关系及职能分工是：三教融合并存，以儒治国治世，以佛治心。佛教和儒教都曾成为统治阶级统治人民的思想工具，其影响并非囿于上层社会，而且深入民间。尤其是儒教，在越南传统社会中的影响根深蒂固，成为越南传统文化的核心。中国宋明理学以儒家伦理为核心，同时杂糅儒、释、道三教，具有“三教归一”的特征。在越南，“三教同源”的思想也颇为盛行（见前文）。越南村社文化以乡亭为中心，其形成和发展反映了儒教对越南下层村社社会的广泛影响。在佛教盛行的越南李朝、陈朝时期，村社的政治、经济和文化生活的中心是寺庙。自陈朝后期，尤其是后黎朝以后，儒教的正统地位得以确立，越南村社生活的中心由寺庙转向乡亭，乡亭的鼓声取代寺庙的钟声成为村民集会的号令。[②] 与儒、释相比，道教的影响则主要在民间，其在民间的势力毫不逊色于儒、释，但对统治阶级的统治政策影响甚微。由此可知，中越两国传统文化的价值取向，如天人合一、知行合一、重义轻利、重

① 吴士连等：《大越史记全书·本纪卷五·陈纪》。

② ［越］丁嘉庆：《越南儒教与民间文化和乡亭现象》，武挑主编：《古今儒教》，河内：越南社会科学出版社，1990年，第197—200页。

德轻才、厚古薄今等是一致的；中越传统文化的基本观念，如重名声、重和谐、倡孝重亲等也是共同的。因此，考察中越传统文化之间的关系，同是根本，是主干。

中国文化内容博大精深，卷帙浩如烟海。越南对中国传统文化的吸收并非全盘照搬，而是根据越南社会的需要有选择地接受。在这里，实用心理和求异心理起了很大的作用。在越南建立独立自主的封建国家后，统治阶级为了维护政权的稳定，选择了中国文化。文人学士学习中国文化的“唯一目的是参加科举考试，中举则能换得一官半职，落榜则退居故里，或教书，或当个赤脚医生，或按照先儒的教诲来组织村社和家庭生活”。[①] 由此，形成了越南接受中国文化的特点是“把中国文化加以简化和实用化”。[②] 如前文所述，喃字的实质是简单地以今汉越音来标记越南语语音，结果以失败而告终；越南陈朝名儒朱文安所撰《四书总约》，是对中国四书的简化；阮朝裴辉碧的《性理撮要》是对明朝的《性理大全》的简化；阮攸的《金云翘传》是对中国青心才人的《金云翘传》的删节、改编和再创作，也是一种简化；越南人信仰来源于中国的佛教，但无中国佛教的繁文缛节，仅“香花顶礼”而已，越南宗教信仰的杂糅性及神祇的“世俗化”特征是实用心理的体现。另一方面，民族独立意识在越南民族历史上始终占有非常重要的地位。它在文化上的表现就是在接受中国文化的时候普遍受一种求异心理的支配。在古代，越南所谓的“独立”实际上就是独立于中国。喃字及喃字文学的产

① ［越］潘玉：《越南文化及其新视角》，河内：文化通讯出版社，1994年，第48页。

② 戴可来：《对越南古代历史和文化的若干新认识》，北京大学亚太研究中心编：《北大亚太研究》第2期，北京大学出版社，1993年。

生和发展、李常杰的《南国山河》诗、阮廌的《平吴大诰》、胡季犛之轻孔子尊周公、越南古代文化之集大成者黎贵惇对理气关系的理解有别于朱子等，都是越南民族独立意识和求异心理在文化上的反映。正如陈荆和先生所说："作为越南文化史的一贯特色，越南文人、史官在一直全面地接受中国文化和中国历代制度的同时，在细节上却为与中国不同煞费苦心，有着主张保持越南独立性的传统态度。"[①] 正是在实用心理、民族独立意识和求异心理的共同作用下，越南传统文化在与中国文化保持大同的同时，仍然具有自己的民族特色，即与中国文化存在着小异。然而这种"异"是不成体系的，只是同中之异。正如有的越南学者所说："越南的儒学与汉学虽然有着广泛的影响，但是不如中国、日本和朝鲜的儒学和汉学那么精深"。"越南文化的一切表现形式，即使是语言、文学、艺术、信仰、风俗习惯等都存在一种融合现象，其中，外来成分非常直观，显而易见。而土著成分却含而不露，如果没有考古学和民族学的知识，往往是看不到的。在越南家庭中，妇女受到尊重，她们掌握着家庭财宝箱的钥匙，操持生意，并且在出嫁之前与父母、家庭保持经常性的关系。她们受到法律的保护，而不像中国妇女那样地位低下。越南在拥有建立在汉字基础上的正统文化的同时，还拥有极其丰富的民间文化"。[②] 考察中越传统文化之间的关系，异是枝节。

中越传统文化的大同小异，与越南人的上述三种心理密不可分。

在中越传统文化关系问题上，过去，人们往往把注意力集中到

---

① 陈荆和：《〈大南实录〉与阮朝硃本》，《中国东南亚研究会通讯》，1987年合刊。

② ［越］潘玉：前揭书，第48页、第54—55页。

“同”的一面，对“异”的问题研究得很不够。因为中越传统文化中的“异”是旁枝细节，它不容易被人们看到，需要我们先从语言学、历史学、民族学、文化学、考古学等多学科的微观问题入手，从多层次、多角度进行专题和个案比较研究，才能得出比较科学的结论。从这个意义上说，中越传统文化的比较研究未有穷期。

我们认为，对中越传统文化关系的研究，应该反对两种极端的态度：其一，是过分强调“同”，抹杀越南文化的民族特色；其二，是过分强调“异”，是狭隘民族主义的表现。以科学的态度去研究和审视中越传统文化的异同，不是为了抬高或贬低某一民族，而是为了科学地认识历史，也是为了更好地展望和建设未来。

（三）中越文化交流是双向的，扬良弃莠是中越两国传统文化现代化的共同命题

文化交流总是双向互动的，虽然不排除某一时期的单向流动。综观中越历史上的文化交流，主要是中国文化南披，对越南文化的形成和发展产生深刻的影响，越南文化从物质层面、制度层面到心理层面无不受到中国文化的深刻影响。同时，越南人和越南文化也对中国文化的丰富和发展产生了一定的影响，作出了一定的贡献。

应该指出的是，中国文化对越南文化的影响并非一切都好，而是良莠不齐的。儒家文化在中国和越南历史上对巩固中央集权，维护社会稳定与国家统一，号召人民忠君爱国、抗击外侵、捍卫民族独立等方面的确起到了积极作用。但是，儒家思想的保守僵化、重德轻法、重农抑

商、重男轻女、不重视科学技术等特征又是阻碍社会发展的消极因素。因此，在中越两国都在进行现代化建设的今天，如何扬良弃莠，成为摆在两国传统文化面前的共同命题。两国学者应该就此问题加强交流，共同研究。

现代越南语中部方言的语音特点

洛阳外国语学院亚洲语言文学（越语）硕士研究生　周伊云

摘要： 越南语中部方言的语音与北部方言和南部方言有明显差异，首辅音、韵和声调都呈现出地域特点，保留了一些古音，产生了个别新的音位。对中部方言的语音特点进行及时的梳理，有助于更加全面地认识越南语，听解和读解中部方言。

关键词： 越南语；中部方言；语音特点

由于自然条件、社会历史等诸多方面的因素，越南自北向南形成了几个差异较为明显的地理、文化单元。与此相应，越南语也在这些地理、文化单元产生了分化，形成了不同的方言。一般认为，现代越南语存在三个主要的方言：以河内方言为代表的北部方言、以义静方言为代表的中部方言和以胡志明市方言为代表的南部方言。越南学者阮才瑾指出，中部方言形成时间非常早，它形成于古越语时期，年代大致在13—16世纪，因此中部方言保存有较多古越语痕迹。[①] 现今，在越南中部地

① Nguyễn Tài Cẩn. *Thử phân kỳ lịch sử 12 thế kỷ của tiếng Việt* [J] . Ngôn ngữ, số 6, 1998: 7-12.

区，中部方言在大众媒体以及人们的日常生活中仍然发挥着重要作用，又由于其语言特点与其他方言区别较大，因而日益得到越南学者的重视。但是长期以来，国内对越南语的教学和研究以标准语[①]为主，对方言的研究较少，对中部方言的研究更是鲜有涉及。而方言之间的差异，主要体现在语音方面，因此，本文拟对越南语中部方言的语音进行初步探讨。

语音是一种方言区别于其他方言的显著特征，是最直观、最具代表性的语言层面，词汇和语法层面的变异也与语音层面密切相关。因此，分析方言往往是从语音层面着手。越南语是孤立语，音节是语音的基本单位。根据段善术对越南语音节结构的划分，越南语音节可分为首辅音、韵和声调，韵又可分为垫音、主元音和尾音，如下图所示：[②]

<table>
<tr><td colspan="4">声　调</td></tr>
<tr><td rowspan="2">首辅音</td><td colspan="3">韵</td></tr>
<tr><td>垫音</td><td>主元音</td><td>尾音</td></tr>
</table>

图1　越南语音节结构

本文以现代越南语中部方言为考察对象，通过与“标准语”音节的

① 越南政府至今未规定“标准语”，本文中的“标准语”是习惯上认为的“以河内音为标准音，以北方方言为基础，同时吸收中部方言中几对相互对立的音位”的越南语（参见程方．现代越南语概论［M］．南宁：广西民族学院民族研究所出版社，1988：14.）

② Đoàn Thiện Thuật. Ngữ âm tiếng Việt[M]. Hà Nội: Nhà xuất bản Đại học Quốc gia Hà Nội, 1999: 83.

对比，对越南语中部方言首辅音、韵和声调的特点进行说明。

一、方言区的划分

方言区的划分是一个涉及语言学、历史学、地理学、文化学等多学科的复杂问题。各个方言区的边界并不是静态的天然边界。语言是不断发展变化的，这种变化在语言的各个层面、在各个地区并不同步，每一个变化都可能打破原有边界，形成新的边界。在语言发展的漫长历史中，各个地区的自然地理条件和社会人文因素的差异使得语言的变化纷杂交错，同言线也或交叉、或重叠。例如：混淆尾辅音/n/和/t/，/ŋ/和/k/的现象存在于从承天—顺化省至金瓯省地区，如果单纯依据该同言线，则承天—顺化省属于南部方言区。而如果考察辅音/v/同言线，岘港广南以南的地区没有该辅音，在承天—顺化地区却存在，且承天—顺化地区辅音/f/与标准语中/v/的对应关系/f/→/v/[①]和中部其他地区相同，如果依据这个现象则承天—顺化省属于中部方言区。因此，方言区的划分不能只依据某一时间的某一种特征，而应综合考察语言范畴各方面特点，依据多束同言线来界定。也正因为如此，语言学家在指定同言线划分方言区时，标准会有所不同。越南语方言区的划分问题至今在学界尚存争议。

本文对中部方言区的界定参照黄氏洲的划分方法，将越南语划分为北部、中部、南部三个方言区。北部和中部方言区的边界与清化省北部省界大致重合，主要依据是声调数量上的差异，该边界以北为六

① 本文中“→”符号终点端（右边）为标准语，起点端（左边）为对应的方言。

个声调，以南为五个声调。中部和南部方言区的边界大致与海云山山脊重合，自古便是气候与文化差异以及行政区划的标志性地物。[①] 相对而言，这种划分方法目前在越南学界比较普遍。依据该划分方法，中部方言区的范围北起清化省，南至海云山（现为承天—顺化省和岘港市的省界）。

同言线常常与山河湖海等地理边界或行政区划边界重合，这是由于地理条件和政治因素可以阻碍或减少地区间的语言接触，这样一来，经过长期的发展变化，地区间的语言差异也更加明显。从地形上看，中部方言区形状狭长，多山地和森林，交通相对不便，这使得中部方言区内部各方言差异相对明显。一般认为中部方言区还可划分为三个次方言区：清化方言区，即清化省；义静方言区，包括义安省、河静省；平治天方言区，包括广平省、广治省和承天—顺化省。[②] 这三个次方言区的语音也存在差异，但不是本文的论述重点，其语音特点都是中部方言语音特点的一部分体现。针对不同地区的特殊语言现象，文中将特别说明。

二、中部方言首辅音特点

首辅音是构成音节的主要成分，位置固定。首辅音在构成音节时相对独立，可以出现在任何韵母之前，任何声调的音节之中。相较于“标准音”，中部方言的首辅音有以下特点：保留有送气音/p^h/和/k^h/；保

① Hoàng Thị Châu. *Phương ngữ học tiếng Việt*[M]. Hà Nội: Nhà xuất bản Đại học Quốc gia Hà Nội, 2004: 91-93.

② 参见Hoàng Thị Châu. *Phương ngữ học tiếng Việt*[M]. Hà Nội: Nhà xuất bản Đại học Quốc gia Hà Nội, 2004: 95.

留有古音/Bj/，/Dj/，/chj/，/kj/，/tl/；d- /Dj/和gi- /j/的对立等。

（一）保留有送气音/pʰ/和/kʰ/

在义静方言和平治天方言中，还保留有送气音/pʰ/和/kʰ/，辅音ph-和kh-发音分别为/pʰ/和/kʰ/。例如：phá phách读音为[pʰa]^{3} [pʰek]^{3}，khó khăn读音为[khɔ:]^{3} [khăn]^{1}。① 但是在北部方言中，辅音ph-和kh-的发音擦化为/f/和/χ/，即使是在义静和平治天地区，年轻人的发音也呈现出擦化的趋势，将这两个音读作擦音/f/和/χ/，或是塞擦音/pf/和/kχ/。不少语言学研究者认为，擦化是辅音发展的趋势，擦音/f/出现在送气音/pʰ/之后，擦音/χ/出现在送气音/kʰ/之后。中部方言中/pʰ/、/kʰ/和标准语中/f/、/χ/的差异说明，中部地区的语言发展变化与其他地区相比较慢，是越南语方言中保留古音最多的方言。

（二）保留有古音/Bj/、/Dj/、/chj/、/kj/和/tl/

在广平至边海河地区，包括边海河北边的一些县，保留着一些年代久远的古音，如[bj]、[dj]、[chj]、[kj]和[tl]，现在有观点认为这是辅音尚不明确的某种特性，而在古音中，这是垫音与首辅音组合的结果。

在北平治天②，即广平省北部省界至边海河地区，许多地方话中保留了一些较早时期的首辅音——复合辅音。语言学家记录为/Bj/、/Dj/、/chj/、/kj/和/tl/。黄氏洲认为，这是首辅音现今尚不明确的一种

---

① 本文中的声调标记1为平声，2为玄声，3为锐声，4为重声，5为问声，6为跌声。

② 平治天地区以边海河（Sông Bến Hải）为界，划分为北平治天和南平治天。

属性，在过去是垫音与首辅音相结合的结果。① 陈智睿则认为“复合辅音是旧时双音节词语简化的结果”。② 义静地区的一些地方话中也有类似的复合辅音，但数量较少。越南语标准语中已没有这些音。

辅音/Bj/为双唇音，浊擦音。亚历山大·罗德（Alexandre de Rhodes）于17世纪编写的越—葡—拉字典 ③ 中记载，有两个音B，其中一个音与现代越语的辅音b相近，但不完全相同，发音时气流方向为吸入而不是呼出；另外一个音与希腊语中的β相近，类似于现代越语中的辅音v，发音时双唇微张，轻送气。④ 这两个相似的音B在现代的北平治天地区的方言中有所体现。该地区的一些地方话中，辅音v-读作/Bj/，如vua读作[Bjuo]，vui vẻ读作[Bjuj][Bjɛ][5]；而没有/Bj/这个音位的则用/b/代替，vua读作[buo]，vui vẻ读作[buj][bɛ][5]。由此可见，中部方言与标准语存在/b/→/v/的对应关系，即标准语中的辅音/v/在中部一些地区发音为/b/，这同样体现在词汇的对应关系上，如bằm→vằm，bẹo→véo，bưa→vừa，bấp→vấp，bụ→vú，buốt→vuốt等。但是，辅音/v/仍然存在于中部方言中，主要用于一些政治、经济、科技等领域的外来词。

辅音/Dj/为舌尖齿音，浊擦音，相近于英语中的/ð/。17世纪初，这个音在北部方言中开始发生变化，经过三个多世纪，形成了变体——现代越语的/z/。但是在北平治天的一些地方话中仍然保留着辅音/Dj/，平治天其他地区则用辅音/d/代替，/d/是/Dj/的另一个变体。这样，我们

① Hoàng Thị Châu. *Phương ngữ học tiếng Việt*[M]. Hà Nội: Nhà xuất bản Đại học Quốc gia Hà Nội, 2004: 140.

② Trần Trí Dõi. *Giáo trình lịch sử tiếng Việt*[M]. Hà Nội: Nhà xuất bản Giáo dục Việt Nam, 2011: 166.

③ A. de Rhodes. *Dictionarium Annamiticum – Lusitanum – Latinum*[Z]. Roma, 1651.

④ A. de Rhodes. *Từ điển AnNam - Luistan - La Tinh (thường gọi là Từ điển Việt - Bồ - La)*[Z], Thanh Lãng, Hoàng Xuân Việt, Hồ Quang Chính dịch. Hà Nội: NXB khoa học xã hội, 1991.

可以解释中部方言首辅音/d/与标准语中/z/的对应关系，在词汇上的体现有đưới→dưới，đa→da，điều gà→diều gà，đai→dai，đám→dám等。

辅音/chj/和/kj/为清塞音，腭化明显，发音时由辅音/c/和/k/向/j/滑动。/chj/和/kj/出现在首辅音书写为gi-和g-的音节中。在现代越语标准语中为浊擦音，发音为/z/和/ɣ/。而北平治天地区的一些地方话仍然读作/chj/和/kj/。在平治天其他地区，/j/音脱落，读音为/c/和/k/，清化和义静地区的发音也是如此，但只出现在一些词根语中，数量较少。/c/→/z/和/k/→/ɣ/这两组方言与标准语的对应关系也是由于古音/chj/和/kj/在方言和标准语中形成了不同变体，词汇上的对应如chi→gì，chạng→giạng，chặm (chân) →giặm (chân)，chiếng→giếng，chềnh chàng→dềnh dàng；cấy→gái，(trốôc) cúi→(đầu) gối，ka→gà，ké→ghẹ，cài→gài，can→gàn等。

总之，/b/→/v/，/d/→/z/，/c/→/z/和/k/→/ɣ/这几组对应关系的由来都是古音/Bj/、/Dj/、/chj/和/kj/在方言和标准语中产生了不同变体的结果。其中，与/Bj/和/Dj/相比，/chj/和/kj/的发展变化需要经过一个较长的过程，浊化和擦化之后才形成现代越语中的/z/和/ɣ/，可以推断/chj/和/kj/在越南普遍使用的时期早于/Bj/和/Dj/。17世纪，罗德（Rhodes）在字典中描述了/Bj/和/Dj/这两个音，而没有关于/chj/和/kj/的说明，只记录了这两个辅音的变体“gi和g”，发音接近现代越语中的/z/和/ɣ/。这也说明/Bj/和/Dj/在越南社会广泛使用的时间大约为17世纪，而/chj/和/kj/早于这一时期。

中部方言保留的古音还有塞擦音/tl/，发音时，舌尖弯曲抵上腭，发音位置类似/ţ/，气流通路的中间被阻塞，从舌头两边通过，类似/l/。在现代越语标准语中，/tl/的发音变为/ţ/。而在北平治天，大部分地区保留了辅音/tl/，常见于老年人群，主要是家庭生活词汇。而大多数中青年的发音为/ţ/，和标准语一致，尤其是在政治、文化、经济、科技等领域。这是词汇渗透的结果，也是一种发展趋势，/tl/在方言中也将逐渐消失。

（三）d- /Dj/和gi- /j/的对立

现代越语标准语对首辅音d-和gi-的读音已不作区分，发音都为/z/，如da和gia的发音[za]。只有在保留有古音/Dj/的北平治天地区，存在d-和gi-的对立。上文已有说明，在这些地区，辅音d-保留古音/Dj/的发音，而辅音gi-的读音为半元音/j/。da和gia的发音分别为[Dja]和[ja]。此外，首辅音nh也念作[j]。

通常，“越南语音节中作为首辅音的只能是辅音”①。半元音出现在首辅音的位置是一个特殊现象。这是南部方言的一个突出特点，“半元音/j/和/w/进入首辅音系统是南部方言区别于其他方言的一大特点”②。中部方言也存在上述现象，半元音/j/作为首辅音出现在音节结构中，但并不多见，不如南部方言普遍。除了辅音gi-，在农村地区，或是城市的体力劳动者阶层，辅音nh-也读作/j/。

① Đoàn Thiện Thuật. *Ngữ âm tiếng Việt*[M]. Hà Nội: Nhà xuất bản Đại học Quốc gia Hà Nội, 1999: 150.

② Hoàng Thị Châu. *Phương ngữ học tiếng Việt*[M]. Hà Nội:Nxb Đại học quốc gia Hà Nội, 2004: 149.

三、中部方言韵的特点

韵由垫音、主元音和韵尾构成，其中主元音是最重要的、必不可少的部分。而垫音和韵尾的位置可以为零。根据音节结尾的不同，韵可分为开音节韵母、半开音节韵母、半闭音节韵母和闭音节韵母。另外，我们把包含垫音的韵母单独归为一类。按照此分类方法，讨论韵的特点。

（一）开音节韵母

如果音节以主元音结束，即韵尾为零，则构成该音节的韵母为开音节韵母。不考虑垫音因素，中部方言的开音节韵母与标准语的主要对应关系有：[ɯ]→[ɤ]、[a]→[ɯɤ]、[ɔ]→[uo]和[ɛ]→[ie]，即标准语中的[ɤ]、[ɯɤ]、[uo]、[ie]在中部方言中往往读作[ɯ]、[a]、[ɔ]、[ɛ]。如（bây）chừ→(bây) giờ，lả→lửa，ló→lúa，ẻ→ỉa等。在义安省的一些地方话中，[a]、[ɔ]、[ɛ]的开口度与标准语相比较小，发音接近[ɤ]、[o]、[e]。参考方言词汇与书面语的对应，中部方言不含垫音的开音节韵母的发音规律如下图：

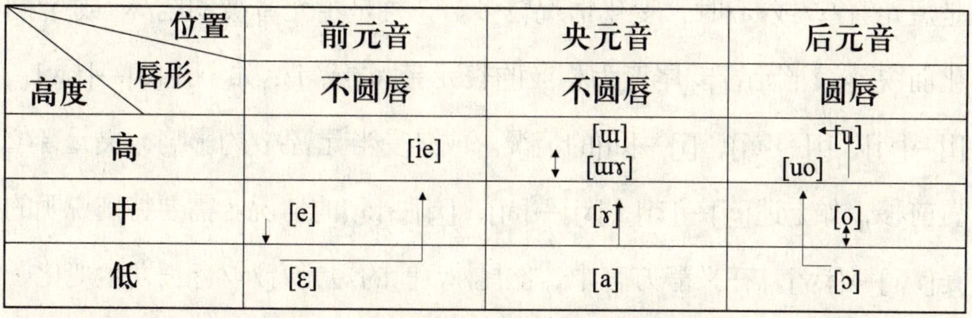

图2　开音节韵母对应关系示意图

由上图可见，中部方言开音节韵母与标准语之间的变化体现在舌面高度，即开口度上，而舌尖位置和唇形是相同的。标准语中的双元音通常与中部方言中舌尖位置相同的单元音相对应。

（二）半开音节韵母

半开音节韵母以半元音/w/或/j/为韵尾。常见的对应关系有：

[u]→[ɤ̆w], 如：bù→bầu，tru→trâu；

[o]→[ɤ̆w]，如：mô→đâu，độ→đậu；

[ɤw]→[ɤ̆w]，如：nấu→nớu，trâu→trơu；

[i]→[ɤ̆j]，如：chí→chấy，di→dây，ghi→gầy；

[ej]→[ɤ̆j]，如：dêy→dây，ghềy→gầy；

[i]→[ăj]，如：mi→mày；

[ɤ̆j]→[ăj]，如：nầy→này；

[i]→[aj]，如：ghí→gái，trí→trái；

[ɤ̆j]→[aj]，如：gấy→gái，trấy→trái等。

可以看出，中部方言中，当半开音节韵母的主元音为央元音，尤其是短元音/ɤ̆/或/ă/时，变化情况较多。一种是主元音被韵尾/w/或/j/同化而脱落，半元音韵尾变为相应的长元音/u/或/i/, 如上述[u]→[ɤ̆w]，[i]→[ɤ̆j]，[i]→[ăj]，[i]→[aj]的情况。或是受半元音/j/的影响，央元音位置前移，如上述[ej]→[ɤ̆j]，[ɤ̆j]→[ăj]，[ɤ̆j]→[aj]的情况。需要特别说明的是[ɤw]→[ɤ̆w]，在义静方言中，韵尾/w/前的短元音/ɤ̆/音长发生变化，读作/ɤ/，产生的韵母[ɤw]在标准语中是没有的，这是中部方言韵母系统的特点之一。另外，[ej]→[ɤ̆j]这组对应关系中，韵母[ɤ̆j]中的/ɤ̆/位置前移，读作/e/，产生新的韵母[ej]。在现代越南语中，两个相邻的音位的发音位置不能相同，换言之，两个前元音，或两个央元音，或两个后元音不能位于相邻的位置上。/e/和/j/都属于前元音，按照该原则，韵母[ej]这一结合不成立，事实上，在现代越南语标准语中已没有这个韵母。但罗德在17世纪编著的字典中记录有“Trểy lếy blái”，这说明韵母 [ej] 在古越语中是存在的，韵母[ej]是中部方言保留的古韵母之一。

（三）半闭音节和闭音节韵母

现代越南语标准语中，有六个辅音可以充当韵尾。/m/、/n/、/ŋ/为韵尾时构成半闭音节韵母，/p/、/t/、/k/为韵尾时，构成闭音节韵母。根据发音位置的不同，可分为三组，分别 /m/ 和 /p/，/n/ 和 /t/，/ŋ/ 和 /k/。

当韵尾为/m/或/p/时，与标准语有如下的对应关系：

[ɯm]→[ɤ̆m]，[ɯp]→[ɤ̆p]，如：tưm→tâm，rừm rựp→rầm rập，cựp rựp→cập rập；

[ɯm]→[um]，[ɯp]→[up]，如：đừm→đùm，hứp→húp等。

韵尾为/n/或/t/时，主要变化在当主元音为/ɤ̆/时：

[ɯn]→[ɤ̆n]，[ɯt]→[ɤ̆t]，如：chưn→chân，nhứt→nhất；

[in]→[ɤ̆n]，[it]→[ɤ̆t]，如：chin→chân，nhít→nhất等。

中部方言中，韵母-ân[ɤ̆n]和-ât[ɤ̆t]存在不同变体，分别是-ưn[ɯn]和-in[in]，-ưt[ɯt]和-it[it]。在标准语中，没有-ưn[ɯn]这个韵母。韵母

[ɯn]的出现也是中部方言韵母系统的特点之一。

韵尾为/ŋ/或/k/时，变化情况较多，常见的对应关系如下：

[aŋ]→[ɯɤŋ]，[ak]→[ɯɤk]，如：đàng→đường，nác→nước；

[ɤŋ]→[ɯɤŋ]，[ɤk]→[ɯɤk]，如：đờng→đường，giờng→giường，cớc→nước；

[ɤ̆ŋ]→[ɯŋ]，[ɤ̆k]→[ɯk]，如：mầng→mừng，cậc→cực；

[i:ŋ]→[ĭŋ]，[i:k]→[ĭk]，如：tìng hìng→tình hình；

[e:ŋ]→[ĕŋ]，[e:k]→[ĕk]，如：xềêng（xoàng）→xềnh（xoàng），ếêc→ếch；

[ɛ:ŋ]→[ɛ̆ŋ]，[ɛ:k]→[ɛ̆k]，如：lèng→lành，gẹc→gạch；

[u:ŋ]→[ŭŋm]，[u:k]→[ŭkp]，如：huùng huục→hùng hục，luúc nhuúc→lúc nhúc；

[o:ŋ]→[ŏŋm]，[o:k]→[ŏkp]，如：bồông→bồng，ôốc→ốc；

[ɔ:ŋ]→[ɔ̆ŋm]，[ɔ:k]→[ɔ̆kp]，如：doong→dong，hoọc→học等。

需要指出的是上述韵母中，[i:ŋ]、[i:k]、[e:ŋ]、[e:k]、[ɛ:ŋ]、[ɛ:k]、[u:ŋ]、[u:k]、[o:ŋ]、[o:k]、[ɔ:ŋ]、[ɔ:k]反映了古越语的发音特点。在现代越南语标准语中，受尾辅音/ŋ/或/k/的影响，在其之前的前元音音长变短，这时韵尾的书写形式分别为-nh或-ch。韵母inh、ich、ênh、êch、anh、ach的读音分别为[ĭŋ]、[ĭk]、[ĕŋ]、[ĕk]、[ɛ̆ŋ]、[ɛ̆k]。而在义静方言中，前元音音长不变短，发音为[i:ŋ]、[i:k]、[e:ŋ]、[e:k]、[ɛ:ŋ]、[ɛ:k]。而当尾辅音/ŋ/或/k/之前为后元音/u/、/o/、/ɔ/时，除后元音音长变短外，尾辅音还会受到后元音圆唇特点的影响，变成双唇化的/$ŋ^m$/

或/k^p/。而在中部方言中，这样结合后元音和尾辅音并不相互影响，后元音音长不变，尾辅音/ŋ/和/k/也不唇化，读作[u:ŋ]、[u:k]、[o:ŋ]、[o:k]、[ɔ:ŋ]、[ɔ:k]，书写形式分别为uung、uuc、ôông、ôôc、oong、ooc。由上可见，越南语中部方言韵母系统中保存了较多古音，这是中部方言区别于其他方言的一大特点。

（四）包含垫音的韵母

垫音是韵母的组成成分。现代越南语中，垫音这个位置上只能出现半元音/w/。垫音不能与所有的首辅音结合，也不能与所有的元音结合，它在音节中不能自由活动，也不是必需的成分。它的出现会影响到与其位置相邻的首辅音和韵中的主元音，尤以南部方言表现明显。北部方言和中部方言中，垫音对首辅音几乎没有影响，可以与唇辅音/m/、/b/、/v/、/f/以外的任何首辅音结合，对后面的主元音影响也不大，但仍然呈现出各自的特点。北部方言中，除圆唇元音外，垫音还不能与元音ư/ɯ/和ươ/ɯɤ/结合，即北部方言中不存在韵母-uư[wɯ]或-uươ[wɯɤ]，垫音如果与央元音结合，只可能存在-uâ[wɤ̆]-或-oă[wă]-的情况。而在义静方言和平治天方言中，当垫音与â/ɤ̆/结合时，/ɤ̆/开口度变小，发音为/ɯ/，即没有-uâ-的情况，而存在-uư-。例如：tuần发音为twừn，quật quật发音为kwựt kwựt。

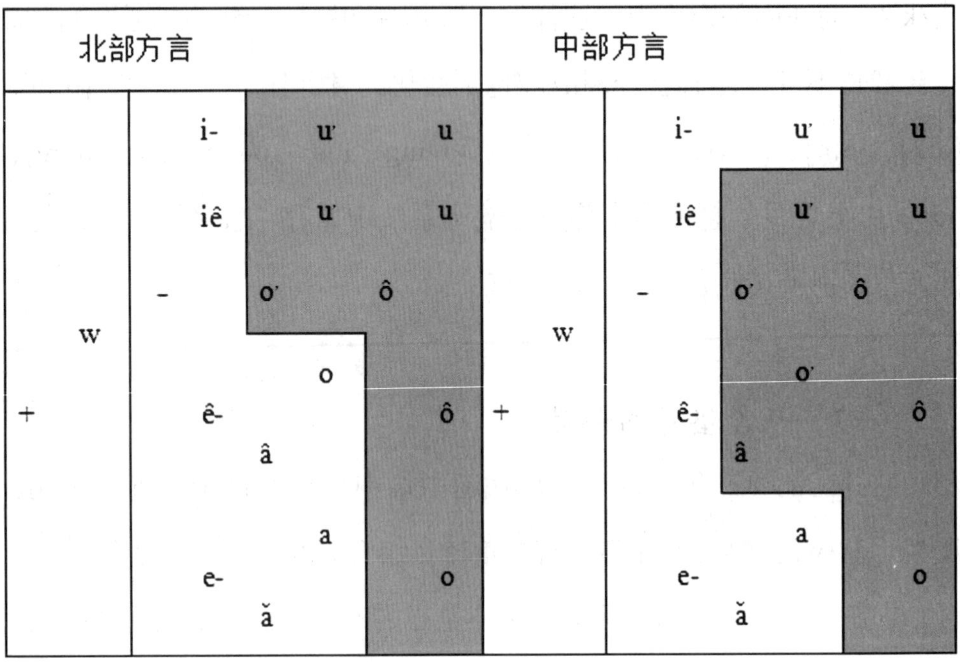

图3　北部方言和中部方言中垫音/w/与元音的组合情况[1]

上图中，垫音只与白色框内的元音组合出现。-uâ[wɤ̆]-在垫音的作用下变为- uư[wɯ]-是中部方言垫音的特点之一。另外，在广平和广治地区的一些地方话中，垫音同化了其后的元音，如mùa xuân念成mùa xun，áo quần念成áo cùn。

四、中部方言声调的特点

现代越南语标准语有六个声调：分别为平声、玄声、锐声、重声、问声和跌声。根据音域的高低和音调的平仄这两个标准，分类如下：

Hoàng Thị Châu. *Phương ngữ học tiếng Việt*[M], Hà Nội: Nhà xuất bản Đại học Quốc gia Hà Nội, 2004: 123.

音域 \ 高调	平声	仄声	
高	平声	锐声	问声
低	玄声	重声	跌声

与标准语相比，中部方言的声调系统呈现如下特点：

（一）声调数量减少

中部方言的声调数量较少，一般说来有五个声调，没有跌声。义静大部分地区，跌声并入重声，广平省与河静省相邻的一些地方方言也是如此。中部其他地区，尤以清化省和承天—顺化省为代表，跌声并入问声，形成与问声相近的一个新的声调——“问跌声”[①]。

在不区分跌声和重声的地区，一些地方话的声调系统只有四个声调。根据黄氏洲[②]的描述，在义安省宜禄县，梅班村（thôn Mai Bản）地方话中，跌声并入重声，此外，问声并入锐声；安良村（thôn Yên Lương）地方话中，平声和跌声都并入重声。根据阮才瑾[③]和武春庄[④]的描述，广平省宣化县香化乡和清化乡，布泽县下泽乡只有四个声调。在香化乡和清化乡，问声并入锐声，跌声并入重声，和梅班村类似。在下泽乡，问声和跌声都并入重声。

① Cao Xuân Hạo. *Cách phát âm chuẩn các đại từ “ổng”, “ảnh”, “bển” ... trong tiếng Sài Gòn*[A]. Trận Thị Ngọc Lang. *Một số vấn đề về phương ngữ xã hội*[C]. thành phố Hồ Chí Minh: NXB Khoa học xã hội, 2005: 125.

② Hoàng Thị Châu. *Phương ngữ học tiếng Việt*[M], Hà Nội: Nhà xuất bản Đại học Quốc gia Hà Nội, 2004: 206.

③ Nguyễn Tài Cẩn. Giáo trình lịch sử ngữ âm tiếng Việt[M], Hà Nội: Nhà xuất bản Giáo dục, 1995: 226.

④ Võ Xuân Trang. Phương ngữ Bình Trị Thiên[M], Hà Nội: Nhà xuất bản Khoa học Xã hội, 1997: 125.

（二）声调的音域低沉

中部方言中，义静方言和顺化方言的声调特点较具有代表性，且语音学性质相近。我们将对这两个地区声调的性质进行概括地描述。义静方言和顺化方言的声调都只有五个：平声、玄声、问声、锐声和重声。

（1）平声是唯一位于高音区的声调，声调高而平，起音比说话平均音调要高，而后平缓上升，顺化地区的音调上升坡度较义静地区稍平缓。

（2）玄声从稍低于平声的高度出发，平缓均匀下降。其音高低于说话的平均音调，位于低音区。

（3）问声不同于北部方言在结尾处上升，而是类似玄声，声调平缓下降，整个声调的音高低于玄声，类似河内方言。

（4）中部方言中的锐声也处于低音区，起音比所有的声调都要低，先缓缓下降，约近三分之一时开始上升，结束时的高度与平声相齐。在闭音节中，开始的下降阶段消失，整个声调的长度缩短。

（5）重声从稍低于玄声的高度出发，先平行发展，然后迅速下降，结束时突然关闭声门，憋住气流。在闭音节中，平行发展阶段消失，音起就下降，迅速结束。

上述声调除平声以外都位于低音区。由此可见，以义静方言为代表的中部方言声调呈现低沉的特点，音域高低的对立不明显。因而位于不同音域但运动轨迹相似的声调在中部方言中区别不明显，如平声和玄声，锐声和重声，在实际交流中难以分辨。

五、结语

通过上文的分析，大致可以把中部方言在语音上的特点总结如下：

（一）语言特点多元化

中部方言区形状狭长，各次方言区具有比较明显的地区差异。其中，清化方言一些语音现象与北部方言接近。在清化个别地区，存在/s/→/ʂ/和/c/→/ʈ/的对应关系，例如：xương→sương，chu→trâu/tru，chầm→trầm等。辅音/ʂ/和/ʈ/在方言中发音位置前移这样的变化在北部方言中非常普遍。义静方言和平治天方言则完全不存在这种现象。顺化方言则与南部方言接近，如尾辅音/n/和/t/分别变为/ŋ/和/k/，尾辅音/m/和/p/之前的圆唇元音将变为不圆唇音等，南部方言也是如此。因此，清化地区和顺化地区具有中间性质。而义静方言的特点较突出，最能代表中部方言。

（二）保留有较多古音

中部方言，特别是义静方言，保留了较多古音。中部地区的自然地理条件一定程度上阻碍了其与外界的交流，减少了相互间的语言接触，这是古音得以保留的原因之一。现在，随着道路交通和大众媒体的发展，各地区的语言接触增多，书面语对各方言的影响逐渐增大，年轻人的发音呈现一种趋同性，古音将逐渐减少，这也是语言的发展趋势。

（三）声调系统简化

现代越南语有六个声调，而中部方言的声调数量减少为五个，个别地区只有四个声调。且各声调音域高低的对立模糊化，区别意义不明显。这使得一些首辅音和韵相同的音节成为同音词，音节的数量也相应地减少。

参考文献

[1] 伍铁平：普通语言学概要（第二版）[M]，北京：高等教育出版社，2006年。

[2] A. de Rhodes. *Từ điển AnNam - Luistan - La Tinh (thường gọi là Từ điển Việt - Bồ - La)*[Z], Thanh Lãng, Hoàng Xuân Việt, Hồ Quang Chính dịch. Hà Nội: NXB khoa học xã hội, 1991.

[3] Cao Xuân Hạo. *Cách phát âm chuẩn các đại từ "ổng", "ảnh", "bển" ... trong tiếng Sài Gòn*[A]. Trần Thị Ngọc Lang. Một số vấn đề về phương ngữ xã hội[C]. thành phố Hồ Chí Minh: NXB Khoa học xã hội, 2005: 125.

[4] Đoàn Thiện Thuật. *Ngữ âm tiếng Việt*[M]. Hà Nội: Nhà xuất bản Đại học Quốc gia Hà Nội, 1999.

[5] Hoàng Thị Châu. *Phương ngữ học tiếng Việt*[M]. Hà Nội: Nhà xuất bản Đại học Quốc gia Hà Nội, 2004.

[6] Hoạng Trọng Canh. *Nghiên cứu Đặc điểm Lớp Từ địa phương Nghệ Tĩnh*[D]. Luận án Tiến sĩ ngữ văn, 2001.

[7] Nguyễn Tài Cẩn. *Giáo trình lịch sử ngữ âm tiếng Việt*[M], Hà Nội:

Nhà xuất bản Giáo dục, 1995: 226.

[8] Nguyễn Tài Cẩn. *Thử phân kỳ lịch sử 12 thế kỷ của tiếng Việt*[J]. Ngôn ngữ, số 6, 1998: 7-12.

[9] Trần Trí Dõi. *Giáo trình lịch sử tiếng Việt*[M]. Hà Nội: Nhà xuất bản Giáo dục Việt Nam, 2011.

[10] Võ Xuân Trang. *Phương ngữ Bình Trị Thiên*[M], Hà Nội: Nhà xuất bản Khoa học Xã hội, 1997: 125.

试析越南苗族宗教信仰变迁及其影响

广西民族大学东盟学院研究员、博士　滕成达
广西民族大学东盟学院硕士研究生　陈建男

摘要：苗族是中南半岛影响比较大的跨国民族，在历史上苗族带着民族传统文化从中国迁到越南。在越南生活的过程中，受不同因素的影响，部分苗族中出现苗王事件、王主信仰等现象，有的越南苗族放弃传统宗教信仰，信奉福音教和天主教，外来宗教信仰对苗族文化产生深刻的影响，现在越南苗族中传统宗教信仰、福音教、天主教并存。越南苗族宗教信仰的特点和变迁过程，反映了中南半岛苗族宗教信仰的基本状况。

关键词：越南；苗族；宗教信仰；变迁

苗族[①] 是在中南半岛分布较广的跨境民族之一，越南苗族与老挝、泰国等地的苗族有密切联系，并具有典型的特征。越南苗族的宗教信仰有传统宗教信仰、王主信仰、福音教和天主教，外来宗教信仰对越南苗族的传统文化和社会生活有着深刻的影响。

① 苗族在越南被称为“赫蒙族（Hmong）”，因中文表述习惯，在本文中称为“苗族”。

一、越南苗族概况

越南苗族人口居世界第二位，仅次于中国。自20世纪80年代以来，越南的苗族人口增长迅速，年人口增长率达3.6%—4%，越南苗族人口1989年为55万多人，1999年为78万多人，2009年达106万多人。[①] 2009年苗族人口在越南54个民族中居第六位。越南苗族集中分布在越南北部的河江、老街、山萝、莱州、奠边等省。越南苗族主要分布在两个地区：一是越南北部从高平到莱州的越中边境地区，这个地区主要是石山区，苗族的人口密度比较大，为每平方公里70—90人，该地区缺少农业用地、缺水、植被稀少。二是越南西北部莱州省到义安省的越老边境地区，这个地区主要是土山，可供耕作的土地比较多，该地区苗族的人口密度比较小，约为每平方公里30—40人。苗族居住地主要是地势险峻的山区，交通不便，有丰富的矿产和森林资源，在国防安全上具有重要战略地位。在苗族聚居的老街省北河县人口密度达到每平方公里80人，河江省同文县人口密度达到每平方公里88人。据分析，当人口密度小于每平方公里24人的时候，当地可以提供刀耕火种所需要的土地等条件，但是现在越南苗族地区的人口密度已经远远超过每平方公里24人。

根据服饰和语言进行分类，越南的苗族分为七个支系：白苗、黑苗、青苗、花苗、红苗、混血苗、水苗。在东南亚各国，越南的苗族支系最为多样。宗族是越南苗族社会中重要的社会组织，是具有明确规定成员权利、义务的习惯法的社会自我管理组织，该组织内的规定和成员

① 越南统计总局：2009年人口普查数据。

之间的关系往往超越政治、行政和国家领土的界限。宗族是苗族地区和村寨的重要影响因素，苗族地区和村寨的社会关系实质上是当地宗族之间、宗族成员之间的关系。同时，维持苗族地区和村寨运行社会秩序的基础是宗族的风俗习惯。苗族社会的交往方式是建立在宗族风俗习惯基础之上的，特别是有关社会秩序、耕地开垦、所有权问题的习惯法。习惯法明确规定宗族成员的权利和义务，宗族是识别苗族成员身份的重要标志。

二、苗族迁入越南的历史

苗族在不同历史时期、通过不同路线从中国迁徙到中南半岛，其迁入越南的历史可以分为以下三个时期：

第一时期是距今约350年前（约14代人以前）。当时部分苗族从贵州迁到云南，然后进入越南北部河江省的苗旺县、同文县。在这部分苗族的记忆中，他们的祖先在离开贵州以后，曾在开化府居住过一段时间。

第二个时期是距今约200年前（约10代人以前）。这个时期苗族迁入越南的人数最多，主要经过两条路线：一是直接进入越南河江省同文县，然后再迁徙到越南北部高平市的保乐县、河江省的新门县和黄树皮县等地；二是从云南进入越南北部老街省勐康县、洗马街县，然后再迁徙到老街的沙巴县和文盘县，莱州省的封土县、安沛省、奠边省等地。

第三个时期是距今约150年前（6—7代人以前）。苗族从云南经越南北部莱州省封土县、老街省勐康县、洗马街县迁入越南；进入越南后苗族继续迁移到越南西北各省如莱州省、山萝省、清化省等地。这个时期部分苗族从老挝中部的川圹通过越老边境迁入现在越南中部的义安省旗山县。[①]

苗族迁入越南的特点是迁移过程带有宗族性，迁移的历史与宗族的迁移历史有密切关系。从丧葬仪式中为亡者引路回到宗族祖先那里去的经文，就可以了解这个宗族来自何处，因为要把亡者的魂魄送回祖先那里，就要经过他们曾经生活过的地方，最后回到记忆中的苗族发源地，至此亡者的魂魄才升天回到祖先那里。苗族迁入越南最先到的是河江省苗旺，据说当地有一口神水井，大部分越南苗族都自认苗旺是家乡。河江省同文县、苗旺县是越南苗族分布最为集中的地方，当地的苗族保留着古老的文化传统，被认为是越南，甚至是东南亚地区苗族传统文化的中心。

三、越南苗族的传统宗教信仰和苗王事件

（一）越南苗族的传统宗教信仰

现在，越南85%的苗族仍然保持着民族的传统宗教信仰。越南苗族的传统宗教信仰是以祖先崇拜为主的多神崇拜，在观念中祖先是父辈以上已经去世的人。祖先为子孙留下家业，督促子孙遵守集体的习惯法，祖先护佑子孙安居乐业，因此要记得祖先的功劳，家中设置供奉祖先的神台。苗族的观念认为，人断气以后就会回到祖先那里。为了使亡者能够回到祖先那里，就要举行“引路”仪式，送亡者的魂魄经过曾经居住

① ［越］王维光：《越南苗族的精神文化》，文化通讯出版社，2005年8月，第27—29页。

的地方最后回到故土——中国贵州，在那里亡者的魂魄才能升天，与祖先在一起。宗教人员要用公鸡为亡者的魂魄引路，并教亡者如何回答路上遇到的神灵的提问。

苗族认为，自身得到神灵的帮助才得以在尘世间生活，这些神灵教会苗族谋生、社会交往方式等。这些神灵有的负责传授乐器、歌舞，有的负责制定婚姻习惯法，有的传授刺绣技术，有的治病救人，等等。祭祀祖先的仪式方面，根据越南苗族的风俗习惯，每家每户都有祭祀祖先的神台，神台一般设置在房屋中央的墙上，神台上有三个香炉，只有户主才能进行祭祀祖先的仪式。苗族的观念认为，祭祀祖先体现了对祖先的感恩之情，同时是向祖先祈求、请罪，因为祖先决定着子孙的命运如健康、收成等，祖先会保佑子孙或者因生气而使子孙生病。祭祀祖先的仪式比较简单，但是很庄重。苗族通常在新年、婚礼、葬礼等重要场合举行祭祀祖先的仪式，此外苗族还在新饭节、为新生儿起名、成年仪式、入新房等时候举行祭祀祖先的仪式。除了祭祀祖先以外，苗族在日常生活中还祭祀家神、门神、药神、保护家禽家畜的神等。苗族不同宗族在祭祀仪式中的祭祀方式，祭品种类、数量有所不同。苗族不同宗族有不同的禁忌，比如杨姓宗族不吃动物的心脏，不把动物的心脏作为祭祀仪式的祭品，这与杨姓宗族的传说故事有关。

（二）越南苗族的苗王事件

苗族移居东南亚地区已有几百年，在生产生活的过程中苗族辛勤劳作、建村立寨，同时要与威胁其生存的人和事作斗争，这个特点在带有传统文化烙印的宗教现象中得以体现，而苗王事件就属于这种典型的宗教现象。在东南亚地区，特别是越南、老挝、泰国的苗族中，在20世纪频繁出现苗王事件。苗王事件是一种“救世运动”，带有世俗性和宗教性，在本质上是苗族社会的正常现象，有时被外界称为暴乱、反抗、起义等。苗王事件就是苗族中流传苗王将要出现，解救受苦受难的苗族群众，追随苗王的人跟苗王飞上天，将过上幸福的生活。苗族群众就要杀鸡杀鸭，做准备工作迎接苗王出现。

从20世纪初以来，越南苗族地区屡次出现苗王事件。20世纪初，法国殖民者试图把势力范围扩大到苗族居住的越南西北地区，1917年和1918年在越南西北部莱州省先后出现苗王事件，后来发展为遍及越南西北部和老挝北部（丰沙里、琅勃拉邦、川圹）苗族的反法起义，法国殖民者用三年时间才平息这一事件。1957年以来越南西北地区的莱州省、奠边省、山萝省、老街省等地多次出现苗王事件。据统计，从1954年抗法战争胜利到1986年，越南苗族地区出现了24次苗王事件。苗王事件有如下特点：苗王事件的发起人从不自称是苗王，通常发起人的地位比苗王低，但又处在与苗王亲近的位置。有的发起人自称为苗王的儿子，或者是受苗王差遣的人、执行者等。苗王事件中的苗王是实际并不存在的人物，苗王被神化，成为一个有才干、有神秘的权力和法术的人，苗族群众深信并参加苗王事件。比如，在1967年莱州的苗王事件中，苗王被描述成拥有许多飞机、坦克、枪支弹药的人。苗王是一个带有宗教色彩、具有超常能力、无形的人物形象，既是人也是神，能够满足人们的心愿。苗王事件持续的时间不长，但通常被神化，使得参加者沉浸在虚虚实实、兴奋激昂的气氛中。在具体场合，自称受差遣的人或者执行者会散布苗王即将出现的消息，同时引导人们做准备工作迎接苗王。比如在1967年莱州的苗王事件中，村民宰杀全部的猪牛鸡鸭，男子集中习武、打靶，妇女集中唱歌跳舞，准备穿上传统盛装迎接苗王出现。苗王事件的吸引力在于形成这样的信念：苗王将会出现，苗王将要回来，苗族将过上幸福的生活。有的苗王事件宣称，苗王出现，跟着苗王飞上天，过上幸福的生活，不需忍受人世间的痛苦等。

四、福音教在越南苗族中的传播

1911年福音教传入越南，福音教在越南少数民族中的传播始于20世纪20年代在越南中部西原地区的传播，但是福音教在越南西北地区苗族中的主要传教活动开始于20世纪80年代。福音教在越南苗族中的传播最初以王主信仰的形式出现，后来逐渐转向信奉耶稣和福音教。

（一）王主信仰

王主信仰于1980年在美国科罗拉多州的苗族中出现，科罗拉多州有约5000苗族人居住。创立王主信仰的人通过故事的方式讲述：很久以前，苗王在去世前嘱咐，“千年后我将会复活，将会使苗族过上幸福的生活”。以此号召苗族信奉王主，等待王主出现。在收听现位于美国加利福尼亚州的远东广播电台（FEBC电台）的苗语广播节目后，1984年泰国的苗族中开始出现信奉王主的现象，1992年两名美国苗族到泰国进行传教活动。王主信仰在泰国北部苗族地区逐渐传播，信奉王主的苗族人数不断增加，到2003年，近20%的泰国苗族信奉王主。在1984—1985年王主信仰开始在老挝苗族中出现，到2001年老挝苗族有10%的人信奉王主。

1987年，越南苗族地区流传王主将要出现的传言。王主信仰和苗王事件有相似的地方，苗族群众参加苗王事件的目的是向往“苗王将会出现，苗族将有幸福的生活”，王主现象也给苗族带来希望，等待“王主出现，将使苗族命运改变”，或者是“跟王主上天，不再有痛苦”。[①] 1987年，王主信仰首先在越南北部宣光省函安县安香乡出现，杨文民等苗族群众收听远东广播公司宣传王主信仰的苗语广播节目后，到处宣扬自己受王主差遣，如果信奉王主，就有美好的未来。根据广播的内容，宣扬王主可以让苗族脱离苦海，追随王主的人将有幸福的生活，不干活也有饭吃；谁不迎接王主就会被老虎吃掉，被大水冲走。这使得当地苗族中出现了既紧张、恐慌，又充满期盼、希望的气氛。在这种氛围中，杨文民等人要求信奉王主的人要登记、交钱，拆除家中的祖先神台，练习飞天，等待王主接上天去。信奉王主的苗族群众购买收音机听王主的教诲。在日常生活中，信奉王主的苗族群众不吃生血，不喝酒；人去世后，不举行葬礼而马上埋葬，坟墓埋得很浅以便于亡者飞上天；春节和婚礼时，不祭祀祖先，以喝饮料代替喝酒。信奉王主的苗族群众不过传统节日，芦笙、箫、口弦琴等乐器全部销毁。他们认为王主是地位最高的人，既然信奉了王主那就

① ［越］王维光：《越南苗族的精神文化》文化通讯出版社，2005年8月，第181—183页。

不能再信奉鬼神，宣称2000年地面会开裂，水会淹没地面，王主会接信奉王主的人飞上天，过上幸福的生活。在信奉王主的苗族群众中，苗族的传统风俗习惯不复存在。越南苗族信奉王主信仰的人把王主描绘为：王主是救星，很有才干，会巫术，他会帮助苗族改变命运，为苗族带来幸福的生活。宣称王主可能是天，可能是苗王，可能是生活在美国或者老挝的某个人。越南苗族的王主信仰既有现实的成分，也有虚幻的因素。

自1987年王主信仰在越南宣光省苗族地区出现以后，迅速传播至越南西北部的莱州、山萝、老街、河江等省。到1998年，越南13个省56个县有大约七万苗族人信奉王主。以越南西北部的莱州省为例，1987年只有12户96人信奉王主，到1997年8月30日有4057户26343名苗族群众和24名瑶族群众信奉王主，分布在莱州省的8县60个乡227个村。[①] 有的苗族最初是听信了远东广播电台的苗语广播节目和传教人员的宣传，才信奉王主的，但是信奉一段时间后发现王主信仰宣称的情况没有出现，比如地面没有开裂，石头没有变成牛、猪、鸡等，而自身的生活状况和经济条件并没有得到改善，生计问题还要靠自己解决，这些信徒对救世的王主不再有信心。自1997年以来，在河江、宣光、山萝、莱州等地出现了信徒放弃王主信仰的现象，有的信徒完全放弃王主信仰，重新信奉民族传统宗教。

① ［越］阮文胜：《福音教对越南苗族的影响》，越南社会科学出版社，2009年，第104页。

（二）由王主信仰向福音教转变

为了吸引苗族信奉福音教，福音教把耶稣和苗族的王主合二为一，称为耶稣王主。后来出现耶稣王主的宣传：耶稣是救世主、是王主，因此信奉耶稣就是信奉王主。福音教宣扬要了解耶稣王主就要听远东广播公司的苗语广播节目。通过听广播，苗族群众了解到主或者耶稣王主是最大的神灵。苗族群众开始不明白耶稣属于什么宗教，很多不明情况的苗族群众到位于河内的越南北部福音教协会了解耶稣王主。利用这个机会，该协会进行宣传，发动苗族群众加入福音教。1996年以来，随着在苗族地区的活动逐渐恢复和发展，福音教通过不同方式吸收原来信奉王主的苗族成为其信徒，而且放弃传统宗教信仰，信奉福音教的苗族群众逐渐增多。福音教吸引苗族群众之处在于：教义和仪式简单，只需要信奉主和《圣经》，只要拜十字架，每天起床的时候、吃饭前、睡觉前求愿和每个星期天集中求愿。特别是福音教提高了妇女的地位，实现男女平等，反对落后的风俗习惯。

福音教在越南苗族中的传播既有国际福音教组织通过广播（远东广播公司的苗语广播节目）、互联网、磁带、影碟影视资料、书报、派出传教士以慈善活动名义进行的传教活动，也有越南国内的福音教组织如越南北部福音教协会、越南南部福音教协会、胡志明市基督联谊会等组织进行的传教活动。[①] 越南北部福音教协会得到国际福音教教会等组织和非政府组织提供的财政和人力的帮助。比如，从1990年至1998年越南北部福音教协会收到约500万美元的国际福音教教会等组织的援助，

① ［越］阮文胜：《福音教对越南苗族的影响》，越南社会科学出版社，2009年，第100页。

同时还有成千的传教人员参与宣传。这些传教活动是以慈善活动的名义进行，这使得越南北部福音教协会吸收了大量的苗族加入福音教。在1980年以前越南苗族几乎没有信仰福音教，但是到1994年有六万多人信仰福音教，到2004年有十万三千名苗族信仰福音教（约占苗族总人数的13%），福音教出现在苗族2384个村寨中的735个。根据推算，现在越南约有十三万苗族信奉福音教。

针对福音教在少数民族地区的影响逐渐扩大，并且容易引发其他社会问题，越南政府对福音教的政策由“封堵”转向“疏导”，并进行有序的管理。特别是2005年2月越南政府颁布了《关于福音教工作的指示》。该文件强调：对于越南北部山区刚入教的少数民族群众采取恰当的措施；对于信奉福音教时间较长的群众，且有真正信仰要求的，首先要引导群众进行登记，在村寨开展宗教活动；对于具备条件的地方，在遵守法律前提下，保障群众开展正常的宗教活动。该指示颁布后，在越南福音教协会的协助下，越南各地原来处于不公开活动的福音教支会纷纷向当地政府提出承认其法人资格的申请，而且公开举行集中求愿等宗教活动。越南北部福音教协会在各地开办苗族传教集中培训班，参加培训人员成为当地传教的主力。各支会传教人员培训班在河内的越南福音教协会举办，每期两周时间，交通食宿费用由该协会承担。越南南部的其他福音教组织如越南南部福音教协会、胡志明市基督联谊会等组织派出苗族传教人员直接到北部苗族地区传教。

福音教在苗族中传播的过程实质上是利用苗王事件和王主信仰，并与其相结合吸引苗族改信福音教。这个过程受两种因素的影响：内部因素是苗族期盼、等待救世的苗王出现，苗王可以帮助他们摆脱困境、改变命运；外部因素是福音教传教组织利用苗王事件和王主信仰把迎接苗王变成迎接福音教的主。

五、天主教在越南苗族中的传播

虽然天主教在越南苗族的传教活动很早，但是天主教对越南苗族的影响比福音教小。19世纪的越南是法国的殖民地，1888年法国殖民统治势力延伸到越南北部的老街。20世纪初法国天主教传教士萨维那（F. Savina）在越南北部老街的苗族中进行传教活动，他首先了解苗族的历史、文化和民族特点，把《圣经》的内容与苗族的特点结合起来，使得传教的内容易于为苗族理解和接受。1921年在老街省沙巴县开始有苗族信奉天主教。1924年至1925年萨维那邀请中国云南的两位苗族传教士帮助其在越南开展传教活动，这使得信教的苗族逐渐增加。此外，萨维那还在安沛省湛奏地区进行传教活动。

传教士萨维那在传教过程中为苗族教徒提供优厚的待遇，如给最先信教的教徒分地，教徒不用服劳役、可以减租或者免租，教徒可以得到法国人的帮助等，以此吸引更多的苗族信教。此外，在传教过程中还注意利用家庭、宗族等传统社会组织的影响，笼络宗族头人、村老、寨老，甚至是巫师为传教活动提供便利条件，鼓动苗族信徒在苗族中开展宣传和传教活动。到1945年老街省沙巴和安沛省湛奏的苗族天主教信徒人数逐渐增加。1945年越南民主共和国建立，1945年至1954年越南进行抗法战争期间，对天主教传教活动产生了不利影响，天主教信徒人数大量减少。在1975年越南全国只有70户、500名苗族信仰天主教。但是从1986年以来，天主教在苗族地区发展很快，到1989年吸收了安沛、山萝、莱州三省的500户苗族家庭信教。20世纪90年代以来，老街省沙巴和安沛省湛奏的天主教堂的活动逐渐恢复，天主教在当地苗族信徒中的影响依然存在。

六、宗教信仰变迁对越南苗族传统社会的影响

越南苗族宗教信仰的变化与东南亚地区苗族宗教信仰的变化有密切关系。1987年王主信仰才正式在越南出现，此前王主信仰已经在泰国和老挝出现，这几个国家的王主信仰有共同的特点：受到外来因素的强烈影响，而且发展迅速。越南苗族通过国外的苗语广播节目了解王主，但是他们通过类似苗王事件的方式推行王主信仰，而且传播速度很快，遍布越南北部山区的苗族村寨。外来宗教进入苗族社会，首先把教义与苗族历史、文化相结合，使其易于为苗族所理解和接受。对越南苗族影响最大的外来宗教是福音教。

不同宗教信仰在信念、价值观和风俗习惯等方面存在差异，这使得存在不同宗教信仰的苗族传统社会出现了分化。比如信奉福音教的苗族与不信福音教的苗族在家庭、宗族、村寨等层面都出现了分歧和矛盾，使得家庭、宗族、村寨破裂。福音教信徒自认为在走新的道路，称不信福音教的人是“茹毛饮血”“长尾巴”的家伙；不信福音教的人称福音教徒是背叛民族传统道理的人。在福音教影响大的苗族中，族长、村老

等原来受尊敬的人让位给传教人员，这些传教人员都是中青年人，这使得青年人受福音教的影响，丧失了保护民族传统风俗习惯的意识。福音教的出现使得部分苗族的民族传统文化特征逐渐丧失。在信奉福音教的苗族信徒中，福音教取代了传统宗教信仰，对其文化、社会产生深刻的影响。福音教对苗族教徒的积极影响主要体现在几方面：苗族福音教教徒之间形成了凝聚力和物质、精神上的互助关系，而且这种关系比宗族关系还要广泛；信奉福音教促进了性别平等，福音教规定星期天妇女都可以休息去求愿，禁止吸烟、喝酒，禁止打骂妻儿，禁止多妻等，因此参加周日集中求愿活动的妇女比男子要多；信奉福音教使得信徒放弃了落后的民族风俗习惯，如生病后只祭祀而不去医药看病，人去世后在家停灵的时间过长，酗酒、吃生血、早婚等；改信福音教后，因宗教活动的需要，有的信徒学习掌握了拉丁化的苗文。

自发迁徙是越南苗族的特点之一，引起自发迁徙的原因很多。信奉福音教的苗族为了能自由信教，避免被孤立和歧视，倾向于自发迁徙到福音教信徒集中的地方生活。在边境地区引发非法越境现象，在越南中部义安省旗山县，有的苗族家庭由于信奉福音教在当地受到歧视，于是越境迁移到老挝川圹省居住。同时，福音教的教义教理鼓动教徒迁徙，引发越南苗族首先向越南西北部和中部越老边境地区的自发迁徙，然后出现向越南中部西原地区自发迁徙的现象，越南政府难以有效地管理和控制。自20世纪90年代至今，苗族大规模地自发迁移到莱州和多乐等省，对当地经济、文化和社会产生巨大的影响。移民组建的苗族村寨地处偏远地区，生产、生活条件不便，有的村寨贫困户占50%以上，文盲占95%以上。这些地区出现乱砍滥伐、刀耕火种、捕猎野生动物的现象，苗族村民的生产活动严重破坏当地的自然环境，使得当地出现了新的社会问题，如贫困问题、生态环境恶化、迁入的苗族与原有居民的矛盾等。

七、结语

越南苗族宗教信仰经历了传统宗教信仰——苗王——王主——福音教、天主教的变迁过程，这种变迁与苗族的历史、文化和外来因素的影响有密切关系。在越南苗族中，传统宗教信仰、福音教、天主教三种宗教信仰并存。“宗教是一种社会文化形式”，① 民族传统宗教信仰是民族传统文化的重要载体。现在越南苗族中仍然有85%的人保持民族传统宗教信仰，祖先崇拜和多神崇拜是苗族传统宗教信仰的主要形式，在这些信仰传统宗教信仰的越南苗族中，苗族传统文化得到较好的保持和发展。

参考文献

[1]［越］越南社科院民族研究院：《越南苗族》，河内：越南通讯出版社，2005年。

[2]［越］越南社科院民族研究院：《越南北方少数民族》，河内：越南社会科学出版社，1978年。

① 吕大吉著：《宗教学通论新编》，中国社会科学出版社，1998年12月，第689页。

［3］［越］陈友山：《苗族文化》，河内：民族文化出版社，1996年。

［4］［越］王维光：《苗族的苗王事件》，越南社会科学院《民族学》，2003年第2期。

百越蛟龙崇拜早期形式——船棺葬在东南亚的传播①

广西民族大学东盟学院副研究员　潘岳

摘要：蛟龙崇拜起源于中国南方的百越地区，然后传播于民族内部。船棺葬是蛟龙崇拜早期形式的典型代表，保留了蛟龙崇拜的最初宗教色彩。百越蛟龙崇拜重要形式——船棺葬传播到中国南方及越南北部的西瓯、骆越（雒越）地区后，又从该地区向婆罗洲（今加里曼丹岛）和泰国传播。在传播过程中，发生了文化交流和民族融合。

关键词：百越；蛟龙崇拜；船棺葬；东南亚；传播

一、问题的提出

古代百越广泛分布于中国的华中、华东、华南和西南地区，在东南亚的部分地区也有分布，如越南、泰国、老挝等地。《汉书·地理志》颜师古注引臣瓒曰："自交趾至会稽七八千里，百越杂处，各有

① 基金项目：2013年广西社科项目"中国南方与东南亚地区蛟龙文化及其族群关系研究"（13DMZ0002）；2013年广西民族大学中国少数民族艺术项目"百越龙舟崇拜在东南亚地区的传播及对其那伽信仰的影响"。

种姓。百越所居之地甚广，占中国东南及南方，如今之浙江、江西、福建、广东、广西、越南，或至安徽、湖南等省。”[①] 这些地区水系发达，水资源丰富，古代百越善水行舟，《淮南子·原道训》载：“陆事寡水事众。”为了避免受到水中猛兽——主要是鳄鱼的侵害，百越人便在身体上刺动物形状的纹饰，《淮南子·原道训》载：“披发文身，以像鳞虫。”文身的主要功能是辟邪，《汉书·地理志》记载：“文身断发，以避蛟龙之害。”应劭注曰：“（越人）常在水中，故断其发，而文其身，以像龙子，故不见伤害也。”根据这些史料，笔者认为蛟龙的原型是鳄鱼，百越是一个崇拜蛟龙、以蛟龙为图腾的族群。百越蛟龙崇拜有四种形式：1. 文身；2. 魂舟[②]；3. 船棺葬；4. 赛龙舟；5. 蛟龙祭祀。

蛟龙崇拜源于百越，由于民族内部、民族之间的文化交流以及民族迁徙，蛟龙崇拜开始在东南亚地区传播。目前，国内外对于百越蛟龙崇拜及其在东南亚的传播、嬗变的研究已经形成一定的基础。

在蛟龙原型方面，日本学者伊藤清司认为蛟龙的原型是中国南方消失的爬行动物——待兼鳄[③]；丘振声认为蛟龙的原型是湾鳄，壮族称蛟龙为“图额”（/duz ŋ ək/）或“额”（/ŋ ək/）。在壮语中，“图”（/duz/）是称禽畜时的冠词，无义。这种鳄鱼广泛分布于古越人活动地区——岭南和东南沿海。壮族文身是对蛟龙图腾的认同，划龙舟是蛟龙

① 林惠祥：《中国民族志》，上海书店，1984年，第111页。
② 魂舟即运载死者灵魂的龙舟。
③ ［日］伊藤清司著、张小元译：《龙的起源论》，《思想战线》2003年第2期。

图腾祭祀的仪式。[①]

在东南亚地区蛟龙崇拜方面，韦经桃就广西壮族和老挝佬族地区流传的“厄”（即蛟龙——笔者注）的神话故事为视角，探索其中相同的宗教文化内涵，从而推断这两个族群之间存在内在联系[②][③]。陈有金在田野调查基础上，对老挝佬族“厄”的仪式、禁忌、传说、解释等方面进行探讨，认为该信仰起源于老挝佬族古老的灵魂观念，为本土的水神信仰范畴，有别于“那珈”信仰[④]。越南学者阮玉诗认为越南原始龙起源于百越文化，其基础形状由蛇与鳄鱼最初结合而成。中国南方与东南亚一带是端午节龙舟竞赛最典型的地方[⑤]。罗文山认为越南京族祖先骆越人是百越的一支，骆越人崇拜的原始龙图腾标志是蛟龙，而且这种图腾的崇拜是以“文身”为其标志的[⑥]。

国内外对于百越蛟龙崇拜在东南亚传播的研究取得了一定的成果，主要集中在蛟龙原型和地域蛟龙文化等方面，但整体性研究还较薄弱。笔者认为整体性研究应包括三个方面：一是将东南亚地区作为整体，因为东南亚地区具有相对的统一性和整体性，构成了一个独立的单元，体现在政治、经济、文化等方面；二是对百越蛟龙的起源、形式、特点及发展等作全面研究；三是将东南亚蛟龙崇拜置于社会的全部文化现象中作研究，考察其产生、发展的时代背景。

① 丘振声：《壮族图腾考》，南宁：广西教育出版社，1996年，第297—298页。
② 韦经桃：《老挝佬泰族群与我国壮族“厄”（“额”）神话比较（一）》，《东南亚纵横》，2006年12期。
③ 韦经桃：《老挝佬泰族群与我国壮族“厄”（“额”）神话比较（二）》，《东南亚纵横》，2007年1期。
④ 陈有金：《老挝佬族人“厄”信仰文化探析》，《广西民族大学学报（哲社版）》2012年6期。
⑤ ［越］阮玉诗：《越南的龙文化》，《21世纪经济报道》2012年2月6日第028版。
⑥ 罗文山：《试论越南龙文化的本源及其演变》，《东南亚纵横（季刊）》1994年第2期。

本文运用整体法对百越蛟龙崇拜早期形式——船棺葬在东南亚的传播进行系统的研究，考察百越蛟龙崇拜的起源，传播的时间、形式、嬗变及其当时东南亚的自然环境、社会环境，探讨因百越蛟龙崇拜在东南亚的早期传播而发生的民族关系及其对东南亚文化的影响。

二、越南北部

现代越南主体民族越族的先民雒越（即骆越）是百越的一支，是越南的原住民之一，广泛分布在现代越南北部红河中下游地区。《水经注·叶榆水》载："《交州外域记》曰：'交州昔未有郡县之时，土地有雒田。其田从潮水上下，民垦食其田，因名为雒民，设雒王、雒侯，主诸郡县'……今平道县后王宫城见有故处。《晋太康地记》县属交阯。越遂服诸雒将。"交趾，地在越南河南省东北。交趾设为郡县在汉武帝元鼎六年（公元前111年），"交州昔未有郡县之时"即元鼎六年以前。平道县，《旧唐书·地理志》记载："平道汉封溪县地，南齐置昌国县。"据中越学者考证，平道县位于今河内市东北，为瓯骆（即雒越人——笔者注）国国都。越南史籍《大越史记全书》记载："安阳王甲辰元年，王既并文郎国，改国号曰瓯骆国。"文郎国即雒越统治的国家，明安南无名氏《越史略·国初沿革》载："（交趾）部落十有五焉……至周庄王时，嘉宁部有异人焉，能以幻术服诸部落，自称雒王，都于文郎，号文郎国……传世十八世，皆称雒王。"历史上，越南雒越创造了东山文化。东山文化主要分布于越南北部红河流域，年代在公元前500年至公元前1年。在东山文化遗址中发现了船棺葬。"关于东山文化最多的信息是来自那些墓葬。

有几个墓葬是用挖空的树干来埋葬死者（即船棺葬——笔者注）。越溪（VietKhe）的一个墓使用了长达4.76米的船形棺材”。①

作为蛟龙崇拜形式之一的船棺葬最早起源于5000年前的良渚文化。良渚文化发现于长江下游，属于百越人的遗址。“船棺葬最早出现在新石器时代晚期，在杭州水田畈良渚文化遗址发现的船棺‘断面呈弧形，为整段大木挖琢而成，……在葬板上还发现有红色漆皮’，该遗址还出土数件木浆”。② 在良渚文化的船棺葬中，蒋庄遗址的第158号墓显得十分隆重，“这是一座，用一根木头掏挖而成……木棺长度超过2.5米，宽度超过1米，墓主是为男性……棺首摆着2个人头，棺尾摆着4个人头”③。船棺，即以舟船为棺材。从良渚文化出土的船棺的形制来看，其原型就是独木舟，刳独木而成，遗址中的木浆更能说明这一点。以独木舟为葬具，其宗教意识是灵魂升天观念。④ 经过内部文化传播和民族交往，“船棺葬俗随古越人的移动沿东南沿海地区向西向南传播。迄今考古学者在浙江绍兴、福建武夷山、越南北部、四川成都、重庆等地区都发现了不同形式的船棺葬”。⑤ 其实，在越南东山文化中发现的文物也能窥见雒越与百越其他支系交往一斑，越溪船棺葬“里面有许多当地和来自中国的青铜器”⑥。在伟村（Chau Can）墓地中也有“青铜

① ［新西兰］查尔斯·F. W. 海厄姆著、王毅译：《古亚洲文明百科全书》，上海人民出版社，2007年。

② 车广锦：《论船棺的起源和船棺葬所反映的宗教意识》，《东南文化》，1985年第6期。

③ http://jsnews.jschina.com.cn/system/2012/06/29/013652834_01.shtml.

④ 车广锦：《论船棺的起源和船棺葬所反映的宗教意识》，《东南文化》，1985年第6期。

⑤ ［新西兰］查尔斯·F. W. 海厄姆著、王毅译，《古亚洲文明百科全书》，上海人民出版社，2007年，第245页。

⑥ ［新西兰］查尔斯·F. W. 海厄姆著、王毅译，《古亚洲文明百科全书》，上海人民出版社，2007年，第94页。

的剑、斧、钟，还有一把中国范型的弩机装置”[①]。在东山文化的青铜器中，最独特的就是铜鼓，这些铜鼓“用祭祀技术和战争场面作精致的装饰。那些仪式场面中包括上面有着鼓的平台，鼓手们正在演奏这些鼓”。[②] 通过越南东山文化和中国南方的青铜文化遗存进行比较研究，谢崇安[③]、李昆声[④]、蒋廷瑜[⑤] 等考古学者认为，越南东山铜鼓是在中国万家坝铜鼓影响下产生的，越南雒越与中国南方民族——主要是百越人有紧密联系。综上所述，在新石器时期，船棺葬最早起源于长江下游地区——良渚文化。尔后，随着百越人的迁徙，通过民族内部文化交流，船棺葬传播到了越南北部的雒越地区。

三、婆罗洲

船棺葬传播到越南雒越地区后，便成为该地区最广泛、最具特色的葬俗。然后，船棺葬又从越南传播到婆罗洲地区。在北婆罗洲的沙捞越地区的尼亚洞穴（Niah cave）遗址发现了铁器时期的船棺葬。“船棺被地面上的柱子支撑着，不过现已倾倒。船棺周围放置着中国早期的陶器以及大量当地制造的软陶陶器”[⑥]。在洞穴的石壁上还有用赤铁矿绘的

① ［新西兰］查尔斯·F. W. 海厄姆著、王毅译，《古亚洲文明百科全书》，上海人民出版社，2007年，第94页。

② 同上。

③ 谢崇安：《滇桂地区与越南北部上古青铜文化及其族群研究》，北京：民族出版社，2010年，第508—520页。

④ 李昆声、黄德荣：《中国与东南亚的古代铜鼓》，昆明：云南出版集团公司、云南美术出版社，2009年，第270—273页。

⑤ 蒋廷瑜：《东山铜鼓在铜鼓发展史中的地位》，《广西博物馆文集》第2辑，南宁：广西人民出版社，2005年。

⑥ 郑德坤著、振亚译：《从沙捞越考古发现谈中国与东南亚地区的古代文化交往》，《东南文化》，1965年第3期。

壁画，内容是一批独木舟和人像，独木舟外形一般两端上翘，呈梭形，船头雕刻鸟头形象，与中国南方百越支系西欧、骆越（即广西壮族先民——笔者注）铜鼓上羽人划船纹中的龙舟相近；部分人像双手上举，两脚叉开，作舞蹈状，与广西花山壁画上的蛙人舞十分相似，花山壁画为广西西瓯、骆越所绘制。郑德坤认为尼亚洞穴壁画上独木舟和舞人的内容是一种表现“死者之舟”场面的宗教仪式。尼亚洞穴船棺葬的风俗和越南的东山文化有关系，这种文化以一种“铜鼓”为特征，鼓上装饰着船、舞人、羽人和其他一些宗教意味的形象[①]。

尼亚洞穴壁画上“死者之舟”宗教仪式得到民族学的印证，婆罗洲达雅克人（Dayakes）还保留这种风俗。每当族内有人去世，达雅克人便举行“死者之舟”招魂仪式，用“黄金船”运载死者的灵魂。“举行招魂仪式之前，先要建造一个小高脚屋（Sandong raung），即达雅克死者纯洁的灵魂在天上的居室模型。小屋子建造精细，饰有绘画或雕刻的装饰，这表明它具有宗教用途和非凡魔力。当房子建成，里面盛满了礼品时，村民们带着乐器来到死者近亲的住处，人们从早到晚演奏芦笙、敲击铜鼓，以驱赶鬼怪，宣告死者的解放。巫婆驱赶那些觊觎亡灵并威胁要劫走亡灵的鸟精。同时，人们碾谷作为贡品。在招魂活动中，舞蹈、游行和盛宴占据重要地位。还需补充的是：招魂的高潮之一，是在亡灵取走他在人间的财富后，坐上达雅克人的圣者丹蓬·德鲁的船只（即黄

① 郑德坤著、振亚译：《从沙捞越考古发现谈中国与东南亚地区的古代文化交往》，《东南文化》，1965年第3期。

金舟——笔者注）之时”。[1] 法国学者戈鹭波（V.Goloubw）认为，东南亚达雅克人的“死者之舟”仪式正是越南东山铜鼓上的羽人划船纹所表达的活动。[2]

羽人划船纹是中国南方百越和越南东山铜鼓所具有的共同纹饰特征之一，具有浓厚的原始宗教色彩。在铜鼓鼓身往往雕刻有数条龙船（即龙舟）的浅浮雕，船上坐着头戴羽毛或羽冠的手执船桨的羽人多人，作划桨状，这是百越人后来用于竞赛的龙舟的雏形。鉴于羽人是百越对鸟神崇拜的一种形式、铜鼓作为百越墓葬中的重要明器以及达雅克人举行的“死者之舟”仪式，从考古学、文献学和民族学都可说明百越羽人划船具有宗教意义，最初是出于用船载魂的目的。百越船棺葬的目的也在于送魂。后来划龙舟活动娱乐化，逐渐成为中国南方与东南亚民间流行的一项竞技活动。

通过以上论述，笔者认为，船棺葬、东山铜鼓以及“死者之舟”仪式可以说明在历史上西瓯、雒越（骆越），特别是雒越与婆罗洲的达雅克等民族有往来。体质人类学也证实了这一点，戈鹭波（V.Goloubw）认为，达雅克人与印度支那半岛上的莫依人具有亲缘关系，达雅克人是乘坐“黄金船”从印度支那半岛到达婆罗洲的。自此，“黄金船”便具有象征意义。在当地的丧葬习俗中，达雅克人举行“死者之舟”仪式，用“黄金船”把“亡灵”载送到位于云湖中央的“天堂之岛”。长期以来，相关研究就已证实在马来—波利尼亚人与某些印度支那民族之间的

① ［法］V．戈鹭波著、刘雪红、杨保筠译：《东京和安南北部的青铜时代》，《民族考古译文集1985①》，云南省博物馆、中国古代铜鼓研究会编印。

② 同上

亲缘关系。此外，人们还在宁平、和平等省，甚至在东京湾三角洲北部发现过与印度尼西亚人有亲缘关系的人类头盖骨。语言学也证实了这一点，印度支那和大洋洲的语言之间存在毋庸置疑的亲缘关系。[①] 另外，民族学材料也证实了东山时期雒越与达雅克人等南洋地区的民族有联系。越南学者陶维英认为，东山文化遗址出土的一件匕首的柄部雕刻双手叉腰直立的人状，此人佩戴耳环和手镯，有一部分髻辫垂于脑后，与婆罗洲达雅克人的发式相近，头上包扎巾帻，着短裙，腰间又着一片襜子。在南洋一带，某些部落的战士在战斗时也着这种襜子。[②]

总之，百越蛟龙崇拜形式之一——船棺葬从东山时期越南北部的雒越人传到印度支那半岛上南岛语系、南亚语系的一些民族，如雅达克人、莫奈人等。雅达克人乘船到达婆罗洲并在此定居后，船棺葬、铜鼓上羽人划船纹所表达的“死者之舟”风俗也随之传播到了该地区。

四、泰国

在泰国的班告文化翁巴遗址中，发现有翁巴晚期的船棺葬，船棺数量达到90个，年代为公元前3世纪。当时当地人用硬木大树干挖成独木舟形状作为棺材，大多数棺材的盖子用整块木板做成，有些盖子用独木舟充当。“（船棺）两端还雕有当时流行的兽头装饰，其兽角在扛棺时可能起到把手作用。棺长四十到四十五厘米，刚能容纳一具尸体和一些小件随葬品，船棺葬的主要随葬品有青铜器、铁器、饰珠等三大

① ［法］V．戈鹭波著、刘雪红、杨保筠译：《东京和安南北部的青铜时代》，《民族考古译文集1985①》，云南省博物馆、中国古代铜鼓研究会编印。

② ［越］陶维英著、刘统文、子钺译：《越南古代史》，北京：商务印书馆，1976年，第308页。

类”。同时，在班告文化中还发现了蛟龙崇拜的文物，可以证明当时当地人普遍崇拜蛟龙。“在公元前1500年至公元前1300年的班告文化中，出土有表明对蛇（实际是蛟龙——笔者注，因为能对水里的人及船造成威胁）崇拜的文物。这可以与沃森指出的在中国华东和中南的古代越族中也有对蛇的崇拜信念联系起来。东南亚出土的一些古文物上有早期蛇的形象，在泰国，东北部班清出土画有蛇图像的一些器皿；在早期班告文化的班告和邦遗址出土的两件陶壶的底部有蛇的形象，其中一件表示出蛇正在追逐一条载有两个人（或鼓）的船……这种也许与崇拜蛇的信念有关的图像很早就出现了”。[①] 这些遗址还出土了有肩石器、几何印纹陶、干栏、漆齿遗骸和饰有太阳、星芒、羽人划船、鹭鸶等纹饰的铜鼓。刘稚据此认为，班告、班清遗址出土的考古文物具备百越文化特征，所以这些居民属于百越支系。[②] 也有人认为这些人类是塞芒尼格利人或塞诺伊人的祖先，属于泰国原住民。“公元前2000年以前，（班告）该地区为和平文化的食物搜寻者所占据，他们被认为也许是塞芒尼格利人的祖先，以及可能在较小的程度上是塞诺伊人的祖先；与塞芒人相比，塞诺伊人与南蒙古人种有更大程度上的生物姻亲关系。班告文化的向南扩展，很可能是由于人口的运动，而不是由于贸易或表面的传播这种扩展，导致三种主要的事物传入泰国南部和马来西亚：农业、南亚语系语言和源于南蒙古人种的基因遗传……塞诺伊人的祖先与班高

① ［法］索伦森著、刘雪红、杨保筠译：《泰国翁巴洞穴及其出土的第五面铜鼓》，《民族考古译文集1985①》，云南省博物馆、中国古代铜鼓研究会编印。

② 刘稚：《泰国考古材料所见百越文化考》，云南社会科学，1987年第4期。

（即班告）新石器时代文化的扩展有着相当密切的联系”。[①] 范宏贵也赞同此观点。[②]

泰国班告、班清文化属于史前时代，时间较早，所以这两个遗址的族属还存在不确定性，学术界判断通常集中在人种特征方面。《壮泰民族传统文化比较研究》一书通过对泰国班考（即班告）考古遗址的23具遗骸与广西桂林甑皮岩遗址的11具遗骸进行人类体质特征比较研究。结果发现二者的差异较大：（1）颅骨的形状和大小尺寸不同；（2）脸孔特征不同；（3）眼眶的大小特征不同；（4）鼻、嘴、上腭的特征不同。两者只有一个共同特征：都属于蒙古人种。但是，班告、班清遗址的史前人类与现代泰族的特征相吻合。另外，在人种体质特征上，壮族和泰族有密切关系。1984年，朱芳武对壮族人的骨骼进行研究，然后拿来与中国北部、南部和东南亚各民族进行比较。结果表明，壮族与东南亚民族、马来西亚人、密克罗尼西亚人、波利尼西亚人有关系，但是与中国北部民族关系疏远。[③] 虽然无法确定泰国班告、班清遗址的族属问题，但从人种特征来看，这些居民属于泰国原住民是可以确定的。并且，泰国这些土著与公元5、6世纪迁徙到泰国的百越人发生融合，形成现代的泰族。

另外，泰国班告文化翁巴洞穴船棺葬的随葬品中还发现了铜鼓，这些铜鼓受到百越铜鼓的影响，具有百越铜鼓的特征。“因为铜鼓体积大，棺内容纳不下，所以放在棺外。该洞共出土三队铜鼓，其中一对是

---

① ［新］尼可拉斯·塔林主编、贺圣达等译：《剑桥东南亚史（第一卷）》，昆明：云南人民出版社，2003年，第81页。

② 范宏贵：《同根异枝的壮泰族群》，南宁：广西民族出版社，2013年，第34页。

③ 覃圣敏主编：《壮泰民族传统文化比较研究（第一卷）》，南宁：广西人民出版社，2003年， 第362—371页。

在第二室的一群船棺葬中间发现的；另外一对是在过道内发现的……上述出土情况证实了铜鼓是与船棺葬有关的。各地出土的不少铜鼓上有船（即羽人划船的船——笔者注）的图像，这是说明两者关系的更有力的证据。翁巴洞穴出有一面饰有船的图样的鼓。戈鹭波1929年发表的论著有玉镂鼓的图版，清楚地发现一条载鼓的船形象，这大约是件最能说明两者关系的铜鼓”。[①]“泰国翁巴87号、88号鼓因与柬埔寨托农孟鲁寨鼓（Thonommonngrussl）及越南富维鼓相似，而被越南学者归入东山铜鼓B型”。[②] 通过对泰国班告文化翁巴铜鼓的分析，说明泰国班告的史前人类与越南东山文化的雒越有过文化接触。通过接触，雒越的船棺葬、羽人划船等蛟龙崇拜传播到了泰国的班告、班清地区。

综上所述，作为蛟龙崇拜的早期重要形式之一——船棺葬首先起源于中国百越的良渚文化，随后在百越内部流行，传播到了中国南方的西瓯、骆越（雒越）地区。后来，随着民族迁徙和持续接触，船棺葬从西瓯、骆越地区传播到婆罗洲和泰国的班告、班清地区。而且，东南亚地区炎热多雨，河流纵横，人们生产、生活与水息息相关，以捕鱼为生，船是最重要的交通工具之一，因此蛟龙崇拜便能被东南亚当地人所接受。在传播过程中，各地的船棺形制发生了变化，形制不一，看来都是当地生产的。在传播的初期，蛟龙崇拜还保留了浓厚的原始宗教色彩，最具代表性的就是船棺葬——以船载魂。

---

① ［法］索伦森著、刘雪红、杨保筠译：《泰国翁巴洞穴及其出土的第五面铜鼓》，《民族考古译文集1985①》，云南省博物馆、中国古代铜鼓研究会编印，第170页。

② 李昆声、黄德荣：《中国与东南亚的古代铜鼓》，昆明：云南出版集团公司、云南美术出版社，2009年，第278页。

䢅峒、跨境联系与族群认同：以广西中越边境横村布傣的䢅峒节为例①

广西民族大学东盟学院助理研究员　潘艳勤

摘要：䢅峒是广西中越边境壮族布傣支系和越南下琅的岱族在农历新年期间举行的传统节日。䢅峒这一天要举行隆重的求务仪式，向天神祈求百谷种子，并请天神保佑风调雨顺、五谷丰登和村落平安。公开的䢅峒求务仪式在1960—1970年期间因为被视为“封建迷信”而被禁止。近年来，在国家非物质文化遗产政策之下，重新恢复的䢅峒节从社区的宗教祭祀活动发展成为金龙布傣全面展示其传统民族文化的舞台，并为中越边境布傣村民的跨境交往创造了新的途径。䢅峒节的恢复和布傣传统文化的复兴重新建构并加强了金龙布傣的族群认同。

关键词：布傣；䢅峒节；求务；族群认同

① 本文系广西壮族自治区教育厅2015年度广西高校科学技术研究项目“中越边境少数民族的节庆与跨境交往”的阶段性成果（项目编号：KY2015LX073）；广西民族大学中国-东盟研究中心（广西科学实验中心）2014年度开放课题项目“中越跨境少数民族的民间宗教信仰和跨境流动”（课题编号KT201411）的阶段性成果。

一、前言

2011年农历正月十四，广西中越边境龙州县金龙镇的横村首次恢复了他们中止数年的传统节日侬峒节，并在黎王庙前举行了隆重的求务仪式。[①] 求务是广西中越边境布傣村民在侬峒节这一天举行的社区仪式，通过仪式专家佛公 [②] 向天神祈求百谷种子，并保佑五谷丰登和村民平安。这是自20世纪60年代和70年代，宗教仪式活动因为被视为“封建迷信”而遭到禁止以来，横村村民在黎王庙前最盛大的一次公开的祭祀活动。除了黎王庙前的求务仪式，横村的村委会还组织了各种娱乐活动、歌舞表演和山歌比赛，吸引了成千上万的中国和越南的村民。

近年来，社区仪式的研究深受学者的关注，以探讨族群关系和族群认同。张兆和、吕俊彪关于京族的研究表明，广西京族在20世纪80年代以后随着地方社会经济的发展、国家权力对乡村的渗透和传统节日宗教活动的复兴，京族的身份认同由模糊不断加强。[③] 罗彩娟在对云南马关壮族关于“侬智高”的祭祀活动研究指出，“侬智高”的祭祀活动加强了当地壮族的族群认同。[④] 由于地方社会历史、族群关系、文化脉络的差异，跨境民族的族群认同呈现出极大的多样性和复杂性，而并非都像上述学者的研究那样，社区仪式的恢复强化了地方群体对国家官方划分

① 除历史地名和人物外，文中出现的人名和村名（横村及其管辖的自然屯）均为假名。

② 佛公是布傣的男性仪式专家，负责主持各种人生礼仪，能够代表村民和鬼、神、祖先沟通。

③ 张兆和：《中越边界跨境交往与广西京族跨国身份认同》，《历史人类学学刊》第2卷，第1期，2004年，第89—133页；吕俊彪：《仪式、权力与族群认同的建构——中国西南部一个京族村庄的个案研究》，《广西民族研究》第2期，2011年，第58—63页。

④ 罗彩娟：《空间记忆与族群认同——云南省马关县壮族的“侬智高”纪念实践》，《中南民族大学学报》（人文社会科学版），第32卷，第2期，2012年，第18—22页。

的身份的认同。笔者将以广西中越边境龙州县金龙镇横村近年来重新恢复的弃峒节为个案，探讨当地传统社区仪式的转变对金龙布傣族群的跨境交往和族群认同的影响。

二、金龙镇的布傣及其黎王崇拜

（一）金龙的布傣

布傣，也被称作傣人、岱人或布岱人，主要分布在广西中越边境龙州县的金龙镇和越南高平省的下琅县。作为一个跨境的族群，金龙和下琅的布傣有很强的族群认同，他们有共同的语言、文化传统和宗教信仰，双方互相通婚，往来非常密切。由于中国和越南民族成分划分的不同，布傣在中国被划分为壮族，在越南则被划分为岱族。

（二）金龙布傣的黎王崇拜

金龙镇弃峒节的求务仪式大多是在村里的田地里举行，只有横村的求务仪式是在村中的黎王庙前举行。横村位于金龙镇的西北部，与越南接壤。横村共管辖七个自然屯，分别是板逐、板都、板桂、板内、板外、板落和陇尔，共330户，1300人（2011年）。横村的板逐、板都、板内和板外是布傣聚居的村落，而板桂、板落和陇尔是布傣和布侬杂居的村子。[①]

板逐原本是一个完整的村落。1894年中法两国划分中越边界时，板

① 布侬是金龙的另一个主要族群。布傣和布侬在20世纪50年代的民族识别中都被官方划分为壮族。

逐被一分为二，一半属于中国，一半属于越南。虽然分属两个不同的国家，但它们仍然都延用“板逐”这一地名。板逐和与之相邻的板都都是沈姓的村子。村民沈汉伟告诉笔者，板逐和板都原来不是姓沈，而是姓莫，他们是越南莫王莫登庸[①]的儿子莫廷海的后代。莫王与黎王争夺王位，莫王失败，被迫从河内逃亡高平，最后迁徙到板逐这一地方。作为莫王的后代，他们害怕被黎王追杀，因此把莫姓改为沈姓，修建黎王庙，祭拜黎王，最终得以保全下来。[②]当地的老人告诉笔者，中国和越南的板逐和板都是黎王的儿子，越南的陇所是黎王的女儿。他们认为，陇所的媳妇是从中国嫁过去的女儿。由此可见，越南的陇所和中国的板逐和板都历史上有通婚的关系。

横村现在的黎王庙是1982年重新修建的，位于板逐、板都和板桂相交的地方。村民们都不知道最早的黎王庙是什么时候修建的。据记载，黎王庙于光绪二十三年（1897年）被重修。[③]不过，这个高大的黎王庙在20世纪50年代的政治运动中已经被拆毁，现在的黎王庙由水泥砖简单地砌成，宽和高大约只有两米，已经没有过去庙宇的任何迹象了。黎王是当地布傣

① 莫登庸（1470—1541年）是越南黎朝的一名权臣，1527年篡夺王位，建立莫朝（1527—1677年）。莫登庸建立莫朝后，支持黎朝的阮、郑两大家族和莫氏长期处于纷争之中。据记载，莫登庸的子孙曾盘踞高平、谅山一带，并到中国请求明朝的援助。见（明）严从简著，余思黎点校，《安南》，《殊域周咨录·卷六》（北京：中华书局，2000），第168—244页。

② James Anderson指出，莫朝被打败后，1682年，人们在高平邦河（Bang River）河畔修建了一个祭拜黎王的庙。见James Anderson, “Monumental Pride: Sino-Vietnamese Cross-Border Commemorations of Nùng Trí Cao.” *Thai-Yunnan Project Bulletin*, no.1 (2001):1-2；*The Rebel Den of Nùng Trí Cao: Loyalty and Identity along the Sino-Vietnamese Frontier* (Seattle: University of Washington Press, 2007). 何明智关于广西龙州县金龙镇布傣族群民间保存的古籍抄本《三千书》的研究指出，金龙布傣的前身为越南王族，他们仍然祭拜黎王庙，《三千书》现象承载了布傣族群深厚的帝王情节。见何明智，《〈三千书〉新探》，《广西民族研究》，第2期，2009年，第121-123页。

③ 广西壮族自治区民族事务委员会印，《龙津县金龙峒布傣情况调查》（内部参考，1954），第49页。

的保护神，受到横村的板逐、板都、板桂、板落以及越南板逐的布傣的崇拜。横村的布傣村民在农历的正月初一、正月十四、六月的昆那节、七月十四和十月初二都带着熟鸡、猪肉等供品到黎王庙祭拜黎王。

三、中越边界的跨境交往：横村的弄峒与求务

（一）横村的弄峒和求务

弄峒，也被写作侬峒，是广西中越边境布傣的传统节日。这一地区传统的弄峒从正月初八双蒙村的板相屯开始，接着是正月初九民建村的布豪，正月初十的板梯、花都和宏朝，正月十一的板送，正月十二立丑村的逐立，正月十三双蒙村的板蒙、百贞、空相、弄昌，正月十四横村的那横[①]，正月十五结束于越南高平省的下琅县。弄峒这一天，村里要请佛公举行求务仪式，向天神祈求百谷种子，并祈求风调雨顺、五谷丰登和村落平安。过去只有举行了求务仪式，村民们才开始新一年的春耕。

横村黎王庙前的弄峒历史上在金龙和越南下琅一带非常有名。村里的老人们回忆，弄峒这一天，布傣村民都挑着熟鸡等供品到黎王庙前求务，同时家家户户宴请亲朋好友、吃饭喝酒并对唱山歌。20世纪60、70年代，由于宗教祭祀活动被视为“封建迷信”，公开的求务仪式也被禁止了；80年代以后，虽然国家对民间宗教仪式活动的政策有所放宽，但

① 横村的求务仪式是在黎王庙前举行。黎王庙所在的地方，历史上称为那横，因此横村的弄峒仍然以那横这一地名来命名。

处于边境线上的横村，由于受到中国和越南70年代末至90年代初非正常的国家关系的影响，都没有再公开举行求务。尽管公开的求务被禁止，但村民们告诉笔者，横村的佛公在正月十四的晚上仍悄悄到黎王庙前求务，村民们也到庙前祭拜黎王。1993年，在村民的强烈要求下，横村组织了一次公开的求务，但此后没有再继续举行。2011年，在地方政府及“行动援助”[①]的支持下，横村村委再次公开举行荪峒求务仪式。2011年横村荪峒节的成功举行，吸引了更多的村民和媒体参加2012年的节日庆祝活动。

2012年2月16日，农历正月十四。横村的布傣村民早早就挑着小竹桌子和熟鸡、粽子等供品，来到黎王庙前参加求务。每个家庭带来的祭品都被摆放在自家的小竹桌子上，小竹桌子被整齐地排在黎王庙前。每个小竹桌子上都摆有熟鸡、猪肉、粽子、米花糖、水果、饼干、糖果、米酒等供品，以及五个盛酒的汤匙和五双筷子，香和一两枝盛开的桃花或梨花，或塑料花也插在桌子上。黎王庙的墙面上贴上了大吉大利、六畜兴旺、四季平安等红纸，庙内的台上插有香，摆有粽子、水果、酒等供品。

负责主持求务仪式的佛公是横村板逐的沈文德和越南陇所的农文越，他们都是中越边境一带非常有名的仪式专家。他们两人并排坐在黎王庙前的席子上，面向庙前各家各户摆放的供品。在佛公神台的旁边，摆放有越南陇所献给黎王的“花”，这些花包括一些植物的枝叶和金纸做成的花。在“花”旁边的一个竹筐里装着村民从家里带来的各种农作

① “行动援助”是一个非政府组织，自2005年在龙州县金龙镇开展扶贫项目。

物的种子，如稻谷、玉米、花生、绿豆、黄豆、棉花、甘蔗和红薯等。

在求务中，佛公要到上界去，向负责掌管人间百谷种子的天神妹积歌妸积帝祈求百谷的种子。① 仪式开始时，主持求务的沈文德和农文越先拜过自己的祖师和祖先，然后开始弹叮、脚摇铜铃串“骑马”上路。② 佛公在求务中要拜见的神以及要做的事情如下：

1. 过师（请师）

请众神将和众神来喝酒，向他们报告要做的事情。

2. 吹香

佛公请各神将随他们的童子把香整好，然后从黎王庙出发去拜访众神，向他们报告要做的事情，并请求他们协助。再向众神纳礼，并向他们报告要做的事情。这一切完毕后，要杀一头猪，用猪血、猪头祭拜各神。然后佛公穿上红色的长衫佛衣，戴上佛帽，从黎王庙起兵马，上路向各神纳礼。

3. 求务

佛公来到掌管百谷种子的妹积歌妸积帝处后，先向她报告、纳礼，再向她祈求百谷种子。佛公求到种子后，招回他的兵马，并请神把种子挑到人间。一路上佛公要给村民们招魂，祈求村民四季平安。③ 佛公拿到种子后回到阳间，把种子分发到各家各户的小桌子上。发完种子后，

① 布傣的世界分为上界、中界和下界。上界是天府，是神居住的地方，最高神是玉皇；中界是阳间人居住的地方；下界是阴府，阴府的最高神是龙王。

② 叮是布傣佛公的道具之一，学术界把它称为天琴，琴面由葫芦制成，为二弦琴。佛公在仪式过程中，嘴喃唱、手弹叮、脚摇铜铃串到上界拜访各神，各神听到叮声就会来接待佛公，而铜铃声表示的是骑马的声音。佛公这种表演形式后来被音乐创作者借鉴后，发展成为舞台的表演形式。

③ 布傣认为人有十二个魂，魂会离开人的身体走散到各地，魂离开人的身体，人就会生病、不平安，因此要给村民招魂，把散落各处的魂招回来。

佛公再请各神吃一餐饭，感谢他们的支持。最后佛公撤兵退马，求务结束，整个仪式大约持续八个小时。村民们得到百谷种子后，纷纷给黎王敬酒、烧纸钱、鸣放鞭炮。

（二）葬峒节的舞台表演

重新恢复的葬峒节除了求务仪式，村委会还举行了舞台式的歌舞表演和山歌对唱比赛等活动。距离黎王庙大约六七十米的横村小学校园里搭起了临时舞台，成为葬峒的另一个主要场地。

上午舞台表演开始前，村委首先组织村民们开展下象棋、拔河、抛绣球等趣味性娱乐活动。求务仪式开始之后，横村二十多名仪式专家和被邀请来的舞龙队、麒麟队和花凤队在村干部的指引下，排着队从学校出发，到黎王庙前祭拜黎王。仪式专家们在黎王庙前排成一行祭拜黎王之后，舞龙队、麒麟队和花凤队围绕在供品台周围，娱神娱民。

拜过黎王之后，舞龙队、麒麟队和花凤队撤回到学校里，村民们也纷纷从黎王庙撤到学校校园观看节目。第一个节目由金龙峒布傣文化中心的表演队表演。[①] 身着布傣传统的黑色长衫、手持当地民间乐器“叮”的男女村民演奏并演唱布傣传统山歌。此后，妇女们表演纺纱、织布和织锦的舞蹈，并向观众们展示精美的傣锦。金龙峒布傣文化中心的表演结束后，接着是金龙镇九凤民间艺术团的表演。九凤艺术团的演员们同样身穿布傣传统的黑色长衫，她们的歌舞包括“迎客歌”“山里的姑娘爱唱山歌”“织锦”和“边贸妇女”等展示边境妇女的日常生活

① 金龙峒布傣文化中心是金龙布傣村民的一个民间组织，旨在弘扬和传承布傣的传统文化。

的节目。

下午的山歌比赛把舞台的表演活动推向了高潮，这也是村民最期待的节目。为了吸引更多的村民参加，村委给每位报名参加比赛的歌手提供一百元的奖金，获奖的歌手还有更多的奖金。山歌比赛分为两部分，独唱和情歌对唱，来自金龙各村的村民以及越南的村民都可以报名参加，大多数参加山歌比赛的歌手都是四五十岁的中年人。第一部分的独唱大多是赞美横村优美的风景、村民们的快乐生活和侬峒节的喜悦。第二部分的男女情歌对唱，是村民最喜爱的节目。台上互相对唱的男女歌手各自站在舞台两边，拿着话筒对唱。男女歌手们的精彩对唱常常引来观众们捧腹大笑。

金龙镇花都村的农汉文和越南板逐的花姐是横村2012年侬峒节山歌比赛中最受欢迎的男女歌手，他们几乎包揽了整场的对唱。农汉文是金龙有名的歌王，由于愿意上台演唱的男性并不多，他在侬峒节期间，几乎每天都被各村邀请去参加山歌比赛。花姐和她的亲戚一起从越南到横村参加侬峒节，她在亲戚们的鼓动下报名参加了情歌对唱比赛。多年没有上台唱山歌的她没有想到自己在横村的侬峒节中大受欢迎。村委组织的情歌对唱比赛在傍晚结束后，热情的村民们仍然意犹未尽。在村民们的要求下，农汉文和花姐在简单的晚饭后继续为村民们对唱，直到晚上11点比赛才结束。

四、金龙布傣的历史与壮族身份的划分

金龙史称金龙峒。据记载，金龙在明、清时期属广西太平府安平

土州，是安平土州管辖的一个峒。[①] 清嘉庆（1796—1820年）末年，朝廷鞭长莫及，金龙峒七隘三村为越南侵并，归越南下琅州。而里板、龙保、板孔三村则在越南阮朝嗣德20年（1867年），被安平土州土官李秉圭当给越南高平省重庆府下琅县的土官陈光仲。[②] 光绪十三年（1887年），中国和法国划分中越边境，金龙峒复归中国。1894年，中法签署《中法桂越界约》，金龙峒七隘最后划归中国。[③]

金龙的布傣追溯他们的祖先来自越南，他们是现今最早迁入金龙的族群。根据史书记载，布傣在清嘉庆末年已经定居金龙。[④] 不过在金龙收集到的布傣和布侬的契约表明，布傣最迟在1803年就已经在金龙定居了。[⑤] 1830—1840年间，金龙瘟疫大作，布傣人劳动力缺乏，因此从科甲、雷平、大新等地招募布侬来开垦耕地，布侬开始进入金龙与布傣杂居。[⑥] 由于政治、经济地位的差异，语言、文化习俗和宗教信仰等方面的不同，历史上金龙的布傣和布侬有着明显的社会边界。在20世纪50年代以前，布傣和布侬之间存在很多矛盾，双方互不通婚，少有往来。1949年新中国成立以后，随着国家民族平等政策的实施，布傣和布侬之间的关系有所改善，但直至20世纪90年代，布傣和布侬之间的通婚仍然不普遍。

20世纪50年代初期，中国开始进行民族识别工作。金龙的布傣在1951

① 郭廷以、王聿均主编：《中法越交涉档：光绪元年至宣统三年　1875—1911》（台北："中央研究院"近现代史研究所，1962），第6卷，第3905页。

② 同上，第3894—3902页。

③ 梁文涛：《苏元春与金龙七隘的回归》，《龙州文史资料》，中国人民政治协商会议，龙州县委员会经科文谊委编，2008年，第16辑，第128页。

④ 郭廷以、王聿均主编：《中法越交涉档：光绪元年至宣统三年　1875—1911》（台北："中央研究院"近现代史研究所，1962），第6卷，第3894页。

⑤ 广西省民族事务委员会印：《龙津县金龙峒布傣情况调查》，1954年，第104—108页。

⑥ 同上，第26页。

年曾自报为苗族和彝族，后又改为傣族。尽管没有经过政府的正式同意，但一般文件也称之为傣族。① 1952年，金龙的布依被划分为壮族。那么，与布依有明显边界的布傣应该划分为什么民族呢？1954年，广西壮族自治区民族事务委员会和中南民族事务委员会共派多名干部到金龙实地调查，对金龙的人口分布、历史来源、语言、风俗习惯、宗教信仰、经济生活等方面进行了调查，并完成了《龙津县金龙峒傣人情况调查》。② 关于金龙布傣的社会历史调查之后，广西壮族自治区民族事务委员会并没能确定布傣的民族成分。1954—1957年之间，广西金龙民族成分的问题在广西壮族自治区民族事务委员会和中华人民共和国民族事务委员会等相关部门之间进行了多次讨论。③ 讨论的主要问题是"金龙峒傣人是否构成单一的少数民族"？如果可以，应划分为什么民族？1954年，中华人民共和国民族事务委员会提到，金龙峒傣人"可以确定为单一民族，不过在名称上免得混同起见（和云南西双版纳和德宏的傣族），可以音译为布傣"。④ 尽管如此，金龙布傣的民族成分在1957年4月尚未确定。⑤ 1958年1月，金龙的布傣正式被确定为壮族。⑥

金龙布傣被划分为壮族在金龙布傣村民和干部中引起了较大的反应，从1958年至1960年，金龙的布傣干部就不断地向上级有关部门提出恢复金龙布傣的傣族身份。这些申述由于受到政治运动的影响在1960—

① 广西壮族自治区民族事务委员会印，《龙津县金龙峒布傣情况调查》，1954年，第2页。

② 广西壮族自治区民族事务委员会印，《龙津县金龙峒布傣情况调查》，1954年。

③ 广西壮族自治区民族事务委员会编，《广西民族工作资料选集 民族识别文件资料汇编（1995—2001）》，南宁市广香彩印厂，2001年，第137—148页。

④ 同上，第147页。

⑤ 同上，第363页。

⑥ 同上，第364页。

1970年被中断。到了20世纪80年代，布傣干部和精英又重新表达他们要求恢复傣族身份的愿望。金龙布傣至今仍然有很强的布傣或傣族身份认同，在与布傣村民的交谈中，笔者常常听到“我们傣族”这样的称谓。2003年和2011年笔者在龙州收集到两份关于“要求恢复金龙傣人傣族民族成分问题的报告”，这两份报告都强调金龙布傣和越南岱族的历史渊源关系以及他们共同的语言、文化和信仰等，并表达要恢复傣族身份的意愿。

金龙的布傣大约是在200年前从越南迁移到金龙的一个群体。在过去的200年间，金龙布傣的族群意识和认同在与布侬和汉人的交往和互动过程中不断受到模塑。20世纪50年代的民族识别，金龙的布傣和与他们有明显边界的布侬一起被划分为壮族也影响和刺激了金龙布傣的族群意识。而与他们有共同语言、文化和族群认同的越南布傣（布岱）在越南被划分为岱族也在一定程度上影响了金龙布傣的族群认同。19世纪末中越边界的划分，这一地区的布傣被划分为分属中国和越南两个不同的国家，金龙的布傣由此成为一个跨境民族。然而，国家政治和地理边界并没能阻止中国和越南布傣村民之间的跨境交往和联系。近年来金龙重新恢复的侬峒节和布傣传统文化的复兴，使得金龙布傣的族群认同再一次被建构和强化。

五、侬峒节：金龙布傣文化的展演

2008年，金龙镇民建村的板送屯首次恢复了暂停多年的侬峒节，除了传统的求务仪式，村委会还开创了舞台式的歌舞表演和山歌对唱比赛。受板送的影响，金龙镇历史上有䢺峒传统的村子逐渐恢复他们的传统，并模仿板送的形式，除了求务仪式，还举行歌舞表演和山歌比赛。到了2012年，除了逐立村以外，金龙镇历史上有䢺峒传统的村子，全都恢复了䢺峒节。在地方政府、学者和媒体的推动下，䢺峒节在2010年和2013年分别被列为龙州县非物质文化遗产和崇左市非物质文化遗产。作为龙州县和崇左市的文化品牌，䢺峒节被用来宣传地方壮族文化，以提高本地的知名度和推动旅游业的发展。䢺峒节代表龙州县参加人民网主办的“第三届中国节庆创新论坛暨2012中国品牌节庆发布会”，并获得很高的投票支持率。作为非物质文化遗产，龙州县政府为春节期间举行䢺峒节的村子提供一定的经费支持，地方政府的支持和鼓励推动了金龙布傣节庆活动的发展以及传统文化的复兴。

地方政府、非政府组织、 横村村委会、仪式专家等不同社会力量的参与，为重新恢复的䢺峒节创造了新的活动内容和意义。过去作为“封建迷信”而被禁止的求务仪式，在国家新的文化政策下，变成了受保护和需要传承的非物质文化遗产。在国家新的文化政策保护下，佛公们可以公开地举行宗教仪式活动，这在很大程度上增强了金龙布傣的文化认同。 同时，重新恢复的䢺峒节上，布傣村民身穿传统的黑色长衫，在舞台上通过歌舞的形式展示布傣传统的社会生活，如纺纱、织布、织锦等；山歌比赛更是把布傣村民的情感和认同表达了出来。金龙布傣传统的社区宗教仪式活动在新的社会背景之下，发展成为一个全方位展示布傣传统文化的节庆。越南村民参与到仪式和山歌比赛中，也加强了金龙和越南布傣之间的交往和互动。

六、结论

金龙传统的弄峒节是一个社区的宗教祭祀活动，向天神祈求百谷种子和保佑村落平安的求务仪式是弄峒的核心。在国家新的文化政策以及中国和越南之间地区经济合作不断增强的情况下，金龙布傣传统的弄峒节在当代出现了新的内容和意义，并扮演着特殊的角色。弄峒节已经从一个社区的祭祀活动扩展成为布傣向自己和外来游客全方位展示布傣传统文化的舞台。地方政府和媒体试图通过弄峒节宣传地方壮族文化，以推动地方旅游和经济的发展。然而，政府对金龙布傣传统文化的发展和提升加强了布傣的族群认同和社区认同。 在弄峒节中，越南的佛公和中国的佛公共同主持求务；同时，越南歌手也被鼓励报名参加舞台式的山歌比赛。中越边境布傣村民在弄峒节中的交流、合作与互动，为本地的节庆活动增添了国际特色。弄峒节的跨国文化特色使得它从社区的节日庆祝发展成为服务地方政府、加强地区跨国/跨境经济合作的纽带。

张兆和与吕俊彪关于京族哈节的研究表明，哈节已经成为京族全方位展示京族文化的舞台，并通过此向外界呈现京族认同。 但是，金龙布傣的情况却远比京族复杂。由于历史上的族群迁移、边境地区复杂的族群关系以及国家民族成分划分的历史原因，金龙布傣的族群认同有其复杂性和特殊性。金龙的布傣被官方划分为壮族，成为壮族的一个支系，而非一个单独的民族。尽管地方政府和媒体一直强调金龙布傣作为壮族加以宣传，然而，布傣的壮族身份认同并没有因此而加强。金龙布傣重新恢复的弄峒节以及节庆活动中布傣文化的展演以及节日里中越布傣村民的跨境联系和互动，加强了布傣的族群认同以及他们历史上和越南的联系。

参考文献

[1] 广西壮族自治区民族事务委员会：《龙津县金龙峒布傣情况调查》，1954年。

[2] 广西壮族自治区民族事务委员会编：《广西民族工作资料选集 民族识别文件资料汇编（1995—2001）》，南宁市广香彩印厂，2001年。

[3] 郭廷以、王聿均主编：《中法越交涉档：光绪元年至宣统三年（1875—1911）》，台北："中央研究院"近现代史研究所，1962年。

[4] 何明智：《〈三千书〉新探》，《广西民族研究》，第2期，2009年，第121—123页。

[5] 梁文涛：《苏元春与金龙七隘的回归》，《龙州文史资料·第16辑》，中国人民政治协商会议，龙州县委员会经科文谊委编，2008年。

[6] 罗彩娟：《空间记忆与族群认同——云南省马关县壮族的"侬智高"纪念实践》，《中南民族大学学报》（人文社会科学版），第32卷，第2期，2012年，第18—22页。

[7] 吕俊彪：《仪式、权力与族群认同的建构——中国西南部一个京族村庄的个案研究》，《广西民族研究》第2期，2011年，第58—63页。

[8]（明）严从简著、余思黎点校：《安南》，《殊域周咨录·卷六》，北京：中华书局，2000年。

［9］张兆和：《中越边界跨境交往与广西京族跨国身份认同》，《历史人类学学刊》，第2卷，第1期，2004年，第89—133页。

［10］James Anderson, “Monumental Pride: Sino-Vietnamese Cross-Border Commemorations of Nùng Trí Cao.” *Thai-Yunnan Project Bulletin*, no.1,2001.

［11］James Anderson, *The Rebel Den of Nùng Trí Cao: Loyalty and Identity along the Sino-Vietnamese Frontier*, Seattle, University of Washington Press, 2007.

华侨华人

汉文化在印尼的传播与变迁
——以印尼三宝垄市为例

广西民族大学民族学与社会学学院教授　郑一省

摘要：华人自10世纪就已经陆续移民到三宝垄，而大量华人移居当地的时间应该始于15世纪。移居到三宝垄的早期华人移民，在与当地人一起建设三宝垄的同时，也将建筑文化、宗教信仰等文化传播到当地。而随着华人与当地民族的通婚，生活方式的改变，文化认同的转换，以及居住国政策的变化，汉文化在三宝垄也渐渐地发生了变迁。

关键词：汉文化；印尼；三宝垄；传播；变迁

引　言

汉文化作为中华文化的核心部分，在印尼的传播应该始于中国移民移居当地。从中国史籍的记载来看，中国与印尼的关系始于东汉时期。据范晔的《后汉书》记载,东汉顺帝永建六年（131年），位于爪哇西部万丹的叶调国派使节从日南到达洛阳，向东汉朝贡。[①] 这是印尼爪

① 范晔：《后汉书》，卷六。

哇古国同中国发生官方友好交往和贸易关系的最早的文字记载。应该说，随着中国与爪哇古国的交往，中国商人或移民便开始有机会前往印尼爪哇经商或定居在那里。一位阿拉伯游历家马素提，在其撰述的《黄金牧地》一书中记载了他途经印尼苏门答腊东南部的沿海地区所看到的情况。他看见有许多中国人在此从事耕种，尤其是在巴邻旁（巨港）一带，中国人最为集中。这段由外国人记载的史料，可成为中国移民在印尼居住的最早记录。①

三宝垄（Semarong）是印尼中爪哇省的首府，也是印尼的三大港口之一。据资料记载，公元8、9世纪印尼夏连特拉王国期间，现今的三宝垄城区是一片汪洋。经过几个世纪泥沙的沉积，爪哇北岸半岛形的勃尔高达（Bergoda）向北延伸，逐渐形成后来三宝垄城区的土地。②目前，居住在三宝垄的除了爪哇人外，还有华人、印度人和欧洲后裔等。

一般认为，华人移民在三宝垄的开发与建设中扮演着十分重要的角色。笔者曾于2008年1月、8月，2010年3—5月，2011年7—8月先后四次前往三宝垄，目睹了当地华人的成就。无论是在当地的建筑、文化，还是宗教等方面都与华人的贡献分不开。

一、三宝垄华人的历史与现状

从印尼的地图来看，三宝垄位于印尼爪哇的中部。至于中国移民是何时间到达三宝垄的，有关这方面的确切记载可见于一些国外的史料。

① 李长傅：《中国殖民史》，商务印书馆，1937年，第60页。

② ［印尼］R·穆罕默德·阿里：《印尼与东南亚》，《星星》周刊，第791期，1961年2月25日，第31页。

如西方学者莱佛士的《爪哇史》、坎贝尔的《爪哇的过去和现在》便记载了中国移民到达三宝垄的事件："大约这个时期（即爪哇的赛伽历846年，亦即公历942年），爪哇被认为同中国发生了首次往来：有一艘中国三桅大船，在爪哇的北海岸失事，全体船员上了岸，有些人在扎巴拉附近，其余在三宝垄和直葛。"[①] 这是目前最早记载华人到达三宝垄的史料。当然，莱弗士和坎贝尔所记载的这些资料并不是他们亲身经历的，不过，由于到目前为止没有其他更为明确和可信的文字记载，所以他们的记载仍不失为珍贵的文献资料。

20世纪30年代初，有一位印尼土生华侨记者兼作家和历史学家林天佑，研究了当地华人公馆所存的档案资料和荷、英学者的著述之后，写出《三宝垄历史》一书。他判断郑和是在1416年（明永乐十四年）第五次下西洋时来过三宝垄，登陆于今三宝垄西北郊区塞蒙安河（KaliSemongan）河口，并在河畔附近的一个洞穴扎营。随之而来的华侨，最初也定居在郑和扎营的这一带。林天佑有关郑和到达三宝垄的记载，虽然有学者对此说提出了一些不同的看法，但是正如中国学者朱杰勤先生所说的："郑和是否到过三宝垄和王景弘是否留在印尼的事，中国史书没有记载，但我们不能认为没有记载，就完全否定这件事情，而且古代传说往往不可能与历史事实截然分开。三宝垄的华人从不怀疑郑和来过三宝垄，而且在今天岩穴地址附近登陆，也确实在此地立庙纪念他。不论有无其事，最早在三宝龙建立居留地的就是中国商人，辛勤开发这个地区的也是中国人，这是大家承认的。"[①]

① 莱佛士：《爪哇史》，吉隆坡牛津大学出版社，1965年，第92页。

根据以上国内外不同史料的记载，我们不妨这样说，10世纪已有华人陆续移民到三宝垄，而大量华人移民三宝垄的时间应该始于15世纪。

从资料来看，移居到三宝垄的华人，早先主要居住在三宝垄的郊区，即三保洞周围，一是这里离港口较近，二是认为这里风水较好，可托福于三保公。后来，一些华人也移居到三宝垄市内。到荷兰殖民统治时期，为了防范华人结党成群，荷兰人便下令住在三保洞的所有华人迁移到三宝垄市内。“这样做，首先可以监视他们的活动，其次还可以避免他们同内地的华人取得联系”。[②] 为此，荷兰人为华人划定专门的居住区。这样，三宝垄的华人便聚集在一条被称之为“福溪”（三宝河）的河流所环绕的华人区中，即卡里加韦街（Kaligawe）、阿明安街（Ambengan）、贝杜东安街（Petoedoengan）、巴科占街（Pekodjan）、宾吉尔巷（Gang Pinggir）、瓦弄巷（Gang Waroeng）、贝森巷（Gang Besen）、腾阿巷（Gang Tengah）、甘皮兰巷（Gang Gambiran）、峇鲁巷（Gang Baroe）、十九间街（Tja-kauw-king）、克朗甘街（Kranggan）、甘邦马来由（Kampoeng Melajoe）和贝达马兰街（Pedamaran）。虽然华人的这种居住模式随着时间的推移有所变化，即华人已逐渐分布到整个三宝垄市区，但大多数华人仍然居住在以上这些街道。

三宝垄的居民，大多数是爪哇族。根据当地一些年份的人口普查数字，1920年爪哇族人占当时整个居民158036的80%，1955年在大约

① 朱杰勤：《东南亚华侨史》，高等教育出版社，1990年，第26页。
② ［印尼］林天佑：《三宝垄的历史》，暨南大学华侨研究所，1984年，第30页。

360000人口中，爪哇族人占81%，而生活在三宝垄的华人在1920年统计有19727人，大约占总人口的 12.48%，而1955年华人约有60000人，大约占总人口的 16.7 %。[①]

三宝垄是华人，特别是富裕华人商贾比较集中的城市。当时有像马淼泉那样的大财主，还有像黄仲涵那样闻名于世界的“糖业大王”。早期华人移民在三宝垄主要从事开发和经营商业，也从事中国到印尼的贸易和印尼国内的贸易。他们从事的行业除了商业和贸易外，也进行制糖、酿酒、制花生油、制蜡烛和承包业等。由于华人商业的繁荣和移民人数的不断增多，荷兰人还专门在华人中设置了甲必丹、雷珍兰和马腰等官职，以便管理华人内部的事务。从1672年起，荷兰人在三宝垄共任命了16名华人甲必丹、20名雷珍兰和10名马腰官员等。[②]

与其他地区的华人一样，三宝垄华人也建立了自己的社团。最早的华人社团是1876年建立的“文献堂”。至1940年，三宝垄的华人社团达16个，其中主要有中华会馆、中华商会、中华国语会、南星剧社、中爪哇客属公会、旧鲁国公会、新鲁国公会、牙科公会、南安会馆、惠侨同乡会、广肇会馆、福清会馆、三万兴、和合会、文献堂、公德祠等。当时，三宝垄华人的学校有华英中学、中华学校、正谊学校、大中学校、中南学校和中山学校。[③]

① ［美国］韦尔莫德《三宝垄的华人少数民族》，康纳尔大学，1960年，第7—9页。

② 有关三宝垄甲必丹等官职的华人名单可查这些书籍：［印尼］林天佑：《三宝垄历史》，暨南大学华侨研究所，1984年；［美国］韦尔莫德《三宝垄的华人少数民族》，康纳尔大学，1960年；刘焕然：《荷属东印度概览》，新加坡南洋报社，1942年。

③ 刘焕然：《荷属东印度概览》，新加坡南洋报社，1942年，第51—57页。

目前，三宝垄的华人仍在当地的经济社会发展中起着重要作用。在2005年当地的人口数字中，华人大约有30多万，占当地总人口189万的15.87 %。[①] 三宝垄华人社会虽一般认为是福建人（闽南、金门）的比重较大，但实际上华人的组成成分并不单纯，除去闽南人、金门人等外，尚有五六个不同的方言群，这些方言群主要有福建人、客家人、潮州人、广府人和海南人等。

当前，三宝垄华人各方言群组织了不同的社团，其中主要有八大社团，即三宝垄客家公会、三宝垄广肇会馆、三宝垄福清会馆、三宝垄闽南公会、中爪哇三宝垄潮州乡亲公会、三宝垄垄华福利基金会、三宝垄华英基金会和文献堂等。

从笔者调查的资料来看，三宝垄50%—70%的经济活动与华人有关。当地华人大多数以经商为生，商业方面主要是药业、物资批发，工业方面则是塑料、铁皮、布匹等产品制造，也有许多华人涉足钢铁、机械等行业而成为大企业家。比如三宝垄的侨领何隆朝先投资针织厂，后投资塑胶编织企业、录音带厂等，最后创建了一个拥有4000多人的宝利公司。[②]

二、汉文化在三宝垄的传播

一般认为，传播是文化载体和“社会水泥”，是人类文明和社会进步的助推器。移居到三宝垄的早期华人移民，基本上都是汉族。他们到

① *1876—2006 Pecinan Semarang: dai boen hian tong sampai kopi semawis*, Penkumpulan Sosial Rasa Dharma, p12.

② 丁建、晓闻：《千岛之国阅沧海》，中国华侨出版社，2005年，第226页。

达该地后，大都以经营小商品、捕鱼和手工业等为主，在与当地人一起建设三宝垄的同时，也将汉文化传播到当地。

（一）建筑文化的传播

在三宝垄，随处都可以看见“中国式”的建筑，特别是在那个被称之为三宝垄唐人街的十九间街（Tja-kauw-king），基本上都是这种建筑。所谓十九间，即华人在此地最早建的十九间房子，而后成为三宝垄唐人街的核心地段。在这个十九间街，可以看到类似中国南方的传统街道样式“骑楼”。这种“骑楼”式街道与福建和广东的传统街道非常相似，其建筑平面的基本特点是平面的首层前部是人行道，一般深1—2米，后部为商店，二层以上为住宅，住宅前部突出于商店，跨越人行道上部。在立面造型上，这种骑楼可分为三个部分，即廊部、楼部和楼顶。不过，三宝垄十九间街的“骑楼”的廊部，不像广东和福建的那样有梁柱子，而这种“骑楼”是以一户一户人家的房子紧挨而成的，其净高一般只为4—6米。十九间街的“骑楼”是华人传播带到当地的建筑样式，不过它也正适应了印尼的热带气候，既可遮阳光挡风雨，也突出了华人经商的实用性，以及聊天、纳凉的生活情趣。

除了“骑楼”街道建筑，建筑文化也体现在当地华人的民宅之中。在三宝垄，许多华人的住宅呈现出儒家“天人合一”的特征。儒家主张人与自然的调和、协和、和谐，这是中国传统文化的主流，也是汉文化的精髓。按照儒家天人和谐的原则。自然是一个大宇宙（宏观宇宙），而人是一个小宇宙（微宇宙），一个人必须按照宇宙的规律生活和行动。在当地华人民宅的建筑结构里，有许多屋顶是弧形的，好像是天穹，象征着“天”。而在当地华人的住宅中，几乎每家都有一个“天井”，这是房子的宇宙中心，它与大宇宙（宏观的宇宙）相接，人便可以通过它接近宇宙中心而生活。在屋里还有专门祭祀祖先的神龛，每日的敬香和逢年过节的拜祭，都可以通过这个神龛而到达远在天国的列祖列宗，获得他们的保佑，从而使家庭与宗教的场所融为一体。此外，华人的住宅通常都临近街面，其外屋便成为商铺，自家的商铺与隔壁家的商铺之间紧密相接，没有距离，人与人之间的和谐意义也在这里表现得淋漓尽致。因此，从三宝垄华人的民居建筑来看，其不仅仅是考量建筑的位置和它的实际用途，更重要的是表现了建筑物或家庭保持宇宙内部和外部的和谐。

当地华人建筑与汉族传统建筑还有一个相似的地方，就是许多房屋有“山墙”。这些“山墙”各式各样，不过最基本的大概有三种形制，即人字形、锅耳形和波浪形。按照中国传统的建筑原理，人字形的山墙比较简洁实用，修造成本不高。而锅耳形的山墙，线条比较优美且变化大，实际上是仿照古代的官帽形状修建的，取意前程远大。至于波浪形的山墙，造型起伏有致，讲究对称，起伏多为三级，它应该是锅耳墙的变形，更像古代的官帽。从三宝垄华人建筑可以看出，人字形山墙主要见于普通民众的住宅，锅耳形的山墙一般见于较为富裕的住宅中，而波浪形的山墙主要是一些庙宇的建筑。

三宝垄华人的建筑文化，还体现在重风水的传统。这特别表现在一些庙宇的方位上。在三宝垄的唐人街，其四周的庙宇就有寿福庙、泽海庙、西河宫、威惠宫、大觉寺、指南斋、东壁庙和灵福庙等。这些庙宇有许多是按照风水学的原理来建造的。曾著《三宝垄历史》一书的林天佑就写道，1753年三宝垄的第一间庙宇大伯公庙（现名为寿福庙）建成，其庙址有意地选定在十九间街入口处，是因为华人通常相信，一切灾祸都是从入口处来的，但如果有土地公守住这个街口，灾祸就不会来临。而大约过了三年之后，郭史家族的华人发起建立一间祠堂，来纪念郭六官。地址就选在三宝垄河的南岸，因为有人说这里风水好，这就是现在大家所知的郭六官庙（目前称之为泽海庙），它坐落在十九间街和甘皮兰巷（Gang Gambiran）的交叉路口。①

三宝垄华人的庙宇建筑既有重风水的特点，也具有中国式的建筑风格，即使华人在当地建造的清真寺也体现了这种痕迹。新加坡学者李炯才在谈到三宝垄的三保庙时认为，它“类似中国南部回教寺院的风格——它们具备着东方的、宝塔型的建筑，高高的柱子，平坦而平行的屋顶，弯曲的屋檐，高耸的拱，宽阔的厅堂，以及迂回的走廊”。他在对比广州的几座清真寺后又写道：“华南回教堂的建筑和设计，跟那些相传为三宝太监所建的回教堂，确有相似之处，但却跟苏门答腊和马来西亚的圆顶回教堂迥然不同。”②

自华人移居到三宝垄以来，华人在当地所建的住宅和各种宗教建筑，突出体现了汉族的建筑风格，对当地的建筑文化产生了一定的影响。比如三宝垄一些爪哇人的住宅，其大门的两侧通常会装饰有海龙蛇

① ［印尼］林天佑著，李学民等译：《三宝垄历史——自三保时代至华人公馆的撤销》，暨南大学华侨研究所，1984年，第49—50页。

② 孔远志：《印度尼西亚马来西亚文化探析》，南岛出版社，2000年，第240—241页。

的图案，这种图案显然是受到了中国装饰艺术的影响，旨在驱邪禳灾。正如一位印尼的学者阿古斯·苏佐第指出的，在三宝垄有一些名为“三宝垄式”的房舍，其屋顶与中国房舍的屋顶有类似之处。印尼居民住在这种“三宝垄式”的房舍里，表明他们对于中国风格的建筑给予了应有的评价，反映了中国文化在爪哇的影响是何等之深。①

（二）宗教信仰文化的传播

从历史和现实来看，三宝垄的华人既是推动当地经济和社会发展的中坚力量，也是繁荣当地文化，特别是宗教信仰文化的建构者和促进者。可以说，三宝垄华人的宗教信仰文化渗透于大众的生活之中，是当地华人文化的重要组成部分。在三宝垄，神灵信仰构成了当地华人社会的基本特质，也构成了其社会形貌的象征展示方式。三宝垄华人的宗教信仰类型,主要有三教和民间信仰。

1. 三教

三教是印尼华人宗教体系的一个独特现象。所谓三教，即儒教、佛教和道教的合称。据学者研究，印尼的三教有两个不同的组织。一个是由土生华人郭怀德于1934年在印尼创办的“三教会”（Sam Kauw Hwee），其宗旨在于统一、弘扬和实践三教。而在印尼独立后不久，华人又于1952年成立了“三教联合会”。另一个是由泗水华人王基财在1965年“九·三〇”事件后，为了保护华人庙宇而成立的。1967年5月东爪哇华人首先成立“东爪哇三教庙宇联合会”；1968年12月又成立“全

① ［印尼］阿古斯·苏佐第：《爪哇的中国建筑》，《星星》周刊，1952年，第347期。

印尼三教庙宇联合会”，全印尼各岛千余间华人庙宇改为“三教庙宇”得以合法存在。[①] 在苏哈托统治时期，由于儒教和道教被认为源于中国，不利于华人的同化，所以受到种种限制，以至于当时的三教联合会只主要开展佛教活动，其信徒绝大多数是大乘佛教。[②] 目前，三教会已成为一个很重要的、很有影响的全国性华人宗教团体。

其实，印尼华人的“三教”的形成与移民有着很大的关系。自汉唐以来，中国国内就有许多人同时信仰佛教、道教和儒教，而一些信奉这些教义的华人移民，便将中国的传统宗教信仰带到了印尼。在三宝垄，信仰三教的华人非常之多。在当地，不仅建造了各种类型的佛教寺庙，一些表明为道教的庙宇如玄天上帝庙、福盛庙等有很长的建庙历史。而当地孔教的信徒也有许多，并建立了许多孔教堂。此外，即使是有许多被命名为佛教或道教的寺庙，其里面也供养着三教的神灵。比如，三宝垄的三保大人庙就体现出三教（佛教、道教和孔教）的色彩。在三保大人庙，既举行玉皇大帝的圣诞仪式，也有类似佛教庙宇中抽签的“签诗”程序，而在三保大人庙内还有一间挂着孔子像的万世师表孔夫子庙。像三保大人庙这种三教并存的现象，在当地的庙宇中较为常见。这种现象既是印尼的国情所致，还有像廖建裕所指出的那样：“三教的混合也许能从东南亚华人的文化背景来加以解释，东南亚的华人来自中国的南方，在那儿上述三教被合而为一一样予以接受。”[③]

---

① 王爱平：《印度尼西亚孔教研究》，中国文史出版社，2010年，第99—102页。

② 孔远志：《佛教在印度尼西亚》，《东南亚研究》，1991年第1期。

③ 列奥·苏里亚迪纳塔（廖建裕）：《印尼的华人少数民族文化》，格拉美地亚出版社，1988年，第66页。

2. 民间信仰

民间信仰，是一种以汉民族的传统文化为背景，根植于人民群众生活中的、古老而又特殊的宗教文化现象。[①] 一般认为，在人类文明史中，与移民活动紧密相连的是宗教信仰的传播，而华人民间信仰，是随着中国人向海外移民的一种文化现象。换句话说，华人民间信仰，是随着中国人出国而传播到海外的，并且在华人中持续发展的中国民间信仰。与印尼其他地区的华人一样，三宝垄的华人自移居到当地后，便将其在中国的民间信仰传播到那里。

在三宝垄，华人除了崇拜和祭祀祖先外，还信仰民间神灵。从笔者调查来看，三宝垄华人的民间信仰主要有这样五种：第一种是群体监护神信仰，这是指某个群体或族群对其各自保护神的崇拜。在当地，群体性监护神灵信仰首先可以分为家庭、宗族保护神，其主要包括祖先神灵、灶王、门神、姜太公等。在当地的华人社会中，祖先神灵是单个家庭或宗族的核心监护神，华人家庭的客厅中间、氏族所建庙宇的正厅都会有这种神灵的神龛，以供家庭或氏族成员时时祭拜。与中国民间不同的是，当地华人社会所信仰的灶王、门神不是放在或贴在家的房门上，主要是放置在一般庙宇内或贴在庙宇的大门两侧。姜太公是一个很特别的监护神灵，据说能预知家庭或家族的祸福，其主要放置在七仙女壁画的水池旁，静静地在那里垂钓。第二种是社区监护神，这些神主要包括福德正神、城隍爷、拿督公、三官大帝和二郎神等；在当地的华人社会里，城隍爷、福德正神是一个主要的社区保护神，特别是福德正神（土

---

① 李天锡：《华侨华人民间信仰研究》，中国文献出版社，2004年7月，第1页。

地公）几乎在每个庙宇内都有其神龛。二郎神在三宝垄的庙宇中十分常见，据说他是祈求保护社区不受侵犯的神灵。至于三官大帝，其神龛在许多庙宇中随处可见。第三种是行业监护神，这种神灵主要包括鲁班、天后等。在当地的华人社会中，有各籍贯的华人族群，其中广府籍人信仰鲁班神灵。据说这些广府籍华人早期大都是从事木工行业，后来逐渐向家具业发展。由于鲁班是木工的祖师爷，所以在广府籍华人的社团或其所建的庙宇里都建有鲁班的神龛，以作为他们的行业监护神。天后，也就是妈祖神灵，是中国沿海地区渔民的保护神。在三宝垄，许多华人移民的先驱者都来自广东、福建沿海，其中有一些原本就是渔民，在移居印尼后便将渔民的保护神带到移居地而供奉起来，作为他们的监护神。第四种是人口保障神,也为全体民众所信仰。这类信仰表达了民众对生命的重视、关爱和社会对生命价值的珍惜、对生命繁盛的追求。从三宝垄华人社会来看，其人口保障神信仰首先是婚姻神崇拜。这种婚姻神灵主要有月神、和合二仙等。月神，又叫太阳星主、月姑、月宫娘娘、月光菩萨，这是与找对象有关的神灵，而和合二仙则是“团圆之神”，也是一种爱神。其次是生育神，它主要是金花夫人、注生娘娘、玄女娘娘等。在三宝垄华人的寺庙，注生娘娘和玄女娘娘较为常见，这是因为三宝垄的福建籍华人较多，而玄女娘娘神灵也曾在福建的庙宇中流行甚广。再次是健康神，其主要有保生大帝、吕洞宾、药师佛等医药神。第五种是个人命运神信仰。从三宝垄华人社会来看，个人命运神灵首先是福神，包括福星、赐福天官等。其次是财神，这类神灵主要包括五路财神、比干等。五路财神，即以赵公明元帅、招宝、纳珍、招财、利市五神。在当地华人社会中，财神是一个很重要的神灵。因为华人社会是一个商业的社会，做生意的占多数。五路财神，在当地又称为五福财神。再次是吉凶神、死后归宿神。前者神灵主要包括太岁、青虎和各种凶神恶煞及妖魔鬼怪，后者神灵主要是阎王、判官及其他鬼吏鬼卒等。太岁神灵是当地华人社会寺庙中常见的神灵，在当地的寺庙中的主神下面都会有这种神灵的神龛，而阎王爷、判官等死后归属神，一般都在地藏殿或其他佛寺中能看到。

就三宝垄华人的民间信仰来看，其首先是民众在此环境中生活经验的反映,是民众适应环境谋求生存与发展的手段。它为民众构筑了一个万物有灵的世界,形塑了其知识系统,包括其对生存环境的认识和解释。其次，民间信仰中各神灵的分工其实具有相对性。因为神灵职能的复杂化是民间信仰发展演变的趋势之一。在当地华人民众心目中，许多神灵的职能并不单一，而是既有所主又有所兼、既有一专又有多能。例如婚姻神和合可使家人团圆，兼为家庭监护神。土地爷为家庭、宗族、社区监护神。财神既主个人财运，又是华人家庭及华人社区所有商行的监护神，等等。因此，从这里可以知道三宝垄的华人宗教信仰具有信仰多元化、崇拜神灵多样化的特点。

三、汉文化在三宝垄的变迁

文化变迁是文化人类学研究的主要课题之一。文化变迁指文化内容与结构的变化。换句话说，文化变迁是文化整体或是大部分特质的变化。促使文化变迁的原因有很多：一是内部的原因，那就是文化人对追求的永不满足和对需要不断的追求，这是文化变迁的根本原因；二是外部原因，如环境的变化，与其他文化的接触、迁移，对其他民族的征服，被其他民族所征服等。文化变迁是人类所有文化固有的特征，但变迁的速度、变迁的方向，在文化与文化之间、时代与时代之间都有很大的差异。[①] 在三宝垄，汉文化随着华人的移入逐渐传播到当地，对当地社会发生了一定程度的影响。与此同时，随着华人与当地民族的通婚，生活方式的改变，文化认同的转换，以及居住国政策的变化，汉文化在三宝垄也渐渐地发生了变迁。

（一）“伯拉奈干”（Paranakan）族群的出现

文化是人类在长期改造自然的过程中所创造和积累的，它反过来又影响着人类的走向，所以，文化是人的文化，人是文化的人。文化是人创造的，但文化也影响着人。一个移民从其故土移居到异国他乡后，在不断地与当地的文化接触的过程中，自然而然地会将其本身所具有的故土文化逐渐改变或涵化。

与其他地区的华人一样，早期华人移居三宝垄的，大多是些单身的青年男子，他们中有的是结婚后出国，有的是赚了钱以后回国结婚，有的则在当地与土著姑娘结婚。这种华人与土著民族的通婚，便诞生了当地华人社会的一个独特族群——“伯拉奈干”（Paranakan），即混血儿群体，也称之为“土生华人”（侨生）。有关这个族群的形成及特征，研究印尼华人问题的学者廖建裕是这样分析的：

① 蒋立松：《文化人类学概论》，西南师范大学出版社，2008年1月。

土生华人的出现是众所周知的事。这是由于早期华族移民皆是单身或者是已婚但没有携带配偶的男性。他们与当地土著妇女，尤其是名义上的回教徒或非回教徒结婚。他们的子女组成了具有华人与马来人文化结合的新族群。这种混合文化与华族文化或马来文化迥然有别。此文化的最大特征是马来语的应用，大部分土生华人的子女不能操华语，而只能用马来语沟通……其实，土生华人妇女穿马来服装，并且梳马来发式，其食物也与马来食品的成分相同。不过，土生华人喜爱的猪肉则加以保留。土生华人不但居留在爪哇岛，也居住在爪哇岛以往的马来半岛、新加坡。①

三宝垄的“伯拉奈干”（Paranakan）族群出现应该有很久的历史了，因为大约在公元10世纪时就有华人移居到当地了。笔者在三宝垄调查得知，当地的华人最晚的也有三代，而最早的有五六代，甚至七八代或十多代。林天佑曾在书中描述道，在17世纪时三宝垄已有不少“娘惹”（njonja），这些华人妇女从何而来，只有由中国人的父亲和土著的母亲结合而来。她们依从土著妇女母亲的习惯，穿着土著妇女的花裙和圆领不开扣的长上衣，锯牙齿，嚼槟榔，屈膝而坐等，而从中国来的妇女都没有这些习惯。②

在苏哈托统治时期，包括三宝垄在内的印尼爪哇岛的“伯拉奈干”（Paranakan）族群人数急剧增加，这是因为苏哈托政府加强了对当地华人强制同化的过程所致。按照廖建裕先生所研究的，印尼除了土生华人

① 廖建裕：《东南亚华人族群研究》，新加坡青年书局，2008年，第105页。

② 林天佑：《三宝垄历史——自三保时代至华人公馆的撤销（1416—1931）》，暨南大学华侨研究所，1984年，第38页。

外，还形成了“新土生华人“群体，他们更像“印尼人”，他们已经不再能够使用中国方言和华语，在语言上与印尼土著一样，有些甚至具有印尼土著的价值观以及偏见。[①]

（二）日常生活习俗逐渐印尼化

在三宝垄，汉文化的变迁不仅表现在当地“伯拉奈干”（Paranakan）族群人数的大量增加，即使仍保留着较多汉文化特征的华人，其日常生活习俗也在逐渐印尼化。

1. 筷子文化已不见踪影

筷子文化是汉文化之一。汉人使用筷子用餐是从远古流传下来的，古时又称其为“箸”。筷子文化是汉饮食文化的发展而建构的一种文化，据说受到过中国传统文化熏陶的地域，如韩国和日本等国都继承了这一文化。

在三宝垄，筷子文化似乎已经不见踪影。当地的华人无论是在家中，还是在餐馆酒店吃饭，都使用诸如汤匙或刀叉用餐，或者直接用手抓饭。刀叉用餐应该是受到荷兰人的影响，带有西化的特征，目前已经成为印尼城镇餐馆酒店使用的餐具。在三宝垄家中或餐馆酒店用餐，都会在每人面前就座的桌上摆上两把不锈钢的汤匙或是一些刀叉。用手抓饭，也是当地华人用膳的方式之一。笔者曾经问过一位用手抓饭的华人，她觉得用手吃饭很香，而且很方便。除了用汤匙或刀叉作为用餐的工具外，一些华人聚会时都会吃用硬纸壳或芭蕉叶包的饭。这种硬纸一

① 廖建裕：《东南亚华人族群研究》，新加坡青年书局，2008年，第143页。

般都是灰色的纸，其面上好像涂上了一层光滑的胶，所以不容易破损。芭蕉叶是当地的特产，用其包饭或包面条是当地华人常使用的。

2. 食品的形式与内容发生改变

在三宝垄，市面上有许多源自中国的食品，如春卷、月饼、油炸鬼等，但他们的制作工艺或内涵已经不同以往。例如，春卷在中国应该是油炸的，可在当地既有油炸的，也有水煮的。这种水煮的春卷，可能是当地的华人适应当地的热带气候而制作的。而且当地春卷的馅，一般不用猪肉，以加笋丝而闻名。这种笋丝带点酸味，吃时蘸印尼式的酱，比较适合当地人的口味。再比如，三宝垄华人也自己做月饼，不过这种月饼的馅是用当地盛产的榴莲做的。

据说印尼人喝的茶是从中国传入的，三宝垄华人喝茶都会加糖，如果不加糖的话，他们就会说太淡了。这无疑是接受了当地人爱吃甜食的习惯，也与当地盛产糖分不开。早年，针对当地土著居民喜欢吃蔗糖，华人在当地开了许多间蔗糖厂，收益甚丰，以至于后来产生了被称之为“糖王”的黄仲涵这样的企业家。

3. 服饰的多样化与穿戴的当地化

据林天佑描述，早期三宝垄的华人过节时，富人家的女孩子穿着像舞台演员穿的古代衣服，这些服装同中国古画中的美人像的服装一模一样。不过在平常的日子，她们穿的衣服却与土著居民女孩子所穿的相类似。那时候，华人妇女的服装，日常穿的是无纽、套穿的短上衣。但在节日或是举行庆典时，她们就穿上无纽、套穿的长上衣作为礼服，这种衣服长过膝部。年轻者穿绿色或粉红色的，中年者穿褐色、蓝色或紫色的，年老者大多数穿黑色的。布料都是采用昂贵的中国丝绸。①

现在的三宝垄华人，服饰已趋向多样化。不过，他们十分喜好印尼的蜡染花布“巴迪克”衫。这种衣服一般用棉布或丝绸制成，穿着舒适方便、禁洗耐用。印尼地处赤道附近，常年气候炎热，“巴迪克”衫清爽吸汗，且洗涤起来不掉色，成了当地人穿衣的首选。特别是每逢当地的重大节日，比如印尼的国庆节，当地的华人必穿精美的“巴迪克”衫。

结　论

从文化人类学的观点来看，文化传播又称文化扩散，是基本的文化过程之一。它是指人类文化由文化源地向外辐射传播或由一个社会群体向另一群体的散布过程。文化传播的媒介主要是人的迁移和流动，尤以人群的迁移更为重要。自公元10世纪起，华人就已经开始陆续移民到三宝垄，而15世纪后成为华人移民移居三宝垄的一波波浪潮，这是因为郑和七下西洋所致。大量华人移民移居到三宝垄后，便将汉族的建筑文化、宗教和民间信仰等文化传播到当地，对当地的文化产生了一定的影响。

文化是人类在长期改造自然的过程中所创造和积累的，它反过来又影响着人类的走向，所以，文化是人的文化，人是文化的人。文化是人创造的，但文化也影响着人。移民从其故土移居到异国他乡后，在不断与当地的文化接触的过程中，自然而然地会将其本身所具有的故土文化

① 林天佑：《三宝垄历史——自三保时代至华人公馆的撤销（1416—1931）》，暨南大学华侨研究所，1984年，第145—146页。

逐渐改变或涵化，这便是其文化的变迁。在三宝垄，汉文化的变迁不仅表现在当地“伯拉奈干”（Paranakan）族群人数的大量增加，即使仍保留着较多汉文化特征的华人，其日常生活习俗也在逐渐的印尼化。

马来西亚东海岸潮州人与地方文教关系研究①

马来西亚华社研究中心副研究员　何启才

摘要：马来西亚半岛潮州人的分布可略分为四大区域：北马潮州人、雪隆潮州人（中马）、南马潮州人及东海岸潮州人。这四个区域潮州人因所处之地理环境、政治氛围、经济发展等有所不同，间接影响了当地潮州人的不同发展方向。东海岸潮州人属于少数，多经营批发行业。目前东海岸共有七间潮州会馆，也创办了区域性的“东海岸三州潮州会馆联谊会”，尝试以跨地域合作方式加强三州潮州人的乡情和力量。本文梳理东海岸潮州人和潮州会馆参与当地文教活动及其贡献，从中理解当地潮州人如何通过文教活动，推广华文教育、传承潮州民俗和文化。

关键词：东海岸；潮州人（潮州社群）；潮州会馆；民俗

① 本文整理自笔者主持、东海岸三州潮州会馆联谊会暨华社研究中心合作的“东海岸潮州人历史资料编纂计划（第二阶段：2013—2014年）”研究报告《东海岸潮州人移殖史与会馆史略》之部分内容。本文初稿曾宣读于马来亚大学中文系、广西民族大学、马来亚大学中文系毕业生协会联合主办的“第六届中国与东南亚民族论坛”国际学术研讨会，吉隆坡，2014年11月29—30日。

和文化；华文教育

一、东海岸地区的地理环境及潮州人概况

东海岸位于西马来西亚东北部，面向南中国海，分别由吉兰丹（Kelantan）、登嘉楼（Terengganu）和彭亨（Pahang）三个州属共同组成。这三个州属毗邻相接，同时也由绵长的海岸线连贯，故称为“东海岸”。因此，在西马的行政惯例上或民众的概念中，一般将半岛划分为四个部分，即：西马、中马、南马和东海岸。

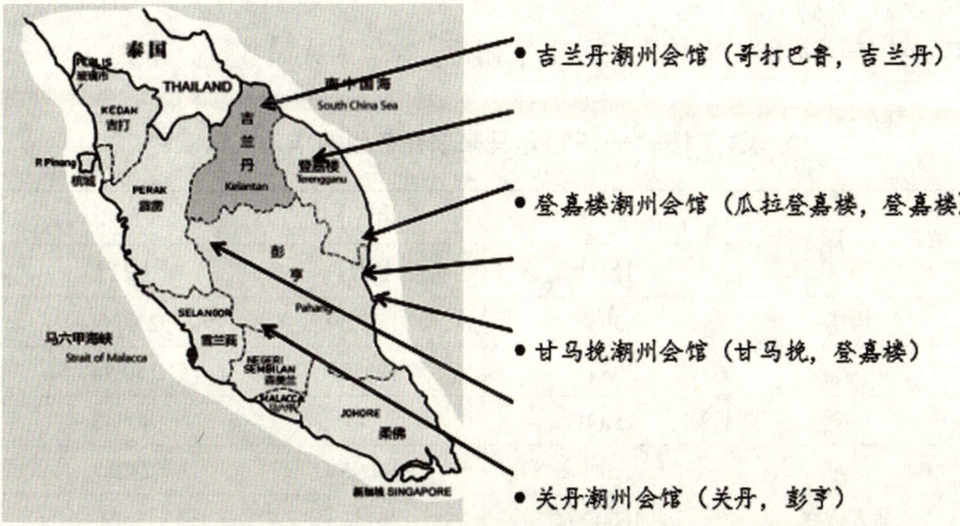

图1　马来西亚半岛东海岸（含东海岸各潮州会馆）位置示意图

图片来源：笔者自制。

自英殖民时期以来，东海岸地区（不包括彭亨[①]）除了石油和渔产

① 彭亨州是东海岸三州中，资源较为丰富的州属。这也是为什么20世纪初期英殖民地政府执意把彭亨州连同三个资源丰富的西海岸州属合并成为“马来联邦”。

外，几乎缺乏可大量供应国际经济发展需求的原产品，如锡、黄金和橡胶。由于不是主要的经济地带，东海岸的整体发展、现代化进程和人口分布就比不上西海岸各个地区的发展。因此，东海岸一直就和“落后”“保守”“贫穷”等形象挂钩。当19世纪中叶华人大量南下之际，他们中的大多数都选择集中在西海岸的矿场、橡胶园等地区，然后再随着经济开发的步伐移动，逐步开辟城镇乡地，形成了大量且各具特色的华人聚落，散布在西海岸由北至南的各个角落。

因此，相对西海岸，东海岸华人的人口数量较少。根据1911年英殖民地“马来联邦”的人口普查数据显示，西海岸几个州属（霹雳、雪兰莪、森美兰）和东海岸（仅限彭亨州[①]）的华人人口数量分布如下：

表1　1891—1911年马来联邦各州的华人人口

州属	年份		
	1891	1901	1911
霹雳	93953	150239	217206
雪兰莪	50844	109598	150908
森美兰	15391	32931	40843
彭亨	3241	8695	24287
马来联邦	163429	301463	433244

资料来源：A. M. Pountney, The Census of the Federated Malay States 1911, London: Darling & Son Ltd., 1911, p.22.

① 在东海岸三州中，彭亨是最早成为英国殖民地的州属，它于1896年连同雪兰莪、霹雳和森美兰正式成为英殖民行政体中的“马来联邦”（Federated Malay States）成员，接受英殖民地参政司（Resident）的直接统治。至于吉兰丹和登嘉楼，在历史上曾是暹罗王国的属邦。1909年，暹罗王国与英国签订《英暹条约》（Anglo-Siamese Treaty）后，才转让吉兰丹和登嘉楼的主权给英国。随后，吉兰丹、登嘉楼，以及同样也被暹罗王朝转让主权的吉打和玻璃市，再加上柔佛，共同组成了由英国顾问官（Advisor）间接统治的“马来属邦”（Unfederated Malay States）。

根据王琛发的研究，潮人最早进入马来半岛定居之处应该是在马六甲和丁加奴一带。[①]马六甲自15世纪就成为国际贸易海港，同时也和中国建立良好的贸易与政治关系，因此潮州人有可能南下经商或定居该处。此外，东海岸也有可能是潮州人最早的聚居之处，因为丁加奴与吉兰丹都是早年中国船只沿海南下的必经之路。[②]虽然至今仍没有查找可显示东海岸的潮州人最早于何时移居该处的文献。但潮州人在19世纪中叶发生的移民浪潮中就已在东海岸留下他们的足迹。例如：

（i）彭亨州的北根（Pekan）作为早期的通商口岸，华人大约在17—18世纪就定居该处。此外，北根列圣宫伯公庙中拥有250年历史的大唐本头公石碑（乾隆二十八年，即公元1763年）见证了华人移居该地的历史。[③]虽然没有文献说明潮州人定居北根的时间，但后期的人口统计显示了北根一直都是州内最多潮州人的聚集之地。

（ii）吉兰丹州的文史工作者黄崇锐先生曾根据《唐人坡蒋氏族谱》中史料记载进行推测，认为大约19世纪50年代的时候就有从中国广东海澄前来哥打巴鲁的蒋姓潮人。[④]

进入英殖民时期，因为行政管理、城镇规划、经济发展等过程，英殖民政府所推行的行政制度也趋向科学化和系统化。于是与东海岸潮州

① 王琛发：《马来亚潮人史略》，吉隆坡：艺品多媒体传播中心出版，1999年，第1页。

② 同上。

③ 刘崇汉编写：《彭亨华族史资料汇编》，关丹：彭亨华团联合会，1992年，第142页。

④ 引自东海岸三州潮州会馆联谊会与华社研究中心合作进行之《“东海岸潮州人历史资料编纂计划（第一阶段）”的研究报告（吉兰丹卷）》，吉隆坡：华社研究中心，2012年，第4页。

人相关的人口普查也在这个时期出现。这些统计报告有助于我们理解潮州人在东海岸的人口变化和移居模式。表2为英殖民时期潮州人于1901年和1911年的人口分布，说明早在1901年就有潮州人移居到马来亚，但在当时只有439名潮州人聚居在东海岸彭亨州，可谓众寡悬殊。

表2　1901—2010年东海岸潮州人的人口分布

州属＼年份	1901年	1911年	1921年	1931年	1947年	1957年	1970年[①]	1991年	2010年
彭亨	439	949	887	1754	2770	4061	6218（1.6%）	9468	9832
登嘉楼	—	—	236	472	800	1067	1166（0.3%）	1479	960
吉兰丹	—	—	—	452	660	1129	1555（0.4%）	—	1092

资料来源：A. M. Pountney, *The Census of the Federated Malay States 1911*, London: Darling & Son Ltd., 1911, p.22; p.46 & p.121; J. E.Nathan, *The Census of British Malaya 1921*, London: Waterlow & Sons Ltd., 1922; C. A. Vlieland, *British Malaya: A Report on the 1931 Census and on Certain Problems of Vital Statistics*, London: The Crown Agents for the Colonies, 1932, p.187; M. V. Del Tufo, *Malaya comprising the Federation of Malaya and the Colony of Singapore, a Report on the 1947 Census of Population*, London: The Crown Agents for the Colonies, 1949, p.294; H. Fell, *1957 Population Census of the Federation of Malaya*, Kuala Lumpur: Department of Statistics, 1960. pp. 56-57.

因为地理位置之故，潮州人自古就有放洋的习惯。他们精通水路且善于商业，因此也和福建、广东等沿海地区的居民一样养成了冒险进取、重商谋利的海洋精神，并和当时的国际海洋贸易产生联系，发展出潮州的海商帮群，积极往外拓展其商业疆域。潮州的“红头船”也继闽帮商队后南下东南亚，包括马来亚一带，掀起大量潮州人迁移南洋的浪

① 由于1970年的官方数据只提供百分比（%），故笔者将之折算约略的潮州人口数据。

潮。然而，相较其他方言群的中国南方人，潮州人南迁马来亚的时间总体上比福建人及广东人稍迟了一些。

无论如何，华人迁移南洋主要是基于中国内在问题和南洋外在因素所促成的。这种内外因素也被称为“推拉因素”（Push and Pull Factors）。所谓的“推”因素，乃指中国境内长期动荡不安的社会导致人民生活困苦，长久下来就成为把他们“推”往海外的关键。另一方面，18世纪末的西方工业革命，促使西方国家开始了国家现代化的进程。这样一来，工业发展对于原产品的需求越加紧迫，也导致了18世纪末西方列强竞相推展殖民进程。作为一个原产品资源丰富的国度，马来亚自19世纪初期开始就被英国统治，成了英国的海外殖民地。19世纪中叶，殖民当局为大量开采锡矿、种植橡胶等经济作物，大量吸入来自中国和印度的劳工。在这股“拉力”因素的影响下，吸引了大量当时生活困苦的华人，他们纷纷通过各种渠道来到马来亚谋生。

在“推拉因素”的作用下，潮州人也顺应移民潮流来到了马来亚。当然，这也和潮州及南洋的地理环境有关，这两个地区沿海相接，因此潮州人只需数日即可乘船抵达。诚如前述，潮州人在马来亚半岛的聚居地区多在马来半岛西海岸及新加坡；相较东海岸，聚居该地区的潮州人实为少数。在东海岸地区，虽说在19世纪中的移民潮前已有潮州人落户该处，但至今尚无充足或可靠的文献证据说明潮州人移居东海岸的时间。通过一些零碎记载和推测，大致可断定在潮州人移居东海岸的时间约在19世纪中期，但数量极少；直到20世纪初及其后，东海岸的潮州人才有显著的增加。这些移居东海岸的潮州人，大多是从祖籍地先迁移到新加坡，然后再从新加坡通过水路往东海岸的北面迁移，逐港落户。此外，也有从泰国南部迁入东海岸城镇，或由祖籍地南迁至东海岸定居的潮州人。东海岸的河流繁支多且适合航运，因此善用水道的潮州人，沿河往内陆伸延，通过经营商贸批发，开辟商贸据点并落户该处，形成东海岸潮州人社会的最初面貌。

二、东海岸潮州会馆和“东海岸三州潮州会馆联谊会”概述

华团是维系华社存在及推动华社发展的重要支柱，潮州社团的出现乃见证了马来西亚潮州社会在维系及推动潮州人发展方面的努力。根据郑良树在1982年进行的统计显示，全马大约近80%的潮州人社团都是地缘性社团。[①] 在这五种不同性质（血缘性、地缘性、业缘性、善后性、娱乐性）的社团当中，东海岸三州只出现地缘性社团（表3），而不像其他州属或多或少都存在着潮州人业缘性或娱乐性社团等。东海岸虽曾有过具影响力的陶情俱乐部（甘马挽）、斯文俱乐部（淡马鲁）等综合性质的社团，虽主事者及会员多为潮州人，但终非潮州人所有，而是混杂其他方言群体共同经营运作的民间社团。

① 郑良树：《马来西亚·新加坡华人文化史论丛（卷一）》，新加坡：南洋学会，1982年，第83页。

表3　东海岸三州潮州人的社团及其性质

州属	地区＼性质	血缘性	地缘性	业缘性	善后性	娱乐性
彭亨	关丹[a]	无	潮州会馆	无	无	无
	北根	无	潮州会馆	无	北根潮侨互助社[b]	无
	淡马鲁	无	潮州会馆	无	无	无
	金马仑[c]	无	韩江公会	无	无	无
登嘉楼	瓜拉登嘉楼	无	潮州会馆	无	无	无
	甘马挽	无	潮州会馆	无	陶情儒乐社[b]	陶情儒乐社
吉兰丹	哥打巴鲁	无	潮州会馆	无	无	无

说明：

（a）原文中关丹的地缘性社团还有大埔同乡会。因本文的论述只谈潮语系社团，故不将客语系社团列入，除金马仑韩江公会为本文之特例外。

（b）此为笔者所添加。郑良树原文并无将北根潮侨互助社列为善后性潮州人社团。北根潮侨互助社的活动以白事善后事务为主，且拥有自身的义山以作为潮籍先辈的归葬之地。陶情儒乐社虽非潮籍人士所有，但其主事者以潮籍人士为主，故列于此。陶情儒乐社兼具善后及娱乐性质。

（c）郑良树此文刊于1982年，彼时金马仑韩江公会尚未成立，此项为笔者所添加。

资料来源：整理自郑良树：《马来西亚·新加坡华人文化史论丛（卷一）》，新加坡：南洋学会，1982年，第81—82页。

东海岸三州潮州会馆创馆风潮，是在二战以后才慢慢盛起。战后百废待兴，当地的潮州人有感需要凝聚乡亲，以加强彼此之间的联系，遂共同发起创办会馆之倡议。二战一结束就开始创办的东海岸潮州人地缘性社团的，也只有关丹潮州会馆而已。直至20世纪50年代以后，才陆续出现了登嘉楼潮州会馆、哥打巴鲁潮州会馆和北根潮侨互助社（后于1968年易名为“北根潮州会馆”）。20世纪60年代创办的则有淡马鲁属潮州会馆和甘马挽潮州会馆。最晚成立的是1985年创办的金马仑韩江公会。

表4 东海岸三州地缘性社团的创建年份

州属	地区	地缘性	创馆时间
彭亨	关丹	关丹潮州会馆	1945年
	北根	潮侨互助社／北根潮州会馆[a]	1953年
	淡马鲁	淡马鲁属潮州会馆	1964年
	金马仑	金马仑韩江公会	1985年
登嘉楼	瓜拉登嘉楼	登嘉楼潮州会馆	1954年
	甘马挽	甘马挽潮州会馆	1967年
吉兰丹	哥打巴鲁	吉兰丹潮州会馆	1958年①

说明：(a) 潮侨互助社于1968年易名为“北根潮州会馆”。
资料来源：笔者自制。

从上表可得知，马来西亚潮州公会联合会（马潮联会）可说是马来西亚继马来西亚海南联合会之后迄今最早创立的全国性潮州地缘社团。当初，马来西亚潮州人有感马来亚及新加坡的潮州人众多，而且全马（包括新加坡）潮州会馆也成立了数个，因此觉得有必要组织一个总机构，以联系和团结各地潮州同乡。1934年8月17日，“马来亚韩江公会联合会”在槟榔屿正式成立，首任主席为林连登。翌年，更改名称为“马来亚潮州公会联合会”。

虽然东海岸三州七所潮州会馆的成立时间总体上比较迟，但是作为潮州地缘性同乡社团的一分子，这七所潮州会馆也在成立后，分别申请加入马来西亚潮州公会联合会（马潮联会）的大家庭。马潮联会是马来

① 吉兰丹潮州会馆于1957年12月20日取得注册批准，但于1958年3月7日方举行正式成立大会。为此，会馆以1958年为其创馆之始。

西亚继马来西亚海南联合会（1933年成立）后最早创立的全国性潮州地缘社团联合会（1934年成立）。东海岸三州的潮州会馆加入马潮联会成为其属会的过程，体现了马来西亚当代宗乡社团在组织、功能和角色层面的发展实况：

（i）从地方性的结社演变成全国性的联合总会一分子；

（ii）从着重同乡联谊和福利，演变成为参与全国性的政经文教领域活动；

（iii）从加强国内各社团之间的联系，进一步放眼世界，成为促进国际同乡组织的交流与合作。①

无论如何，东海岸三州的潮州会馆虽然成功加入马潮联会，也曾轮值举办过几次马潮联会代表大会，但鉴于历史因素、地理环境、人口变化和经济发展等差异，东海岸三州的潮州会馆与西海岸（或者北马、中马、南马）或东马的潮州会馆之间，在互访交流、交换讯息、联办活动等方面，始终存在一定的限制和距离。这样的差距，可说是间接促使了“东海岸三州潮州会馆联谊会”的出现。

2000年9月29日，登嘉楼、吉兰丹及甘马挽潮州会馆代表为联络东海岸同乡的感情及促进彼此的团结，特地拜访了关丹潮州会馆。而关丹潮州会馆也趁此难得的机会，特邀请州内的淡马鲁属和北根潮州会馆代表前来关丹参与这次交流，促成了此后“东海岸三州潮州会馆联谊会”的成立。交流会上，这六所会馆的代表都同意以轮值方式主办此项交流会。

2001年10月11日至12日，登嘉楼潮州会馆举办了第一届东海岸三州

① 陈亚才：《马来西亚宗乡社团发展动向的考察与探讨》，《资料与研究》，1994年3月，第42页。

潮州会馆交流会，三州的五个潮州会馆代表出席参与。第一届东海岸三州潮州会馆交流会的主题为“如何推广潮州文化及加强经济方面的联系”，参与的代表均在交流会上达成文化和经济方面的多项共识。这些共识包括：在文化上，鼓励父母与孩子多使用潮语沟通、会馆开会时以潮语发言、推广潮剧或潮语歌曲、举办潮州菜肴或小食比赛、举办相关讲座等；在经济上，则有编纂潮籍人士商业指南手册、联系区域内的潮籍专业人士、加强与泰南潮籍商家的商业往来、成立特别经济小组等。[①]这些共识，可说是充分考量了东海岸潮州人的现实状况和背景后，具体讨论所得出的结论。

有了上述的经验后，东海岸三州潮州会馆联谊会的交流会继续由这三州的潮州会馆轮流主办。截至2014年，三州的潮州会馆已经轮流举办了八届交流会。此外，东海岸三州潮州会馆联谊会也成立了本身的附属组织——“东海岸三州潮州会馆青年团联谊会”（下称“东海岸潮青联谊会”）。东海岸潮青联谊会乃由关丹、淡马鲁属、甘马挽、吉兰丹、登嘉楼的五所潮州会馆青年团组成，举办的活动也以轮值的方式进行。除了配合东海岸三州潮州会馆联谊会的活动外，东海岸潮青联谊会也积极参与举办或协力推广东海岸地区健康的文娱活动。例如东海岸潮青联谊会就曾于2012年扮演主催角色，并由吉兰丹潮州会馆青年团主办2012年吉兰丹“春华杯”及“嘉灵杯”羽毛球锦标赛等。

东海岸的七所潮州会馆，从最初依靠当地同乡或三州及全马的乡贤

① 交流会的共识细节可参见新闻报道：《三州潮州会馆交流 · 成立东海岸联谊会》，2001年10月13日，出处与版位不详。

支持与资助逐一创立，经过几代辛勤营运，会馆硬件设备和组织机构已具基础规模，在谋求当地同乡福利之时，亦不忘与全国同乡社团交流合作，共谋全国乡群利益。为此，东海岸的潮州会馆均加入马潮联会，参与推动这个全国性的潮人组织。东海岸的特殊环境，也迫使东海岸的潮州会馆另辟蹊径，创立了“东海岸三州潮州会馆联谊会”这种区域性的联合体，以互相支援、加强联系的方式，力图一举摆脱区域内潮州子弟外流、会员减少、活动僵化、组织老化等困境。

三、东海岸潮州人与华文教育的关系

潮州人对文化教育的重视，使他们即便在马来亚生活困苦，也不忘同乡子弟的教育。王琛发认为，20世纪初，潮州人因工商社会之需要和人口增加，遂在本地扎根，因而出现了生于斯、长于斯的第二代。这促使了潮州人开始关注在本土办教育的问题。[①] 东海岸的潮州人实际上涉及教育领域的时间，早在20世纪初就已经开始。其时东海岸的潮州会馆尚未正式成立，东海岸的潮州会馆是在“二战”以后才逐个成立，并于成立后才开始制度化资助教育事业。

不管是在战前还是在战后，东海岸的潮州人（或潮州会馆）对于当地的华文教育事业，或创办或参与筹建学校等，皆有重要的付出和贡献。东海岸潮州人与华教的关系，具体可从以下两个方面去探讨：

① 王琛发：《马来亚潮州人史略》，吉隆坡：艺品多媒体传播中心，1999年，第36页。

（一）筹办华文学校或参与华教事务

1. 彭亨州

《马潮联会金禧纪念特刊》关于《潮人创办之学校》文记录了彭亨北根的潮州人吴君伟等人，于1926年创立了“中华公学”（后来改称为“中华小学”）[①]，乃北根唯一的华文学校。然而，根据资料整理显示，中华公学有三位主要创始人，分别是李耀林、郑宝藏和冯承波。[②]中华公学的首任董事长（1926—1938年）由李耀林出任。据已故潮州会馆资深文书蔡瑞轩的口述，李耀林是个非常热心的人，除了办校，他会亲自沿家逐户地鼓励小孩到中华公学读书。若碰上贫苦人家，他也会主动出钱买书给孩子，让他们有机会求学。[③]

继李耀林之后，郑宝藏接任第二任董事长（1938—1941年；1946—1956年）。在他的领导下，中华公学成功地获得当时的政府拨地二英亩作为建新校舍之用。由于建新校舍需要大笔资金，郑宝藏当时虽已卸下董事长一职，仍然扛起建校委员主席的责任，协助筹募建校基金，最终成功建起新校舍。中华公学在筹募建校基金之时，当时创立不久的北根潮侨互助社（即北根潮州会馆前身）也捐赠了一间教室予中华公学，并命名为“潮侨互助社教室”，至今仍保留在旧校舍内。1987年，北根潮州会馆也捐款马币5000元予中华小学，作为建造新礼堂的赞助费用。除了上述提及的李耀林和郑宝藏外，尚有郑令深、陈两富、陈清开等人也

---

① 陈建成：《潮人创办之学校》，《马潮联会金禧纪念特刊》，吉隆坡：马潮联会，1984年，第218页。

② 相关资料由北根潮州会馆提供。

③ 引自东海岸三州潮州会馆联谊会与华社研究中心合作进行之《“东海岸潮州人历史资料编纂计划（第一阶段）”的研究报告（北根卷）》，吉隆坡：华社研究中心，2012年，第55页。

不遗余力地参与中华小学的建设和发展。对外，北根潮州会馆也支持并资助马来西亚的华文教育，例如捐助拉曼学院发展基金、南方学院之教育基金等，足见北根潮州人对当地乃至国内华文教育的赞助与支持。

中华公学是目前所知唯一由潮州人在东海岸自办的学校。在彭亨州的其他地区，潮州人虽没自办学校，但也积极与其他籍贯的同胞共同创校。1920 年成立的淡马鲁启智小学，应属彭亨潮州人最早参与创办的学校之一。当时参与淡马鲁启智小学创校的其中一位潮州人乃当地闻人陈拱馥先生。此外，陈拱馥之子陈绵滬也对淡马鲁属的华文教育发展做出许多重要的贡献，例如，他曾两次把寿宴暨结婚纪念的贺仪共约马币六万余元捐给文德甲和淡马鲁的学校和社团，也曾把变卖店铺所筹得的马币十余万元捐作启智华小礼堂的建造基金。礼堂建竣后命名为“陈拱馥礼堂”，借此纪念其父子对学校之贡献。曾担任会馆会长的林运亨，除了曾参与启智华小的校务发展外，也曾以个人名义筹办义演，为直凉的四间华小，即直凉小学、吉拉荣华小、文德里华小、明加叻华小筹获马币逾四万元的款项。当然，支持与关心淡马鲁属华文教育发展的潮州人不计其数，显见当地潮州人热心教育的一面。

2. 登嘉楼

在登嘉楼，前身为“华侨学校”的甘马挽国民型华文小学（后改为“甘马挽朱盖国民型华文小学”，简称“挽华小学”）建立于1923年，由甘马挽潮籍闻人陈德寿先生与当地华社共同筹设而成。陈德寿为当时挽华的重要领导人物，积极为学校出钱出力，包括购置新校地以满足日渐增加的学生等。挽华于“二战”时期停办，战后不久，陈德寿即与众人商议复办挽华。[①] 陈德寿曾担任挽华的董事与董事长之职多年，对挽华后来的发展奠下重要的基础，功不可没。除了陈德寿外，尚有许多潮籍人士，如会馆首任会长陈绍勇、第五任会长许正光、第六任会长陈光民，前总务洪志诚等也曾担任挽华的董事会要职。例如：许正光担任挽华复办后的董事总务职位长达25年之久。洪志诚则是继陈德寿后，担任挽华董事长的潮州人。陈德寿之子陈光民继承了父亲为华社团体服务的热心，除了会馆活动外，他也曾担任挽华的董事职位。陈光民也于1973年倡组成立了挽华家教协会，1983年离任后被推选为家协永久名誉主席。[②] 陈光民也曾参与挽华新校舍的筹建工作，为建委会成员之一。他也参与筹组挽华校友会并担任校友会的主席。[③] 和其父陈德寿一样，陈光民对于当地的教育事业发展立下了不少功劳。

3. 吉兰丹

在吉兰丹，积极参与华教事务的潮州人也不在少数。1918年，福建籍的黄玉斋、陈明进、叶元逊、黄三春和海南籍的符宏昌等十余人发起创办育德学校[④]。创办初期，当地华社公推福建籍陈明进、广东籍杨恩甫、海南籍符岱云和潮州籍辛照云四人为学校总理。可见，早期吉兰丹华人办教育，就采取门户开放，不分籍贯的做法，共同为当地华人子弟提供学习的场所。

---

① 《陈德寿局绅史略 · 追思录》，出处不详。复印件由其孙陈权先生提供。

② 邹景安：《挽华小学家教协会简介》，载纪念特刊委员会编：《挽华小学新校舍落成开幕 · 六十二周年纪念特刊》，甘马挽：1985年。

③ 《甘马挽挽华校友会简介及今后的展望》，载纪念特刊委员会编：《挽华小学新校舍落成开幕 · 六十二周年纪念特刊》。

④ 即吉兰丹中华中小学校。中华中小学校于1959年，中学与小学的行政分开管理，始分为中华中学和中华小学。此外，中华中学也于1962年因接受改制，再分成中华国民型中学和中华独立中学。

此外，吉兰丹潮州会馆的名誉会长刘钦池、陈德光，次任主席辛祖民等，早期也曾积极参与吉兰丹中华中小学校的校务。刘钦池曾出任丹中二战后复办的第二任董事主席（1946—1948年），并于1952—1953年再度出任董事主席一职。此后，刘氏于1953年也以委员身份参与了中华中小学的增建校舍委员会。[①] 陈德光也曾任丹中及中华学校董事，唯年份不详。[②] 辛祖民则于1957年担任中华中小学董事一职，也于1958年参与兴建科学馆和图书馆的计划。陈德光之子陈子儒先生也继承父亲的华教衣钵，参与并带领了吉兰丹中华独立中学于20世纪80年代的复兴运动，使丹中度过危机，也延续了独中华文教育在东海岸的使命。

从上述零星的例子，多少可以了解东海岸潮州先贤对于教育事业的热诚与执着。他们从学校的创办到学校的发展，与地方华社群策群力，除了为潮州子弟和当地华人子弟创造机会接受教育，间接地也促进了马来西亚华文教育的持续发展。

（二）设立奖助学金

和多数宗亲社团一样，东海岸各个潮州会馆都设有奖助学金的奖励体系，此体系涵盖对小学、中学和大学阶段的学业奖励或升学资助。奖助学金的设立，主要是鼓励当地的潮州子弟努力向学，日后可以成为国家的栋梁。会馆的各类奖助学金，除了奖励作用外，实际上对清寒家庭

① 谢志明主编：《吉兰丹中华独中75钻禧校庆（1918-1993）》，吉兰丹：吉兰丹中华独立中学，1993年，第96—103页。

② 叶雪梨、吴国清编：《陈子儒：眼光宽远办华教》，《马来西亚潮社人文汇集（第四册）——潮商与潮士之二》，吉隆坡：马来西亚潮州公会联合会、智慧城有限公司，2013年，第217页。

的学生而言，虽然奖励金的款额不多，但还是可以成为教育补助费，借此减轻家庭经济有困难的学生之负担。

表5　东海岸三州各潮州会馆奖助学金的设立年份及名称

会馆	年份	奖助学金名称
吉兰丹潮州会馆	1958年[a]	吉兰丹潮州会馆中学小学奖学金
登嘉楼潮州会馆	1966年[b]	登嘉楼潮州会馆中小学奖学金
关丹潮州会馆	1968年	关丹潮州会馆会员子女奖励金
甘马挽潮州会馆	1968年	甘马挽潮州会馆会员子女奖学金
北根潮州会馆	1969年	北根潮州会馆会员子女成绩优良奖励金
淡马鲁属潮州会馆	1975年	会员子女奖励金
金马仑韩江公会	2008年	会员子女优秀奖励金

说明：

（a）吉兰丹潮州会馆于1958年就设立奖励金。自1966年起，才正式组成“吉兰丹潮州会馆中小学奖学金委员会”。

（b）1966年设立奖励金小组，1970年始颁发第一届奖学金予会员子女。

东海岸的潮州会馆始于1945年，是战后才出现的东海岸地缘性社团。由于早期会馆经济拮据，因此，各会馆于20世纪50年代末才陆续设立或颁发奖助学金予会员子女或弟妹①。纵观各会馆颁发奖助学金的目的，不外乎鼓励会员子女在学业上继续努力，奋勇向前。

在筹募奖助学金的过程中，东海岸各个潮州会馆所面对的困难并不一样，但总体而言，多数会馆都面对了奖助学金来源的难题。无论如何，多数会馆在近几年因财务逐渐稳定，因此也慢慢摆脱奖助学金来源

① 并非所有会馆都设有会员弟妹奖助学金。无论如何，会员弟妹申请奖助学金的资格后来被取消了，唯取消原因不明。

的困扰。东海岸几间会馆早期面对奖助学金问题的情况大致如下：

（i）登嘉楼潮州会馆于1966年成立奖励金小组。开始时，会馆的奖励金都是向当地或外埠同乡征求而得。随着会所完成装修后（约20世纪70年代初），通过收取底层及第二层单位作为商业用途的租金，而无须再征求捐献。

（ii）关丹潮州会馆于1968年成立奖学金委员会，并通过举办义映电影筹募奖学金。结果所募得款项只足够颁发一年的奖励金。

（iii）北根潮州会馆虽于1969年开始颁发奖励金，但因资金不足，会馆到了20世纪70年代仍须通过向会员筹募经费以颁发奖励金予成绩优良的会员子女或弟妹。

（iv）淡马鲁属潮州会馆的奖励金小组成立于1975年，然而为一劳永逸解决奖励金的来源问题，会馆于2007年成立了“会员子女奖励基金委员会”进行筹款。

（v）金马伦韩江公会创建于1985年，但因公会早期的经济拮据，而无法提供任何奖助学金。直到2005年成功购置会所，经济有了起色后，始于2008年设立会员子女优秀奖励金。

虽然面对资金来源的难题，东海岸的潮州会馆仍然坚持通过颁发奖助学金方式鼓励潮籍子弟勤勉向学。会馆的奖励金一般都是开放给会员的中、小学子女申请，至于在大专求学的会员子女，东海岸的潮州会馆也没有忽略他们。截至目前，设有大专奖助学金或贷学金的东海岸潮州会馆只有登嘉楼潮州会馆。

登嘉楼潮州会馆自2000年起就提供大学辅助金，让就读大学的会员子女申请。大学辅助金开放给第一年被录取进入本地政府大学、拉曼大学或荣获国家公共服务局、登嘉楼基金、国家石油机构、国家银行等奖学金并攻读学士学位的会员子女申请。会馆将发放马币300元的辅助金作为生活补贴。待会员子女大学毕业后，会馆将设宴和赠送纪念品以表扬他们。登嘉楼潮州会馆也于2009年设立了“登嘉楼潮州会馆大学贷学金”予会员子女申请，希望能够协助会员减轻因子女升学而面对的财务重担。贷学金每年计划资助最多五名被大学录取或已在大学就读的会员子女，每名将获一次性发放的马币5000元。这些学生须在大学毕业的六个月后，以50个月为期，每月摊还马币 100元的免息金额。无论如何，此贷学金连续开放两年后（至2011年），还未有会员子女提出申请。因此，在2011年度的会员大会上，一致同意将此贷学金转为会馆的教育基金，将它的用途扩大为会员子女学业成绩优良奖励金、大学辅助金、学成荣归奖，以及作为会员子女教育活动经费之用途。[①]

除了登嘉楼潮州会馆，甘马挽的潮州会馆也曾经筹设过大学奖学金的项目。1999年，时任甘马挽潮州会馆主席的陈光民宣布成立“甘马挽潮州会馆黄耀潮、陈惠民大学奖学金”，希望借此奖学金可以协助家境清寒的会员之子女完成他们的大学教育。这笔大学奖学金的期限为四年，每年颁发马币2000元。奖学金计划由黄耀潮和陈惠民二人捐助。可是，这项大学奖学金计划在最后关头未能如愿执行，殊为可惜。

虽然不是所有东海岸的潮州会馆都设有大学奖助学金或贷学金，但是，各会馆对于会员子女深造一事仍然关心。由于马潮联会本身就设有

① 登嘉楼潮州会馆：《2012年度第29届常年会员大会报告书》，2012年4月27日。

大学奖助学金供各个属会的会员子女提出申请，因此，东海岸各潮州会馆都会协助有需要的会员子女申请马潮联会的大学奖助学金，借此协助减轻会员的经济负担，使其子女能够安心完成大学课程。

另外，值得一提的是会馆对华文教育的支持，也表现在会馆奖助学金的颁发方式。在马来西亚，许多华裔子弟自华文小学毕业后，大多升上国民中学或国民型中学。然而，因教育体制的缘故，华裔学生较少选修华文科，或在初中评鉴试（Penilaian Menengah Rendah, PMR）及马来西亚教育文凭（Sijil Pelajaran Malaysia, SPM）中放弃报考华文科。为此，马来西亚许多宗乡社团都会以奖励方式鼓励学生修读和报考华文科，东海岸的潮州会馆也是如此。例如，甘马挽潮州会馆在会员子女奖学金的条例上，就增设了华文科目的奖励金。凡是中学报考华文科目的会员子女，会馆将会向他们颁发奖励金。若他们在华文科的表现突出，还可多领取二至三份的奖励金，借此鼓励当地的会员子女继续修读华文科。此外，关丹潮州会馆则以特别学业表现奖的方式，向在SPM或PMR考试中考取华文科A等及B等成绩的会员子女颁发奖励金。

四、东海岸潮州人的文化活动

一般认为在东南亚各国中，马来西亚可说是保留华人文化最为完善的国家。在马来西亚，华人文化得以保存和延续，皆有赖于华团所扮演的角色，以及华社在媒体、教育等方面的积极配合与推动。

东海岸三州的华人相对于其他地区而言，是属于少数。因此，东海岸的华社在融入当地社会的同时，仍然努力保存本身的文化，甚至将文化发扬和传承下去，但在种种现实因素的限制下，可说是颇具难度的工作。陈耀泉和 Kamarudin Ngah 在登嘉楼进行华团的角色与华人文化的保存及传承关系研究时，认为当前登嘉楼华社在文化保存与传承方面，面临华人人口稀少、华社财力薄弱和华裔青年外流而导致的华团接班人青黄不接、文化活动断层、缺乏新意等限制和难题，使得当地的文化工作难以提升到一个理想的层次。与此同时，当地的回教化过程与马来政党政治的博弈过程，也成了当地华人在举办文化活动时的重要考量。①

虽然面对各种挑战，东海岸华社仍然凭着坚定的决心和毅力，通过文化活动保存和传承文化，借以维护华人的集体身份认同。作为东海岸华团的一分子，潮州会馆在保存和传承潮州文化方面也不落人后。作为当地华人族群内的少数方言群体，潮州会馆也积极举办各式各样的文化活动，或是参与当地华团的文化活动，在维护潮州人身份认同的同时，也为维护华人的身份认同而努力。下文将引用部分岸潮州会馆举办或参与华人文化活动的例子，从两个视角窥探潮州会馆在文化上的功能：

1. 保存与承传潮州文化

作为宗乡社团，会馆往往都会负起承办自己宗乡风俗、信仰、文化等相关事务的责任。这些事务就包括举办节庆庆典、举行祭祀活动，甚至赴祖籍地探亲寻根。东海岸潮州会馆保存与传承潮州文化的方式，主要是通过每年例行举行的公祭和节庆活动，潜移默化，继而将这些传统和习俗传承下去。

---

① Tan Yao Sua & Kamrudin Ngah, Pengekalan danPenyebaran Budaya Cina di Sebuah Negeri Melayu: Peranan Pertubuhan Cina di Kuala Terengganu, Petaling Jaya: Strategic Information Research & Development Centre, 2012, pp.80-81.

（i）公祭活动：

东海岸的潮州会馆每年都会举行祭祀活动。在彭亨州，举办祭祀活动的潮州会馆淡马鲁属潮州会馆和北根潮州会馆。淡马鲁的祭祀活动为春、秋二祭，即于清明节和重阳节的时候拜祭祖先。淡马鲁潮州会馆成立以前，当地原有“韩江公司”负责春、秋二祭事宜，由当地潮人轮流负责。淡马鲁属潮州会馆会所落成以后，才由会馆全权承办。会馆同人会于春祭或秋祭时，聚集位于淡马鲁华人义山的“广东韩江社义冢”——当地潮州社群的总坟，进行祭拜仪式。

有别于淡马鲁的潮州会馆，北根潮州会馆每年只进行一次祭祀活动，即春祭仪式而已。北根潮州会馆会在清明节前后，到位于北根潮侨公山的潮籍总坟前进行祭拜仪式。结束春祭活动后，众人会回到会馆举行为成绩优良的会员子女颁发奖励金的仪式。至于关丹潮州会馆，其祭祀活动，主要是联合其他宗乡社团共同举行的。关丹潮州会馆每年清明节都会和客属公会代表前往位于关丹惠潮嘉义山的义山总坟进行祭拜。此外，关丹潮州会馆为了感谢潮州伯公酬神组多次捐献款项作为会馆的福利基金，因而延续了酬神组往年于农历三月二十九日庆祝潮州大伯公宝诞的传统，每年逢伯公神诞时，会馆众理事都会前往广福庙拜祭潮州伯公。

吉兰丹潮州会馆也于每年循例举办祭祀活动。该会馆举办的祭祀活动有思韩堂的拜祭祖先和春祭活动。具有祠堂功能的思韩堂，堂内负责人除了每日及每逢农历初一、十五会为神主牌上香外，也于农历新年、清明、中秋及冬至举办祭祀仪式供奉和祭拜先人。尤其是在思韩堂举行的冬至祭祖传统，可说是东海岸唯一在冬至举行祭祖的社团。吉兰丹潮州会馆自1977年开始在思韩堂举行冬至祭祖，每年都会大事盛拜，同时也会准备各种祭品。为此，会馆的福利组和妇女组都会协助准备，包括特制市面上无法购得的红桃糕等。冬至作为华人重要节庆，也象征合家团圆、共度寒冬的意义。因此，会馆董事部都会召集青年团、妇女组、会馆会员、安奉神主牌位的家眷成员、同乡及朋友前来思韩堂拜祭和追思先人。[①]

至于春祭活动，吉兰丹潮州会馆同仁皆于每年前往“广东义山”及“福龙山”两地举行祭拜先人的仪式和扫墓活动。吉兰丹潮州会馆在进行春祭活动时都会宣读祝文，例如会馆于2009年在广东义山进行春祭仪式时所用的祭文如下[②]：

维

公元二〇〇九年三月廿七日　农历己丑年三月初一

吉兰丹潮州会馆会长

陈春华局绅暨乡人等　谨以清酒庶馐致祭于

吉兰丹广义山　告于

列先贤至尊日　物维以天　人唯以本 呼云

松在冈而擢秀兮　兰在幽而葆真　然松乾兰坤

是盛世之凤麟　树声兰香　均望于遐迩兮

① 《饮水思源传承中华文化 · 丹潮州会馆冬至祭祖》，《南洋商报》，2011年12月26日，取自“南洋网”http://www.nanyang.com/node/409002。

② 相关资料由吉兰丹潮州会馆提供。

为福会之硕德　仰思吾族邦兮　旅此有年

俯念诸孤灵兮　踏踵无依　祈佑潮邦基业康泰

追悼斯义冢　春祭节期　祷宇宙成福地

颂酆都化为瑶池　具牲醴之奉献　聊絮以祭祀

用伸虔告降鉴　降鉴来兮　尚飨

上述祝文内容表达了吉兰丹潮州人对祖先南来拓荒，为后代族群奠下安居兴业基础的怀恩之情，也体现了潮州人饮水思源、慎终追远的传统观念。

骆静山认为，广大的华人大体都保持着中国自古以来敬天事鬼的传统，敬天即祭拜神明，事鬼即拜祖宗。华人通过祭拜，与去世的祖宗产生联系，从而加强族人的凝聚力（cohesion）。[①] 上文所叙述的几个例子，主要是想说明作为一个宗乡组织，东海岸的多个潮州会馆都会通过各种祭祀活动，除了延续会馆作为整合与凝聚同乡的功能外，也向该地区的潮州人展示潮州人缅怀与感恩先辈的传统，包括通过基本的祭祀方法和祭祀礼仪，让年轻一辈了解潮州先祖的历史，加强他们对祖籍地文化的认知。

（ii）举办传统文化性质的活动：

东海岸潮州会馆也定期或不定期举办许多与华人或潮州传统文化相关的活动，希望通过文化活动吸引更多同乡加入会馆的大家庭。东海岸

① 骆静山：《大马华人宗教之检讨》，《知识分子与社会文化》，吉隆坡：华社研究中心，1994年，第44—45页。

潮州会馆一般所举办的具文化性质活动主要有三大会——新年联欢会、中秋晚会和潮州美食会。

东海岸潮州会馆举办的新年联欢会和中秋晚会同一般社团举办的相关活动并无多大差别。新年联欢会主要以新春团拜、会员聚餐等方式进行，目的在于维系会馆与地方各组织之情谊，联系会馆与会员之间的乡谊等。有些会馆也会趁着佳节举办或参与新春相关的文娱活动，例如登嘉楼潮州会馆就曾举办“新春制作红包灯笼比赛”，借此增添春节气氛。他们也曾参与2012年在瓜拉登嘉楼唐人坡举行的“壬辰年唐人坡新春门户布置竞赛”，并赢得安慰奖。

至于中秋晚会，多数的东海岸潮州会馆都会举办提灯笼游行节目。登嘉楼的甘马挽潮州会馆每年都会联合当地的宗乡社团举办中秋节文娱晚会——“齐心欢庆中秋夜”，这也是当地每年一度规模最大的传统节日庆典活动。这项活动除了有千人提灯笼游行外，也有花车游街、传统及现代舞蹈表演、技艺表演、歌唱、灯笼制作比赛、中华儿童服装比赛等，每年越办越精彩，节目也日趋丰富多元。中秋晚会除了文娱乐活动外，一些潮州会馆也选择在中秋节时进行关怀长者的活动。

另外，吉兰丹潮州会馆青年团和妇女组曾在2012年的中秋时期，举办“情系潮州 · 秋之关怀”的义卖活动。他们义卖潮州美食——“朥饼”，借此筹募公益基金以将所有的盈余捐助安老院，为孤苦无依的老人们献上中秋祝福。与此同时，他们也宴请了70岁或以上的乡亲和福利部老人院的孤老们，让他们度过一个温馨的中秋节。

登嘉楼潮州会馆曾与其他的宗乡社团联办“2010年唐人坡中秋嘉年

华”。除了欢庆华人传统节日外，该次的节目也邀请了来自吉兰丹的华裔皮影戏师父杨福成，利用马来人的皮影戏艺术和语言，呈现了华人中秋庆典的起源故事。这场具有创意的演出，不但彰显了马来西亚华人与马来人的文化内涵，也展现了多元文化社会的融合与和谐。①

东海岸潮州会馆的潮州美食会通常都是由妇女组主办，主要是推广和发扬潮州的传统糕点、特色菜肴和小食。潮州美食会除了可弥补无法在市面购得传统美食的遗憾外，也可让同乡或年轻一辈品尝潮州家乡美食，包括一些未曾听闻的传统美食。除此之外，有些潮州美食会还会进行义卖活动，或在会上举办潮州传统美食竞赛、传统美食指导会、美食讲座等活动。

此外，个别会馆也举办与潮州人文化相关的讲座或研习活动，借以促进和加深当地潮州人对潮州文化乃至华人文化的了解。吉兰丹潮州会馆于2010年就举办过“出花园成人礼”的模拟研习活动。“出花园”是潮汕人为孩子告别童年而举行的一种成人礼。潮汕人认为未成年的孩子就像生活在花园里一样，是在受保护的环境下长大的，因此不论男女长大至15岁（虚岁）时，就要被父母“牵出花园”，表示孩子已成年，可以往外发展和独立生活。“出花园”一般在农历三、五或七月举行，不过大多潮汕人都会选择在七月初七的“乞巧节”当天举行。选择乞巧节“出花园”的目的，乃取“巧”之寓意，指望孩子长大后能出类拔萃，成为有名气的栋梁人才。② 吉兰丹潮州会馆的“出花园”模拟研习，除

---

① 《华裔操刀 · 全球首创 · 皮影戏说中秋典故》，《南洋商报》，2010年9月18日，取自“南洋网”，http://www.nanyang.com.my/node/312032。

② 陈雍：《潮汕成年礼“出花园”》，《寻根》，第六期，2007年12月，第70页。

了邀请了同乡吴培民讲解这套习俗的由来外，也现场教导与会者如何进行“出花园”仪式以及仪式的每项含义。①

2. 维护华人身份认同

除了上述提及的新年联欢会、中秋节晚会、传统美食会及习俗研习等活动外，东海岸潮州会馆也举办过许多与籍贯或华人身份认同相关的活动。例如，为了鼓励潮籍子弟学习潮州语，登嘉楼潮州会馆就开办过“普通潮语班”和“童谣班”，让潮籍子弟从小就接触潮语，使用潮语。

在推广华人传统美德方面，东海岸的潮州会馆也不遗余力地参与。例如，为提倡华人重视“孝道”的美德，许多潮州会馆都会举办敬老的活动，除了送礼给老人家外，也会设宴与长辈同欢，表达对长辈的敬重。除了前述的中秋节关怀长者孤老外，也有会馆如关丹潮州会馆选择在冬至举办乡亲会员团聚活动，也呼吁年轻人应多回家以尽孝道。

此外，登嘉楼潮州会馆也参与当地宗乡社团每年轮值举办的传统文化活动——“重阳节登山行”。2010年的轮值单位为登嘉楼潮州会馆。当地宗乡社团之所以重视重阳节，除了它是中国传统的四大祭祖节日外，也因为它是一项提倡孝亲敬老的活动。

五、小结

潮汕地区一直都有“海滨邹鲁”的雅称，“邹鲁”一词乃指文化昌盛、礼仪发达之地，由此可探见潮州人对文化与教育的重视。潮州人南

① 《“出花园成人礼”·丹州潮州会馆办模拟仪式》，《星洲日报》，2010年10月24日，取自“星洲网”，http://mykampung.sinchew.com.my/node/118736。

渡以后，开山辟林，投入了马来亚的建设与发展。随着潮州人定居马来（西）亚以后，也不忘潮州子弟的教育事业和文化传承。他们自主建校或参与办校，确保华人子弟可以接受教育；同时也设立宗乡社团，通过颁发奖助学金鼓励同乡子弟努力向上，并经常举办活动以推广和传承潮州民俗与文化。

东海岸三州潮州人对于当地文化、教育和宗教事业也做出许多贡献。东海岸的潮州人通过创办或参与创建华文学校，为当地的华人子弟提供了一个良好的求学环境。而东海岸的潮州会馆也通过颁发奖学金或贷学金的方式，激励潮州子弟努力向学，或不会因为家境贫苦而放弃了升学的机会。潮州会馆还通过奖励金的方式鼓励会员子女修读华文，让潮州子弟通过学习华文，从中接受中华文化的熏陶。

东海岸潮州社团所举办的活动，主要为了延续和传承潮州人的文化和习俗。虽然这些源自中国祖籍地的文化和习俗，在潮州人移居马来西亚后，一部分的内容已经历过本地化的过程，但总体的文化内涵和习惯，依然沿袭至今。为此，东海岸潮州会馆通过本身微薄的力量或联合当地社团组织，仍然不遗余力地维系和传承这些传统。他们希望通过这一类型的文化活动，潜移默化，让当地华社及非华裔同胞接受中华文化的熏陶之余，也能把中华文化传承给年轻一辈。潮州会馆的努力不但使得东海岸地区的潮州民众可以认同自身籍贯，同时也能感受到中华文化的优良传统，继而维护并巩固了马来西亚华人的身份认同。

20世纪以来泰国华人文化认同状况①

广西民族大学东盟学院助理研究员　潘艳贤

摘要：泰国华人人口众多，并且在血统和文化上融入泰国社会的程度都很深，被认为是世界上与当地居民同化进程最快、同化程度最深的华人群体。本文拟从语言、社团、宗教三个方面考察泰国华人族群的语言符号、行为规范、价值观念三个文化层次，分析泰国华人族群的文化认同状况，进而深入了解泰华社会。

关键词：泰国华人；文化认同

泰国华人历史悠久，人口众多，在血统和文化上融入泰国社会的程度都很深，被认为是世界上与当地居民同化进程最快、同化程度最深的华人群体，甚至有人认为目前泰国华人已经彻底被当地社会同化，泰国已不存在所谓的“华人社会”。事实是否如此呢？民族之所以能产生认同，就

① 本文为广西哲社规划研究课题“泰国华裔新生代中华文化认同研究”（15FMZ005）和广西民族大学科研基金资助课题“泰国华人文化认同研究”的成果。

在于民族成员对特定民族文化所产生的认同，文化认同是民族认同的基础，文化认同促进民族认同，进而产生民族凝聚力。因此文化认同对民族、国家、社会的生存和发展都有重大的意义。海外华人同时面临祖籍国与居住国两种文化的冲击，这种冲击其实也就是两种文化对于特定群体的抢夺，即华人认同情感资源的争夺，在文化价值观的双向吸引下，华人的文化认同倾向与该国政治、经济，特别是文化手段的应用有着密切关系。要了解泰国华人社会必须考察并分析泰国华人的文化认同状况。

文化是全体成员之间共同拥有的一整套社会行为方式和价值理念系统，它反映在文化群体成员日常生活、习俗、宗教、艺术、教育、社会、经济、政治的制度安排中。其中至少包括行为规范、语言符号、价值理念三个层次文化是全体成员之间共同拥有的一整套社会行为方式和价值理念系统。文化认同是指个体与外部世界、个体与个体以及个体与群体之间的一致性确认。文化认同不仅是个体精神动力和自我意识的源泉，而且是社会群体团结其成员的核心力量，还是一个社会组织结构证明自身合法性的依据。[①] 文化认同是构建族群的重要内容，它“具有一种本能的倾向，决定某一族群的生存方式、行为方式和思想方式”[②]。本文试图从语言、社团、宗教三个方面考察泰国华人族群的语言符号、行为规范、价值观念三个文化层次，分析20世纪以来泰国华人族群的文化认同状况，进而深入了解泰华社会。

---

① 樊志彪：《文化认同与国家安全初探》，《太平洋学报》，2005年第9期，第29页。

② 胡春燕、张锐：《浅析影响海外华人与侨居民族互动的因素》，《兰州学刊》，2005年第2期，第204页。

一、语言使用状况

语言是构建文化认同的核心要素，它具有建构、维持甚至重建认同的功能。语言观念是人们对语言的使用价值的看法，其中包括对语言的地位、功能以及发展前途等的看法。透过语言观念，我们可以看出一个民族深层的、稳固的民族心理内质。中国语言文化是海外华侨华人文化精神的基础。20世纪以来泰国华侨华人的语言观念及语言使用变迁史恰恰反映了华侨华人融入当地社会的历史进程。

泰国华人移民绝大多数来自广东的潮汕地区，使用潮州方言。由于他们多从事工商业活动，并且在泰国经济生活中占有重要的地位，因此潮州话一度成为泰国非常重要的商业语言。普通话在泰国的兴起则是近20年来的事情。20世纪90年代以前，普通话在泰国基本上没有什么地位。因为泰国华文学校被关闭得比较早，只有极少数的华人，主要是60岁以上的老一辈华人在小时候曾经接受过华文教育，掌握一些普通话和汉字。目前，泰国多家中文报纸的编辑人员基本上都是这些老人，中文人才青黄不接的现象比东南亚地区其他任何一个国家都严重。

关于泰国华人母语使用情况，美国学者科赫林·理查德·詹姆斯在20世纪60年代对60对移居泰国的第一代华人夫妇进行了问卷调查，其中30对夫妇是潮州人，另外30对夫妇是中国其他方言群的人。他们中有57个人认为泰语是重要的，56个人认为潮州话也很重要，7个人认为中国其他方言也是必要的，没有人认为英语对他们的职业是必要的。詹姆斯发现，当各个方言群的华人在一起，他们在不懂对方的语言时便使用泰语进行交谈。如果是潮州人小店主和小商人，他们的顾客也主要是潮州人，那么平时一般都使用潮州话。简而言之，第一代华人移民来到泰国之后，他们一般都不得不根据泰国特殊的语言环境进行自我调整与适应。而泰国语言环境的特殊性表现为：潮州话是不可缺少的商业语言，泰语是当地主体民族的强势语言，两种语言都是不可缺少的。据詹姆斯观察，华人家庭妇女一般都未像她们的丈夫那样迫切地学习泰语和其他语言。[①]可见，语言适应性与个人的经济活动有非常密切的关系。

潮汕移民家庭一般都要求子女学潮州话，并且坚持在家里讲潮州话。这个传统和习惯在第一代、第二代华人中一般能够得到坚持，到了第三代之后就难以为继了。第二、三代华人的语言适应情况与第一代华人有较大的差别，具有自己的特点。第二代尤其是第三代的华人子女一般都是在泰文学校受教育，第一语文是泰语，第二语文是英语，他们的朋友多是泰人，加上家中第一代、第二代老人逐渐减少，他们很少有机会在家中讲潮州话了。如果是在二战前出生的华人，他们中的一部分人可能还上过华文学校，接受过几年时间的华文教育。至于二战后出生的泰国第三代华人，他们生长在与前两代完全不同的语言环境中，华文学校全部被关闭，华文传播媒介受到严格的限制，与中国的联系也被完全隔断[②]，泰语成为他们的母语，汉语普通话是绝对不会说的，最多只是从老一辈那里学到一点潮州话。如果是接受过高等教育尤其是曾在西方

① Coughlin Richard.James, “The Chinese in Bangkok—A Study of Cultural Persistence”,Published by University Microfilms,Inc.,AnnArbor,Michign,USA,1969,pp.9–11.

② 銮披汶·颂堪（Luang Phibunsongkhram）执政期间（1938—1944年，1948—1957年）实行排华政策，所有的华人学校被迫关闭；除了《中原报》之外，十多家中文报纸全部被停刊。

国家留学的华裔，一般都是只懂泰语和欧美语言。此外，华人移民聚居的形式也逐渐发生了变化，出现了和泰人交错杂居的情况。加之华泰通婚的普及，“生意上的来往，在共同的学校接受教育，共同的宗教信仰，使泰华与泰人在日常生活上有很多接触的机会。因此，大多数的泰华都能口说泰语，笔书泰文。尤其是第二代、第三代的泰华后裔，其泰语、泰文的程度并不比泰人逊色”。① 泰国国立亚洲研究所委员林宏受访时甚至表示，今日年介20岁以下泰籍华人都不会讲潮语了。② 可见，生存环境和语言环境的变迁导致潮州话在年轻一代华裔中逐渐式微。其他中国方言群的华裔也面临着同样的情况，潮州话的境遇可以说是20世纪以来华语在泰国由盛至衰的缩影。

笔者曾对第四代泰国华裔做过祖籍地语言使用情况抽样问卷调查，以笔者在泰国大学任教四年期间的60名华裔大学生为调查对象，他们都是第四代华裔，30人为潮州后裔，30人为中国其他方言群后裔。调查结果显示，其中98%的人已不会讲祖籍地语言③，2%的人会讲一些简单的日常用语。家庭中使用祖籍地方言的比例也非常之低，如果家中第一、二代华人尚在的话，相互之间会使用祖籍地语言，但是和孙辈之间则使用泰语了。这些华裔学生平时相互交流使用泰语，即便他们在学校里学习了汉语普通话，除了老师要求的汉语对话练习外，他们相互之间仍以泰语为交流语言。如果在华人聚居区情况则会有所不同，以笔者对曼谷唐人街华人商铺

① ［新加坡］崔贵强：《泰国华人的同化问题》，［新加坡］崔贵强、古鸿廷主编：《东南亚华人同化问题之研究》，新加坡教育出版社，1978年，第92页。

② 摘自《泰国华人的文化忧患》，泰国《星洲日报》，2001年6月1日。

③ 其中部分人会说祖籍地方言里的称谓语如“爷爷”“奶奶”“爸爸”“妈妈”，及祖籍地名称如“潮州”“海南”等。但仅此而已，并不能作为掌握祖籍地语言的证明。

的调查为例。大多数华人商铺业主为潮州后裔，他们相互之间的交流仍主要以潮州话为主，对泰人、不懂潮州话的华裔则以泰语为交流语言。在访谈中，笔者遇到一家杂货店的潮州店主的情况就能说明问题。他一家四口人是2002年通过泰国华人亲戚的帮助从潮州来到曼谷唐人街做生意的，截至2010年接受笔者的采访时他们仍未取得泰国国籍，定期要返回中国办理签证事宜。[①] 笔者问他们初到泰国时并不会泰语，如何在这里扎根做生意。他们表示，在唐人街做生意讲潮州话畅通无阻，泰语可以慢慢学。由此可见，在华人聚居区尤其是商业区，受经济活动的影响，出于生意上的需要仍有许多人会讲潮州话。至于其他中国方言群的华人移民，也还存在使用祖籍地语言的情况，比如在客家人聚居的合艾市仍有不少人能说一口标准、流利的梅县口音客家话，尽管他们已经是第三代或第四代华裔了。再如在泰北清迈、清莱等边境地区的很多华裔[②] 都会说云南方言和汉语普通话。在这些华人聚居区，祖籍地语言仍是华裔之间沟通的主要语言之一。当然，这仅局限于华人聚居区范围之内。从整个泰国来看，现阶段泰语作为国家主体语言已经成为华人的主要使用语言，甚至成为第三、四代华裔的“母语”。

通过对华语在泰国的使用状况和华人文化背景的分析，可以发现泰国华人对华语有着不同方向的两种趋势的矛盾心理。首先，华人认为华语

① 笔者访谈时间为2010年。

② 大多为20世纪五六十年代从云南逃到缅甸，又从缅甸撤退到泰北的原国民党93师残部后裔。目前泰北山区共有76个华人村落，主要分布在清迈和清莱，他们的祖先基本上来自云南。由于重视汉语教育，各村都自建华语学校，教授汉语普通话。学生白天到泰语学校学习，晚上和周末到华语学校补习汉语和中华传统文化，在家中与长辈交流使用云南方言，因此这些地区的华人大多掌握泰语、汉语普通话、云南方言，有的还会讲云南少数民族语言。华人村中的交际语言为云南方言。

是保持和传承民族文化、维系族人情感的重要纽带，对华语有着浓厚的天然情感。由于华人在泰国是少数族群，在强势文化、语言的包围中，华语保持华人独特性的作用很明显。早年，在华人集会的场所中往往是泰、华双语（汉语普通话或方言）并用。在平时交谈中，只要确定谈话对象会华语，交谈者必定从泰语转用华语。华语这种情感纽带的功能之所以得以保持的原因，一是华人人口众多，在曼谷分布尤其密集；二是移民的连续性加强了这一功能。再者，华人在泰国的政治、经济地位比较高，在政坛以及农业、金融业、制造业、建筑与房地产业等重要行业都有举足轻重的地位。泰国历届政府内阁中均有大量华人，前总理班韩、他信、沙马、阿披实、英拉等都是华裔。因此泰国华人以自己的身份而自豪，完全不避讳自己会说华语，而且以之为荣。比如前副总理颂奇回祖籍地汕头祭祖时就用一口标准流利的潮汕话与家乡民众交谈，前总理英拉访华时也曾用汉语普通话“你好”与中国民众打招呼。但是，部分华人对华语还存在不重视甚至放弃的一面。这是因为：第一，在泰国现实生活中，华语的实用价值已大大降低。二战后，华人的经济活动圈子已从华人社会转向多元化、国际化大环境，而且经营方式也从家庭经营转变为向社会开放，并且雇用大量泰族或其他民族的员工，商业用语主要是泰语或英语，这使泰语和英语的重要性远在华语之上。因而到华语学校就读的学生数量锐减，大多数人就读于泰文学校，经济情况好的华人家庭还把子女送往用英文授课的国际学校甚至国外就读。第二，与泰人通婚使华人子女使用语言的随意性大大增强，华人家长也减弱了对子女学习华语的要求。第三，从语言本身来看，泰语具有开放性，不断借入大量的外来词语以适应社会发展的需要，而且泰语还有很完善的文字系统，华语在泰国则较为封闭。因而学好泰语、泰文对华人子女在泰国社会生存和发展有很现实的意义。根据子女升学、找工作等现实情况，华人家长并不强迫子女学习华语。实际上，华语已降为除泰、英文学业以外可有可无的兴趣学习内容。

这两种相互矛盾的心理实际上是语言情感价值与语言实用价值的矛盾，是由华人在“二战”后的经济、文化的历史发展与现实需要造成的。这种情况在最近几年有很大改变，华语在泰国的使用和发展又有了新的转机。近年来中国大陆、中国香港、中国台湾地区成为泰国增长最快的贸易对象。随着中国国力的稳步提高，泰国与中国的经济贸易、技术合作项目不断增加，使得华语（主要是普通话）成了重要的商业交流工具。经济发展的需要给泰国华语的使用和学习注入了新的活力，而且有进一步强化的发展趋势。同时，近年来赴泰旅游、留学、工作的中国人日益增多，也大大提高了汉语的使用价值。

泰国是一个以泰族为主体民族的佛教国家，不同种族、多种宗教构成了泰国的多元文化特征。华语在泰国是一种服从于主体民族语言和文化而又自成体系的语言。整体来说，泰国华人对所使用的各种语言的观念是开放、友善、平等而又非常务实的。华人的华语观是由华人在泰国的历史发展和社会地位决定的。血液中的亲情、汉文化博大渊源的根基使华语能够保持长久的吸引力，而现实生活的实际要求又使华语的生存和发展有很大压力。这种状况造成了泰国华人对华语的矛盾心理。而近年来，随着中国国力的增强，华语在国际上地位的提高，泰国华人（甚至非华人）重新认识到华语的重要性，泰国政府也明确意识到华语的商用价值，放宽了对华语学习的管制。这些因素为华语在泰国的推广、学习和使用注入了新的活力，留下了充分的发展空间。

二、 华人社团状况

在不同的历史时期，不同的事件中，华人社团所扮演的角色不尽相同，但是其起到的凝聚人心、沟通交流的功能却是一样的。在当今全球化的背景下，海外华人社团不仅是华人华侨与祖籍国经贸交流的桥梁，更成为华人华侨海外民族情结的归依之处。

海外的华人社会虽然有着移民族群的生态变化，但总体来说是大同小异的，除了保留原乡特有的文化景观外，基本上仍延续着中国人特有的文化网络与经济网络。其社会人际群体的凝聚与沟通，主要有五种模式：第一，地缘，区域性邻里乡党的认同，形成大同乡与小同乡的祖籍，发展出各种同乡会馆；第二，关系性宗族亲戚的认同，包含父族、母族、妻族等血亲与姻亲，发展出宗祠、宗亲会等组织；第三，信仰性神明祭祀的认同，从原乡迎来的共祀神明或集体认同的宗教活动，发展出各种的社祠与寺庙等；第四，业缘，联谊性的职业同学的认同，发展出职业公会、商会、学会、同学会等社团；第五，物缘，以“物”为媒介的人际关系，如物业的行会，武艺的武馆，曲艺的曲馆，现代各种娱乐性的社团组织等。泰国的华人社会主要还是以“五缘”作为群体联系的基础，建立起互补互助的共利结构，其中宗教为重要的文化凝聚力。[①]

① 郑志明：《泰国华人社会与宗教（上）》，《华侨大学学报》（哲学社会科学版），2005年第4期，第30页。

泰国华人社会的成型与泰国官方允许华人成立社团的规定有关。1857年前华侨华人社团被视为秘密组织严加禁止，华侨华人没有结社的自由，之后开始有条件地允许华侨华人申请成立社团，经审查批准通过后方可成立。到了1897年才正式颁布华侨华人组织社团的条例与规定，因此大多数华侨华人社团成立于20世纪初，特别是第二次世界大战后，随着大量华人移民的涌入，各种宗亲会、同乡会、公会、校友会、体育会、神庙、堂、阁等如雨后春笋般纷纷设立。本文按照徐仲熙的划分法，将泰国华侨华人社团分成六大类，即地缘性、血缘性、商业性、文化性、宗教性与慈善性社团。[①]

（一）地缘性社团

所谓“地缘性”是指华人祖籍认同的会馆与同乡会。会馆是大区域的祖籍认同，同乡会则是小区域的乡籍认同。几乎潮州人较多的各县都设有同乡会，显示了潮州族群之庞大，加深了县与县之间的族类意识。设置最早的是广东人于1877年成立的广肇会馆，下设有广肇医院、广肇学校与广肇中学等。其次是中华会馆，可追溯到1907年，但是正式向泰国政府申请成立则晚至1947年7月14日。

同乡会是区域性较小的地缘性社团，有的同乡会也以会馆的名义登记。泰国主要的同乡会有1927年成立的潮安同乡会，附设有潮安中学与韩山山庄等；1946年成立的潮阳同乡会，附设有思绵中学与潮阳山庄等；1947年成立的揭阳会馆，附设有榕江慈善福利会、挽卿养老院、榕

① 徐仲熙：《略述泰国的华人社团》，泰国：泰中学会，2002年，第104—135页。

江山庄、揭阳山庄等；1947年成立的惠来同乡会；1948年成立的普宁同乡会，附设有亚东公学与青山极乐乡山庄等；1948年成立的澄海同乡会，附设有凤岗山庄与奖助学基金会；1953年成立的大埔会馆，附设奖助学金委员会与慈善基金会等；1963年成立的丰顺会馆，附设金湖山庄与奖助学基金会等；1964年成立的饶平同乡会，附设凤凰山庄与凤凰慈善会等；1968年成立的兴宁会馆，附设奖助学基金会；1991年成立的惠齐会馆。还有一些地域性更小的同乡会，如潮阳玉峡溪同乡会、澄海县樟东区联谊会、潮安桥东辅益公会、澄海银砂十三乡辅益社等。

（二）血缘性社团

所谓“血缘性”是指血缘家族与同姓宗亲的组织，是一种同宗关系的认同，延续了家族向海外传播的势力。原本是以区域性的血亲家族为主，组织比较松散。现在则是依据祖谱与宗祠的方式来结合，是配合地缘性而来的宗族组织，如海南陈家社、秋溪陈氏延华堂、黄氏观音山家族会、黄氏等。这些团体主要是建立在宗亲的互助与联谊上，尤其是婚丧喜庆的集体协助，进而推动各种福利事业。如建宗祠、办学校、设山庄等，能秉承祖先遗训来敬老慈幼，维护宗亲间在泰国的生存利益。

由于华人散居泰国各地，家族的宗亲联系较为不易，各地逐渐发展成以同姓作为组合的宗亲会。这种宗亲会跨越了原来祖籍的分类意识，在同姓的认同下，推动互助互惠的福利事业，进一步联合各地的同姓宗亲会，发展成全国同姓的宗亲总会。这种全国性同姓宗亲总会的设置似乎成为一种风潮，几乎比较大的姓多已设立了宗亲总会，这些总会又结合起来于1972年12月12日组织了泰国各姓宗亲会联谊会，简称“宗联”。目前已有60多个姓氏宗亲总会参加，可以说是泰国最大的华人联合社团。“宗联”每两个月举行各姓宗亲会首长联谊餐会，每次由七姓做东，旨在互通声气与观摩砥砺。这些宗亲总会最早设立于20世纪50年代，如1956年设立的杨氏宗亲总会，1959年设立的丘氏宗亲总会等。1956年成立的六桂堂宗亲总会比较特殊，是洪、江、翁、方、龚、汪六姓的组合。20世纪60年代宗亲总会最为风行，大多数的宗亲总会是在这一段时间成立的。

日本学者吉原和男认为20世纪60年代到80年代中期宗亲总会持续不断的产生，标志着泰国华人社会的文化复兴运动的兴起。他认为泰国华人创立宗亲总会的目的，一是为华人的族群认同提供依据，二是宗亲总会所建的大宗祠是象征华人族群的具有纪念碑意义的建筑物。① 泰国的华人群体保存了中国式的传统特征，同时他们的国民认同又具有泰国的特征，是泰国公民。所以，宗亲总会为了避免不必要的摩擦，对泰国国民文化的诸要素也给予了足够的重视。比如泰国林氏大宗祠里除了设置祭祀中国祖先的祭坛，还设置了供奉泰国佛像的佛坛，宗祠内还张贴着国王夫妇的画像，悬挂着泰国的国旗。很多华人宗祠都是如此。在那里，族群认同和国民认同的两种不同表象融为一体，形成平衡。实质上，泰国华人族群的老一辈在社会身份转变之后，在心理上却一直保持着中国人的文化身份。而他们的子孙却不在乎放弃这一文化身份，力求

① ［日］吉原和男著、王建新译：《泰国华人社会的文化复兴运动——同姓团体的大宗祠建设》，《广西民族学院学报》（哲学社会科学版），2004年5月，第26卷第3期。

融入泰国社会，代沟就不可避免地出现了。文化忧虑于是在老辈人心里滋生，使他们心情沉重地徘徊在社会现实与文化传统之间，于是泰华宗亲总会应运而勃兴。

（三）商业性社团

所谓“商业性”是指各种与职业有关的结社团体，包含同业与公会等。这些团体有传统的与现代的，最具历史与权威的华人商团是成立于1910年的暹罗中华商务总会，现称为泰国中华总商会。这也是泰国最有地位与力量的华人社团，其成员都是杰出的商界领袖，在泰国华人社会居于领导地位。该商会热衷于各种侨务活动，创办了中华中学，1995年在曼谷市中心沙吞路兴建完成36层现代化大厦与总商会大厅光华厅。各种华人的同业公会也不计其数，如华瀛商会、华侨派报业公会、华侨建筑公会、联华药业公会、客属商会、海南商会等。有些商会历史相当久远，如泰国进出口商会，其前身为1855年创立的“汕头郊公会”，后改名为“香叻汕公会”，1991年才定为今名，其商务的出口对泰国贡献极大。这些公会成立的主要目的在于联络同业建立友谊，同时因具有庞大的财力，是各界慈善机构争取的赞助金主。

（四）文化性社团

所谓“文化性”是指各种有相同的志业或兴趣的联谊性团体。其种类多样，有文艺性质的团体，如泰华作家协会、泰华诗学社、泰华文学研究会、泰中学会、泰华内地记者报业协会、泰华报人公益基金会等；

有教育性质的团体，如华文教师公会、留华同学会、黄埔校友会、暨南大学校友会、北京大学校友联谊会、中华中学校友会等；有同好性质的团体，如象棋总会、孔堤联乐轩国乐社等；有体育性质的团体，如武术太极拳健身总会。这些团体主要以联谊性质为主，目的在于推动与弘扬华人的生活文化与学术交流，对逐渐泰化的第二、三、四代华人而言，这些团体在联谊活动中对中国文化的提倡起了带头作用。

（五）宗教性社团

所谓“宗教性”是指华人各种寺庙与宗教的社团组织。早期兴建的寺庙大多附设在乡团组织下。如潮州会馆辖下有嵩越路老本头公古庙、新叻龙尾爷庙、三聘亚娘宫等；客属总会辖下有三奶庙、吕帝庙、汉王庙、本头公庙、关帝庙、观音宫等；海南会馆有三清水尾圣娘庙、叻仔泰华圣娘庙、挽叻昭应庙等；福建会馆有叻仔顺兴宫、福莲宫等；台湾会馆有代天宫等。这显示了早期华人离乡背井，在人地生疏的异国谋生仍仰赖来自故乡神明的保佑。早期有些会馆与神庙是合为一体的。如1851年素叻它尼府巴卡开的琼州会馆，是海南人祭祀的神庙，是以神庙的信仰形态作为海南人联谊的中心。寺庙大多是群众聚资建设，是由当地华人联合管理的社团组织，可以作为华人社区形成与发展的主要标志。有的寺庙组织相当完备，也可以算是一种大型的华人社团，经由共同的宗教信仰整合地方上的华人士绅与群众，在充沛的经济资源下转型为济贫救灾的慈善机构。最著名的是曼谷大峰祖师庙的华侨报德善堂，每年都会举行多次慈善活动，范围遍及整个泰国。

（六）慈善性社团

所谓“慈善性”，是指华人专门从事社会服务与福利慈善的社团组织。华人社团原本或多或少会设置济世救人的公益部门或慈善部门，也有的发展成专业的社会慈善机构。这些慈善性社团种类不少，有的是互助性质的团体，如华侨互助社、义德互助社、孔堤互益社、善德互助会、京都友谊互助社等；有的是义诊性质的团体，如中华赠医所、中医慈善赠医处、明莲佛教社赠医处、德教赠医处等；有的是福利性质的团体，如华侨妇女养老院、北榄养老院、泰华孤儿院、越喃空消防会等。还有不少综合性称为“善堂”的团体，这种善堂大多是宗教团体所设。有的规模相当庞大，展开各项社会慈善事业，也常配合泰国政府应付各种灾难，动员华人社团，组织联合救灾机构。此机构下设救济小组委员会，其成员有华侨报德善堂、中华总商会、潮州会馆、潮安同乡会、泰京天华医院、中华赠医所、玄辰善堂、道德善堂、世觉善堂、崇德善堂、三山慈善院、华侨互助社、介寿堂慈善会、泰华佛教团体、泰华各姓宗亲总会等。值得一提的是，华人慈善社团组织服务的对象是整个泰国社会而不只是泰华社会。如果我们翻阅泰国的华人报刊，如《世界日报》《星暹日报》等，就会发现每天都有华人慈善社团进行慈善、福利工作的新闻报道。

随着泰国华人华侨生存环境的变迁以及华侨华人自身构成的变化，一些以政治、经济、科技、教育、文化为纽带的新型华人社团也应运而生。与老一辈相比，新生代华侨华人对祖籍国的感情日趋淡化。如果说老一辈华侨华人对祖籍国保持着的是一种浓烈爱国情结的民族认同感的话，那么新一代华侨华人对于祖籍国有的只是残存的模糊认知。所以尊重并重视传承血缘、地缘、业缘等组织尤为重要，因为这类华人社团仍是凝聚华人华侨，尤其是新一代华裔的核心纽带。当代泰国华人社团通过积极宣传、弘扬中国传统文化，兴办各类学校、培训班营造学习中国文化的机会，让学习中国文化成为年轻华裔的理性选择。各社团还积极推动泰中两国开展文化教育的交流合作，使华文教育获得更大的发展。因此可以说，当代泰国华人社团正在成为培养新一代华裔民族情结、传播中华文化、传递乡音乡情的基地。

“泰国社团的发展模式都蕴涵着华夏文化影响的不断扩大和深化，儒家学说天人合一，人伦道德的伦理观念是社团的精神支柱。泰国华人社团是保持华夏文化相对浓厚的场所，它的存在首先是为了满足华人群体传统社会生活的特殊需要，并促进华人群体生活种种目标的实现。其次，它不架设民族藩篱，反对民族隔阂，它的一切工作都以维护社会秩序安宁，促进社会稳定繁荣为前提，处处以效忠泰国落地生根为根本。因此，它能够促进文化融合和社会团结，具有存在的意义和价值”。[①]总之，20世纪以来，作为联系华侨华人纽带的泰国华侨华人社团以各种形式在泰国社会百花齐放。每个社团都聚集和联系着众多的华侨华人，很多华侨华人又往往分别参加几个团体。这些侨团融入泰国社会，成为泰国社会结构的组成部分，在扶助弱小、联络感情、开拓事业、调节纠纷等方面发挥着极大作用，同时对促进泰国的经济发展、社会进步以及

---

① 张映秋：《泰国华人社团模式的演变》，《汕头侨史论丛》第三辑，汕头华侨历史学会，内部发行，1998年。

中泰关系的友好发展做出了重要贡献。

三、宗教信仰状况

宗教，作为人的一种认知方式，本质上是具有属人的文化意义，是属人的一种社会意识形式，因而，其本质上就是具有一定诉求意义的社会群体利益的表达方式，这种表达方式的本质就是追求文化层面的认同。文化认同是族群构建的重要内容，作为文化重要内容的宗教信仰体系最为明显地反映出文化认同对于族群构建的重要性。

如果不同的族群共享着相同或相似的宗教信仰，那么，他们的族群互动可能会具有潜在的动力。华人的传统宗教信仰是多神信仰，除了佛教、道教，还敬祭祖先以及敬奉各式各样的民族保护神。这种宗教信仰特点在泰国华人中表现最为突出、最为典型，是泰国华人社会的一大特色。[①] 很多泰国华人家里同时供奉中泰各路神、佛，既有泰式的各种佛像、观音菩萨，还有财神爷、关公、唐僧、孙悟空等。

泰国是个佛教国家，泰国华侨华人大多信奉佛教，但是他们尤其是第一、二代，信奉的是中国传统的大乘佛教，与泰国的小乘佛教在仪式、教规甚至教义上都有一定的差别。华侨华人在泰国不仅拥有自己的寺院，而且自成体系，有自己的组织独立管理，这就是泰国的佛教“华宗”。泰国还有众多的华人神庙，这些神庙和寺院“不仅是华人宗教活动的中心，也是华人活动和联络的中心，对华族起着凝聚力的作用”。[②]

① 许国栋：《从华人宗教信仰剖析泰国的“同化”政策》，《华侨华人历史研究》，1994年第2期，第29—30页。

② 同上，第29页。

敬奉和祭祀祖先是华人与泰人差异最大的信仰，泰族人是宗族观念极其薄弱的族群，而华人重宗法关系。每年的春秋二祭是华族重大的传统活动。泰人死后一般火葬，而华人信奉“入土为安”，因此大多土葬。泰国有很多土葬的坟场山庄，全都是华侨华人按照中国人的习俗、风水建造的。

泰人和华人的宗教也并非不可兼容，近年来就出现了大规模的泰—华宗教文化融合。汉族的民间宗教可以说是与华人一起传到泰国的。但在古代泰国，基本上只见泰人宗教文化影响华人宗教文化，而近年来开始出现汉文化当中的大乘佛教、道教等民间宗教因素进入泰人宗教体系的现象。当前大规模的泰—华宗教文化融合，与泰国中产阶级特殊的历史背景有关。

古代泰国以农业为主，泰人中有作为农业劳动力的奴隶、农奴等被统治阶级，有依靠奴隶、农奴的农业劳动为主的官员、贵族、王族等统治阶级，还有包括不同阶级的南传佛教僧伽阶层。阿瑜陀耶王朝（公元1350—1767年）以后，统治阶级有意积极发展国际贸易，尤其是与中国的贸易，在这种背景下泰国与中国的商业贸易迅速发展起来。19世纪中期以后，随着非农业经济活动的发展，对外开放以及商业活动的私人化，华人人口增长速度加快，相当长的一段时间内，泰国的许多大小城市里华人成为多数人口，一种新的非农业经济群体——华商阶层逐渐应运而生。从曼谷王朝拉玛三世（帕难高昭，公元1824—1850年）时起，王族开始实行积极的新移民政策。经过繁盛时期、被强迫同化和文化复兴三个阶段之后，华人移民与泰人之间的界限逐渐消失。“华人阶层”

不复存在，在都市里一种不分族籍的中产阶级形成了。

泰国的观世音崇拜就是在上述条件之下产生的，由于它适应了泰国的社会文化环境和官方宗教政策与修炼方面的要求，走上了迅速发展的轨道。现阶段的泰国观世音崇拜具有浓厚的汉文化色彩，似乎象征着华人文化的复兴。泰国供奉的观音菩萨基本上还保留着中国汉族地区观音菩萨的样貌。但泰国的观世音崇拜不能理解为“华人宗教”，因为它的很多信徒并没有华人血统。观音信徒的主要来源是泰国市民，尤其是中产阶级。该崇拜没有扩散到泰国的乡村，说明它以市民阶层为传教的对象，而其近年来能够迅速发展起来，是因为适应了都市生活，尤其是中产阶级的生活。①

由于华人在泰国由传统的农业经济向商业经济转化的过程中所扮演的重要角色以及当前出现的泰—华民族大融合趋势，各种华人宗教活动已开始进入主流文化并与泰人宗教文化融为一体，这也是理所当然的。此时，观世音崇拜顺应形势并适应了当前的泰国城市生活及社会文化环境，同时在处理它与南传佛教的机构的关系时也作出了适当的反应。该崇拜把原来属于南传佛教但适合当前社会文化环境的宗教文化因素赋予新的理论，从而把泰国的“通俗”与“正统”两种宗教传统结合在一起。由此可见，观世音崇拜的兴起不是偶然的，而是与泰国近现代经济文化发展密切相关。该崇拜之所以能够获得当前的成果，是因为它善于利用本身条件去积极适应其周围环境，并且随着当前泰国社会文化的规律进行各项改革和创新。

① 华思文：《简论泰国观世音崇拜的兴起》，《思想战线》，1997年第2期，第84—85页。

泰—华宗教的发展历程说明任何两种“异系”文化之间都必然存在着人类的普同性或系际的共同性。在相互辨异与认同的过程中，族际的自认与被认必然会与相应“枢系”的文化构成因素发生有选择的结合，那些被“结合”上的因素就转换生成了聚类分群的标志或符号——民族特征或族群特征。

通过考察华语、华人社团和华人宗教信仰在泰国的发展状况，我们可以从文化的层面了解到泰国华侨华人的语言观、社会行为方式和价值理念。总的看来，泰国本土文化和泰华文化应该是相互融合的。泰国华人文化变迁的速度的确是非常快的，但是泰华文化变迁的方向却既非完全本土化，也非完全西方化，而是现代化。从表面上看，泰国华人基本上都已经接受泰国本地的生活方式，但是在内在的价值观方面，华人仍然是有所保留的。在日常生活方面华人和泰人之间已经没有什么差别，甚至分不出什么是华人的，什么是泰人的，华人的社会关系也逐渐泰化。然而，即使显性的文化因子在文化融合进程中消失了，文化的核心价值观——根植于个体内心深层的精神也可以长期保存下来。“在与中华文化有基本关系的文化特质上，华人受到的影响不大，如祭祖、家庭成员间的权利与义务关系，尤其在价值取向上更保留很多中国传统的色彩，如：服膺自然、崇古、内向发展。此外，由于华人离乡背井和多经营商业等特点，使华人价值取向又有一点重视未来，偏向重视旁支关系”。因此，泰国华人文化的变迁方向是“既非华人泰化，亦非泰人华化，而是双方的现代化。尤其是华人，他们多半从事商业，对现代文明的感受很深刻，需要也很殷切，所以比泰人还现代化，甚至可以说泰国现代化的努力大都是华人在推动”。[①]

任何形态的文化，都是适应民族生存、发展的特点而形成和发展的。华族文化相对泰族文化是和而不同的，而相对于中华文化则是同中有异。有学者认为，“泰国华人族群认同虽源于中华民族，但作为移民及其后裔群体的政治认同转向后，其族群认同也转为指向自身社群”[②]，即华人族群。因此，泰国华人族群的文化认同不能单纯地说是认同于中华文化或是泰族文化，而应该是源于中华传统文化，经历了变革，并糅合了泰族文化的华族文化。

① 李亦园、文崇一、施振民主编：《东南亚华人社会研究》（上），台北市正中书局，1985年，第16页。

② 庄国土：《略论东南亚华族的族群认同及其发展趋势》，《厦门大学学报》（哲学社会科学版），2004年第3期，第68页。

推广在缅老兵"品牌" 为我公共外交赋值[①]

法学博士、战略学博士后、
武警指挥学院科研部讲师　李　枫

摘要：在"特殊历史条件"及"伴随年岁增长，案主移民活力逐渐降低"两方面因素共同作用下，很多中国远征军老兵就此长留缅甸。与台湾老兵相比，二者不乏相似之处，但又各有不同。在新的历史时期，应认真思考如何推广在缅老兵"品牌"为我公共外交赋值相关问题。

关键词：中国远征军；缅甸；台湾老兵；公共外交

战争是"散居者"（Diaspora）流落异域的重要推力之一，由战争外推的散居者可大致分为两类：难民与离散军人。与难民相比，离散军人的政治身份更为特殊，所以在客居国国内政治、地区国际关系的博弈中，他们的命运似乎更为坎坷，甚至可能在人们的历史记忆中长期处于某种"失踪"状态。本文秉持人本主义（Humanism）的研究取向，以近

① 基金项目：本文为中国博士后科学基金第53批面上资助项目"美亚太'再平衡战略'背景下缅甸方向安全形势及对策"（项目编号：2013M532163），2015年度福建华侨史专项项目"20世纪泰国和缅甸闽籍华侨的社会结构研究"的阶段性成果。

年来禹志云、孙春龙、于秀、赵川等整理公开的口述历史材料为中心，讨论了中国远征军老兵留在缅甸的原因、地域分布和入籍意愿等情况，在与台湾老兵的比较中分析了在缅老兵群体的主要特征，并就如何推广在缅老兵“品牌”为我公共外交赋值提出了个人看法。

一、中国远征军老兵留在缅甸的原因与现状

（一）原因

1. 掉队者

战斗过程中如遇敌方穿插分割，人员难免离散掉队。四川人杨正伦参加了远征军第一次入缅作战，他参加过“不少战役，（后来）因为负伤，脱离部队，就流落在缅甸”。① 福建闽侯人陈达夫也提到：“惠通桥被炸后，部队便散落各地，人员也各自分手奔命。”② 在人员零星掉队之外，第一次入缅作战失利后，远征军非战斗减员、掉队的规模也堪称惊人，③ 如仅第五军就死伤14700人，是战斗死伤人数7300人的两倍多。④ 据该军九十六师二二八团迫击炮连排长王恩溥回忆：“刚一入山的一段路途还是充满了乐趣……但不久，我们这支队伍就在沟壑从生的密林里迷失了方向，又因为电池耗尽与长官部失去联络……约半个月

① 禹志云：《远征路上话今昔：中国远征军老兵在缅甸》，昆明：云南大学出版社，2006年，第246页。

② 同上，第43页。

③ 战场失利后，远征军在后撤过程中逐渐分为两支：一支由新三十八师师长孙立人率领，在史迪威将军的建议下退入印度，这一支后撤的步伐相对整齐，后经充实整训为中国驻印军；另一支则在杜聿明的命令下由野人山回国，由于当地恶劣的战场环境所致，这一支非战斗减员、掉队规模很大。

④ 李立：《中国远征军：滇印缅参战将士口述全纪录》，北京：中国大百科全书出版社，2012年，第132页。

后，士兵所带的粮食基本都见底了，一些体弱的士兵开始掉队。”[①]四川大竹人潘银堂也谈道：第一次入缅作战失利后，很多人“都战死了或者因负重伤，被丢弃在了印、缅丛林里了，……出国作战，语言不通，后勤保障短缺，路途迢迢，他们绝大部分成了孤魂野鬼。”[②]事实上，这些“孤魂野鬼”中的一部分，后来可能仍侥幸活了下来，据曼德勒华侨尹正权介绍：“2002年前后，在他玉石厂打工的一位工人被从原始森林里出来的一群‘野人’抓走了，这群‘野人’穿着用藤条做成的衣服，用的是弓箭，而且说话根本听不懂，只是嗷嗷大叫。尹正权带着一帮人前去和‘野人’交涉，给了对方一些食品，换回了他的工人。交涉中，对方中的一位老人听到他说的是汉语，就和他用汉语交流起来，但他只听懂了几个词，比如国民党兵、打日本人等。”尹正权猜测“那群人就是当年留下的远征军以及他们的后代，长时间的与世隔绝，他们甚至连说汉语都有些困难了。”[③]

“掉队者”后来为何长留缅甸？云南大姚人周维锦在远征军第二次入缅作战时掉队，刚开始“他是想马上回家的，可是身无分文，就算步行也得走好几天，吃什么？住哪里？老百姓一见当兵的就躲，更不要说帮助了。（所以）他（就）在多朋、拉弄等地流浪了两年，1949年又在中缅边境帮人砍山种地。1950年他到昔马，原来跑到昔马的那些散兵，曾在那里为非作歹，抢杀掳掠，影响极坏，也激起了民愤。被砍被杀的已经不在少数。他不了解情况，也糊糊涂涂进了昔马。两天没吃没喝，

① 李立：《中国远征军：滇印缅参战将士口述全纪录》，第147页。
② 赵川：《台湾老兵口述历史》，桂林：广西师范大学出版社，2013年，第66页。
③ 孙春龙：《异域1945》，北京：新华出版社，2010年，第130页。

就走到一户人家要水喝。开门的是个年轻妇女，后面跟着几个孩子”，在这个年轻妇女的帮助下他成功逃脱了砍杀，后与之组建了家庭；[①] 王瑞生在反攻缅甸作战胜利前的几天眼睛被弹片打伤，“伤愈出院时，弟兄们已经早在芒友会师，有的回国，有的流落缅甸”。他本来也想回国，“后又听说，所在部队去东北和解放军作战，自己也就没有回去”，内战结束后他又计划返乡，可是在九谷“遇到一位刚从国内逃出来的人”对他说：“像你这样的人回到中国是斗争对象，不死也得脱层皮！”随后他便留在缅甸安了家。[②] 上述个案中，移民网络的形成（与当地人组建家庭）及作用发挥（听说部队将开往东北、听说国内情况对自己不利），对案主人生选择的影响不言而喻，这想必也是很多“掉队者”长留缅甸的重要原因。

2. 逃兵、被正式批准的退伍兵及被遣散的后勤兵

抗战胜利后，很多远征军老兵不愿回国参加内战，便伺机离开部队当了逃兵。四川三台人杨子臣认为：“参军是为了打日本鬼子，要打内战，我们没有这个责任。”[③] 此外，战后留在缅甸的，还有部分被正式批准的退伍兵及被遣散的后勤兵。如广东梅县人蔡振基在缅甸出生，父亲去世后他曾随母亲回梅县生活，10岁再随表兄来到仰光，抗战期间，他响应南洋华侨筹赈祖国难民总会主席陈嘉庚号召回国抗战，后编入驻印军参加反攻缅甸，日本投降后，他以自己是缅甸华侨为由，要求退伍

① 禹志云：《远征路上话今昔：中国远征军老兵在缅甸》，第69页。

② 王瑞生的籍贯地书中未见明示。参见，禹志云著：《远征路上话今昔：中国远征军老兵在缅甸》第79至80页。

③ 孙春龙：《异域1945》，第33页。

获准；[1] 再如河南孟津人王之平是驾驶兵，据他回忆：抗战胜利后“遣散了很多士兵（连路费都不发——原注），大家都意识到要打内战，所以留在缅甸。”[2]

3. 回国后再入缅甸者

一些远征军老兵则是回国后再外迁缅甸的。建国初期，“凡是当过国民党军人和工作人员的，都对共产党有很多恐惧，摸不清政策究竟如何”，湖南长沙人彭千秋便“携带儿女进入缅甸，到当阳求生三十年之久”。[3] 四川岳池人刘召回在腾冲光复后，曾留在腾冲农村娶妻生子，20世纪50年代又“携家迁往缅甸腊戍的深山里，靠卖苦力为生，并在晚年摆地摊卖鞋求生。”[4] 一般而言，当兵之人多年轻力壮，抵抗生活风险的能力较强，再加上通过军训很多老兵还学会了驾驶、医疗等谋生技能，所以一些不愿被约束的人往往选择自由迁徙，直到外力足够强大迫使其不得不安定下来为止。如山东泰安人刘广厚是驾驶兵，战后曾在昆明任云南省主席陈赓的驾驶员，后以悼念死难的弟兄为由，自愿告假赴缅，一开始是运货，后来是小本经营，“一晃十多年，生活日渐好过，有了孩子，妻子思念父母，自己也想去找找老上司。于是，举家回国，走到九谷，正逢解放车和境外国民党军队残部交火，尤其得到陈赓去世的不幸消息，他感到失去了最可靠的保护人，未来的前景实在难以预料，无可奈何之下，只好打道回府”。[5]

① 孙春龙：《异域1945》，第191—193页。
② 禹志云：《远征路上话今昔：中国远征军老兵在缅甸》，第192页。
③ 同上，第243页。
④ 孙春龙：《异域1945》，第161页。
⑤ 禹志云：《远征路上话今昔：中国远征军老兵在缅甸》，第59—60页。

（二）现状

从年龄和人数看，1945年抗战胜利至今已70年，在缅老兵如尚在人世，大多已年近百岁高龄，人数日渐稀少。密支那老兵群体曾联名向当地政府申请重修中国远征军纪念碑，奔波了十多年，2009年初终于获得批准，开始筹划这件事的时候，密支那老兵还有一百多名，但在孙春龙2008年4月到密支那采访时，这里却只剩下了四名老兵；[①] 从居住地域看，在缅老兵多定居在缅北、缅东北地区各市镇，大概是因为这些地区毗邻中国，民间往来密切，社会文化同质度也较高，老兵们在此定居较易获得心理慰藉感。但是，一些老兵最后也定居在了下缅甸，如湖北汉口人陈华定居仰光[②]、河南洛阳人杨伯方定居东吁[③]，而江苏句容人经明清则定居在了缅甸西北部，缅印边境的克里谬；[④] 从入籍意愿看，为便利在缅生活，部分老兵较早地申请了缅甸身份证，如广东海丰人张家长在别人的指点下，临时认了一位傣族人为父亲，并依傣族人的风俗习惯在胳膊上刺上了自己的傣文名字，然后到当地移民局，称他小时候因为家庭生活困难，被卖给一个中国人，现在回来认亲。很多在缅老兵都是采用这样的方式拿到了缅甸身份证。[⑤] 部分老兵晚年最终选择入籍，如经明清长达66年没有加入缅籍，就是想着有一天能回到家乡，直到92岁时，在回家无望的情况下，为了生活方便，他才办了缅甸身份证。[⑥]

---

① 孙春龙：《异域1945》，第35页。
② 同上，第110页。
③ 禹志云：《远征路上话今昔：中国远征军老兵在缅甸》，第10页。
④ 孙春龙：《异域1945》，第187页。
⑤ 同上，第154页。
⑥ 同上，第188页。

部分老兵则一直未入缅籍，如广东梅县人熊飞鹏[1]、杨建达[2]等。

二、在缅老兵群体的主要特征：与台湾老兵比较

（一）相似之处

1. 坚守中华文化

台湾老兵与在缅老兵这两大群体都由于历史原因长期生活在非籍贯地，二者具有一定可比性和相似之处。在文化特征上，台湾社会是中华文化圈不可分割的一部分，台湾老兵身上的中华文化特征无须赘述，大部分在缅老兵坚守中华文化的特征与之相似，如较早加入缅籍的张家长对孩子们最大的期望是："要懂得说中国话"。[3]另有部分在缅老兵则选择完全放弃中华文化特征，如河南西平人张浩东，战后"留在缅甸，娶了一位缅甸姑娘，开了一家杂货铺维生，育有7个孩子。因为他生活的地方处于傣族的势力范围内，为了避免受到欺辱，张浩东不得不在胳膊上刻上傣族的文字，他自己不敢讲中文，也不敢让孩子学习中文"。[4]此外，即便一些在缅老兵仍有坚守中华文化特征的主观意愿，但下文将引用的案例却显示：其代际效应有可能是低于想象的。

2. 原乡情结浓厚

台湾老兵和在缅老兵都具有浓厚的原乡情结。台湾老兵方面，如上

① 禹志云：《远征路上话今昔：中国远征军老兵在缅甸》，第242页。
② 孙春龙：《异域1945》，第54页。
③ 同上，第156页。
④ 同上，第201页。

海人朱恒生最怕每天晚上夜深人静的时候想在大陆的家、想父母。[①] 在缅老兵方面，如定居密支那的湖南桃源人李锡全经常到邻居家看电视，因为邻居家有卫星接收器，可以看到中国中央电视台的《新闻联播》，他还珍藏着一本20世纪80年代出版的中国地图册，“装订已经开胶，页码散开，但码放得依然很整齐，……（家乡）湖南那一页是被翻得最烂的”。[②] 又如定居曼德勒的山东济南人张富鳞常常回味家乡小吃“甜沫”。[③] 再如定居克里谬的经明清与江苏老家亲人取得联系后，仍不忘去信询问族谱里后代的世字排列。[④] 与上述个案相比，在曼德勒的出家人朱长江的个案则稍显特殊，朱原籍安徽凤台，但却“完全皈依于另一个精神家园，对于故乡已经没有了一丝牵挂”。[⑤]

3. 普遍经济困难

普遍经济困难是两大群体的又一大相似之处。略微不同的是，从20世纪80年代末开始，台湾老兵获得“荣民”身份和终身养老金，这使他们晚年的生活轻松不少，而在缅老兵则较少获得正式的定期援助，经济越发困难。如“近90岁的陈华还任着仰光孔圣庙秘书，每月有3万元缅币（约近200元人民币——原注）的收入”。[⑥] 又如“李锡全多年来一直卖柴火为生，每捆柴火的价格仅为1000缅币（约6块多人民币——原注）。在缅甸这个贫穷的国家亦算是社会底层的高龄老人”。[⑦] 再如贵

① 于秀：《悒悒不归：老兵自述：我在台湾40年》，北京：中国友谊出版公司，2012年，第69页。
② 孙春龙：《异域1945》，第50、52页。
③ 同上，第52页。
④ 同上，第180页。
⑤ 同上，第185页。
⑥ 同上，第110页。
⑦ 同上，第43页。

州盘江人赵孟秋身后，“安葬费是当阳赵氏族人拼凑的，全体互助帮忙送上山”。[①] 当然，许多在缅老兵的生活也过得不错。如陈达夫在曼德勒开办百货商店兼开茶店，他经营的“金钟茶店”名满缅京。[②]

4. 经历重重磨难

很多台湾老兵与在缅老兵都经历了社会变迁的重重磨难。台湾老兵方面，如浙江舟山人姜思章不足14岁时，在放学回家的路上被“舟山撤退”的国民党军掠往台湾，青年时曾“因想家入罪”被判刑三年。[③] 又如金门战役幸存者江苏兴化人陈书言被俘后，“沉默寡言数十年，甚至连梦话都不敢说错，只为了死守一个秘密：自己曾是共产党员”。[④] 很多在缅老兵也不容易，如蔡振基“先是在畹町开了一个咖啡馆，1949年保山发生‘共革盟’动乱后，蔡振基不得不关门逃到（缅甸）九谷；后来国民党残军又到九谷向华侨派粮派钱，且杀害了6名与国内有生意来往的华侨，蔡振基又逃亡皎脉，直到20世纪60年代，边境安宁之后，（才）重回九谷”。[⑤] 又如杨伯方志愿从教，但“学校被缅甸政府收归国有，他没有实现教一辈子书的愿望，还以‘莫须有’的罪名坐了七年零五个月的大牢”。[⑥] 孙春龙通过实地采访还获知：“在缅甸1967年‘排华’时，一些老兵受到冲击丢了性命。”[⑦]

① 禹志云：《远征路上话今昔：中国远征军老兵在缅甸》，第244页。
② 同上，第45—46页。
③ 赵川：《台湾老兵口述历史》，第27页。
④ 同上，第137—138页。
⑤ 孙春龙：《异域1945》，第193页。
⑥ 禹志云：《远征路上话今昔：中国远征军老兵在缅甸》，第10页。
⑦ 孙春龙：《异域1945》，第146页。

（二）不同之处

1. 台湾老兵多为战士，在缅老兵多为后勤兵

两大群体在性质、身份和来源上不尽相同。第一，在缅老兵问题是国际问题，台湾老兵问题则是国内问题；第二，台湾老兵多为成建制从大陆撤离的战士，在缅老兵战时的身份则以后勤兵为多。如李锡全是直属军部的辎重团的特务长①、广西北流人钟云清是八莫军需仓库的少尉管理员②、张浩东是新一军战车三营补给连给养组的驾驶员，③部队对后勤兵的管理相对松散，而后勤兵多思维活跃且兼具一技之长，在外谋生容易，所以很多人就这样留在了缅甸，当然，在缅老兵中也不乏曾驰骋沙场的战士，如第六军战士陈达夫④、新三十八师战士杨子臣⑤等；第三，在缅老兵的来源较单一，台湾老兵则除成建制从大陆撤离的国民党军人外，还包括：（1）临时被抓入伍的平民，如前文提到的姜思章⑥，（2）我抗美援朝、金门战役期间被俘人员，如山西洪洞人李银生、山东东阿人于西聚、江苏兴化人陈书言等⑦，（3）曾经的在缅老兵几经辗转赴台定居者，如广东人梅明翔（开金铺）、浙江人胡剑清（驾驶员）、上海人徐毅坚（工程师）、广东潮阳人许汝盈（做糖果生意）及云南昆明人李蒸民（医生）等。⑧

---

① 孙春龙：《异域1945》，第26页。
② 同上，第148页。
③ 同上，第201页。
④ 禹志云：《远征路上话今昔：中国远征军老兵在缅甸》，第43页。
⑤ 孙春龙：《异域1945》，第32—33页。
⑥ 赵川：《台湾老兵口述历史》，第27页。
⑦ 同上，第165、199、129页。
⑧ 禹志云：《远征路上话今昔：中国远征军老兵在缅甸》，第245—247页。

2. 台湾老兵积极参政，在缅老兵多对政治冷淡

很多台湾老兵积极参与政治，勇于为争取祖国统一、捍卫自身权益而发声。如姜思章曾积极参与“外省人返乡探亲促进会”活动，及“老兵权利运动”“中国统一运动”“教师权利运动”等多项街头运动。[①]又如广东宝安人洪淦棠尽管年事已高，但依然关心政治，一直在为国民党籍的高雄市长候选人进行助选催票活动。[②] 相对而言，与缅甸华族整体情况类似，在缅老兵群体则较少为争取自身权益而抱团奔走。

3. 两类老兵“回不了家”的原因不尽相同

台湾老兵“回不了家”的主要原因在于：海峡两岸一度政治隔阂严重，交通与人员往来受阻。在缅老兵方面的情况则不尽然，新中国与缅甸联邦建交后，除20世纪50年代李弥部盘踞中缅边域及20世纪60年代中后期中缅关系短暂波折外，其余大部分时间里，两国间常规的交通和人员往来基本得以保持。那为什么很多在缅老兵也一直“没有回家”呢？第一，惧怕自己的探亲行为，可能对在缅甸生活的家人，及在中国生活的亲友带来“麻烦”，如湖北武汉人王子安老人在探亲结束返回缅甸的前夜，突然当众放声大哭，一边哭一边含糊不清地诉说，“他这一辈子过得很累，……这种寄人篱下的日子，他实在受不了了，包括这次返回缅甸，他肯定也会受到无休止的盘问”。[③] 第二，经济贫困、年老体弱等原因。孙春龙提问李锡全：“你想回家吗？”李锡全回答：“不想，因为‘要两三百万元才回得到（缅币，100万缅币约合6500元人民

① 赵川：《台湾老兵口述历史》，第57—58页。

② 同上，第14—18页。

③ 孙春龙：《异域1945》，第196—197页。

币——原注），我也老了，回不得了。’”[①] 张家长不愿回家，是“觉得自己的日子过得不是太好，这样回去会被家乡的人看不起”。[②] 张富鳞则“害怕自己死在路上”。[③]

4. 部分在缅老兵后代中华文化特征淡化

前文提到，部分在缅老兵坚守中华文化特征的代际效应，有可能是低于想象的。张富鳞、李锡全的案例较具代表性，张富鳞曾在华侨学校教了20年中文，但是“他的子女里面，（却）唯有一个儿子会说几句简单的中文，其他人，包括孙子辈，重孙辈，都不会中文”。[④] 李锡全“已经习惯用缅语和子女交流”[⑤]，他的孙女李东芬“1986年出生，2005年从密支那大学毕业，虽然学的是历史，但她对爷爷在战场上出生入死的经历一无所知，这位面相已经完全缅化的姑娘，唯有这个中国名字和她爷爷的祖国有着关系”。[⑥] 孙春龙在采访了很多在缅老兵的第三代后也有感：“他们已经把缅甸当作了自己的家乡，中国对他们来说只是另一个异域。”[⑦]

① 孙春龙：《异域1945》，第30页。
② 同上，第182页。
③ 同上，第183页。
④ 同上，第184页。
⑤ 同上，第25页。
⑥ 同上，第29页。
⑦ 同上，第156页。

三、推广在缅老兵“品牌”为我公共外交赋值的几点建议

（一）携手寻回历史，为推进祖国统一大业聚势

“在缅老兵”是一群人，一种精神，更是一个“品牌”！他们在年轻力壮时意气风发，出征缅甸参与世界反法西斯战争，为保卫和光复邻邦而战，很多人甚至战死沙场，付出了生命的代价，成为永远的“在缅老兵”。抗战胜利后，很多老兵厌倦中国内战，辗转留在缅甸，饱受文化孤独之痛、思念家乡之苦和经济困难之累，并在社会变迁的重重磨难中垂垂老矣，但正是这样一个看似“弱势”的老人群体，却无时无刻不在祈愿世界和平、期盼祖国统一，并敢于在关键时刻挺身而出！[①]然而，在海峡两岸各自书写的历史中，在缅老兵群体却长期处于某种“失踪”状态[②]，在新的历史时期，积极推广“在缅老兵”品牌，无疑将有助于海峡两岸真诚携手，一起“寻回”那段曾经“失踪”的历史。

“寻回”历史，应从“寻人”开始。对亡故者，我方可与海峡彼岸联合，妥善发掘阵亡者遗骸，通过DNA检测技术来确定其身份并加之妥

① 如2013年1月4日，正在缅甸访问的日本副首相麻生太郎祭拜一处二战阵亡日军墓地时，在缅老兵刘大江挺身而出：“我们抗议的就是他不承认历史，他们侵略其他国家的历史……你们这些日本人不知道悔过，你要知道，你（们）给东南亚人民带来了多大的灾难。”参见，《日副首相访缅祭拜日军墓地 中国远征军老兵抗议》（中国青年网，http://news.youth.cn/jsxw/201301/t20130105_2776314.htm, 2013—01—05更新，2014-05-18引用）。

② 滇缅抗战博物馆馆长段生馗认为：“这是因为远征军的好多将领在内战时投诚了共产党，去了台湾的孙立人后来因‘预谋兵变’被蒋介石软禁，国民党肯定不愿多提这段历史。而大陆呢，因为历史原因，自然也不愿多说。”参见，孙春龙著：《异域1945》，第23页。

善安置，[①] 与缅方协商重修遭到人为破坏 [②] 或年久失修的远征军墓地、纪念碑、纪念馆等，并雇请专人长期看护，充分体现对战争阵亡者的敬意。对战后亡故的在缅老兵，可征求其家属意见，协助其葬于当地远征军墓地或回乡安葬。对健在者，更应做好“记录”“肯定”和“关怀”工作。其一，应抓住最后机会，进一步抢救健在老兵的口述历史和影像资料，做好“记录”工作，为后世留下更为详尽的实物史料。其二，可通过向老兵本人或其家人颁发荣誉证章、证书，邀请其参加纪念活动等方式，充分“肯定”老兵参战的贡献。[③] 其三，在“关怀”老兵方面，可参考对南侨机工发放补助的做法，给予在缅老兵（及在国内的远征军老兵）本人或遗孀正式的定期补助，对有回乡探亲意愿且身体条件允许，或孤寡老兵想回乡颐养天年的，应尽早予以安排。以推广“在缅老兵”品牌为牵引，通过两岸携手寻回历史，在捍卫华人散居者尊严的过程中，引导国际舆论，在全球范围内争取最广泛的公共外交支持，更大程度地增强中华民族的内聚力，增进两岸民众的沟通、理解与信任，为推进祖国统一大业聚势。

---

① 以韩国为例，韩国防部2014年4月宣布：将动员10万余名兵力对韩国74个地区展开朝鲜战争阵亡者遗骸挖掘工作，并将通过DNA检测技术来确定遗骸的身份。2000年至2013年，韩军挖掘出的朝鲜战争阵亡者遗骸共有8744具，其中韩军遗骸达7658具。参见，《韩将启动朝鲜战争阵亡者遗骸挖掘　动员10万兵力》（中国新闻网，http://www.chinanews.com/gj/2014/04-17/6074679.shtml，2014-04-17更新，2014-05-18引用）。

② 密支那华侨艾元昌曾目睹20世纪60年代中后期当地中国远征军墓地遭到人为破坏的暴行。参见，孙春龙著：《异域1945》，第15页。

③ 在缅老兵无不渴望得到国家的肯定，如一些老兵最大的心愿是“能再戴上军功勋章，在欢呼声中，列队走过天安门广场”。一些老兵曾向中国驻曼德勒总领事馆要求：“花几块钱人民币给他们发一张证明，‘只要说我们打过日本鬼子，为国家做过贡献就行’。”参见，孙春龙著：《异域1945》，第128、135页。

（二）提倡老兵及其后代发挥优势，增进中缅友谊

“人力资源”是在缅老兵“品牌”的一大高附加值“产品”。在中、缅两国之间的跨国背景是“在缅老兵”及其后代的独特优势，在缅老兵长留缅甸，他们中间不乏身体力行，为增进中缅友谊而积极奔走者，如定居密支那的广东梅县人杨剑达“自动从事国民外交活动。近六十年来，奉公守法，乐天知命，与中、缅、印各族人士相处融洽，对促进国民外交、增进中缅两国人民的友谊做了大量力所能及的工作”。[①]

当前，缅甸是我“一带一路”战略规划和“孟中印缅经济走廊”建设的重要伙伴，中缅两国山水相连，中缅睦邻友好与深化合作符合两国人民的共同利益，有利于地区稳定与经济腾飞。在上述“天时、地利”条件之外，中缅“全面战略伙伴关系”不断朝向纵深发展，还需要以源源不断的“人力资源”供给为坚强支撑。在缅老兵的后代基本上已全部加入缅籍，皈依了缅甸文化，完全融入了当地社会。即便国籍不一样，老兵后代与其中国亲人的宗亲血缘关系却无法割断，事实上，一些在缅老兵的家族网络遍布中缅两地乃至世界各国，与闽商、粤商网络情况类似，在缅老兵的家族网络同样是全球化时代，是我推动公共外交发展宝贵的人力和社会资源。我可结合老兵后代家庭和个人的意愿，借助当地华文学校、孔子课堂等，为老兵后代接触、了解和熟悉中华文化创造更多便利，适当增加他们来华留学的奖学金比例，与缅方联合培养更多的中、缅双语多能复合型人才，提倡老兵后代发挥独特的跨国背景优势，为增进中缅友谊多做贡献。

① 禹志云：《远征路上话今昔：中国远征军老兵在缅甸》，第209页。

（三）继往开来，加深“中缅命运共同体”感情

纵观历史、现实与未来，“中缅命运共同体”客观存在。缅甸近代史上曾先后遭遇英、日这两个域外国家入侵，横向比较“三次英缅战争”及“1942年日军缅甸作战”不难发现：（1）两案都因域外海权力量试图以缅甸为切口，挺进欧亚大陆的野心而起；（2）从本质上看，两国的野心都与“滇缅陆路交通”的命运密切关联，英国大力推动其连接，日本则试图对之实施切断；（3）英、日两国或连接或切断“滇缅陆路交通”的战略规划，最后都凭借军事征服手段成为了现实；（4）两国发起的军事征服都是按照“先缅甸、后云南”的步骤来推进的，缅甸两度“亡国”，“云南社会经济发展（也）遭受了剧烈的外源性冲击”。[①]历史不容遗忘，而就现实和未来而言，中缅两国的命运同样息息相关。和平、安宁的周边环境是中国和平发展不可或缺的外部条件，稳定、可靠的邻国关系，同样是缅甸政治、经济体制转型的有力保障。族群矛盾是导致缅甸社会不稳的主要原因之一，近年来缅甸政府军与少数民族地方武装之间频频“交火”，不断对我边境安全稳定和族群关系带来新考验，也使中缅边境地区非法移民、毒品走私、跨境赌博、疾病传播等问题变得更加棘手。综上所述，“中缅命运共同体”客观存在，两国理应进一步加强合作，共同抵御域外威胁并联合解决相关问题。

但由于各种原因，缅甸部分民众对历史的认知存在一定偏差，如据旅缅远征军暨后裔联谊会副会长、老兵王之平的儿子王玉顺介绍：“我

① 李枫：《1852—1924年英国对滇缅陆路—海洋交通的拓展》，《东南亚南亚研究》，2014年第1期，第79—84页。

们的远征军到缅甸是为了抗日，但直到现在还有一些缅甸人认为我们是侵略他们。”① 存在偏差的历史认知，难免对国际政治现实产生不良影响，在缅老兵曾两度入缅作战，为保卫和光复邻邦缅甸立下汗马功劳，积极推广这个“品牌”，可望在以史为鉴、正本清源的基础上，继往开来，进一步加深“中缅命运共同体”感情，为推动双边关系不断朝向纵深发展创造新契机。

（四）鼓励影视作品创作，塑造良好的国家形象

“有助于我塑造良好的国家形象”是推广在缅老兵“品牌”的又一大功能效益。以美国为例，影视作品可谓美国塑造国家形象的重要手段之一，也是其软实力的一个重要来源，以精致的画面、细腻的对白和震撼的音乐为载体，通过对一个个人物、故事的深度刻画，使受众在审美体验的过程中，会对其中所传递的价值观、核心理念等产生共鸣。如电影《拯救大兵瑞恩》（Saving Private Ryan，1998）讲述的是诺曼底登陆后，除了小儿子二等兵詹姆斯·瑞恩外，瑞恩家的其他三个儿子都在两周内陆续在各地战死，美国陆军参谋长马歇尔将军得知这个情况后，特令前线组织一支八人小分队，不惜一切代价，一定要在枪林弹雨中救出生死未卜的瑞恩。该剧剧情简洁、叙事平淡，但就是这样一个故事却以异常简单的力量打动了受众，引发了受众对生命价值的深度思考，获得了极大成功。

当前，我在东亚的和平发展过程，难免遭遇来自既有大国及其盟

① 孙春龙：《异域1945》，第167页。

友、周边国家的揣测和曲解，这是客观事实，也是一个大国难以回避的“成长的烦恼”。在全球化和信息化时代，国家形象作为重要的软实力资源，更加直接、有力地影响着国家的发展，人们往往支持自己“喜欢”的国家，糟糕的国家形象则会遭到他国人民的抵触和反对，会导致在国际政治舞台上遭受挫折。[①] 事实上，在上文提到的历史认知偏差之外，一些缅甸民众对中缅关系现实也颇多微词，李晨阳、祝湘辉谈到：1988年 9月以来的二十多年间，中国在缅甸人心目中的形象已经发生了较大的变化，并且趋于恶化，这种转变不仅存在于民间，也反映在缅甸政府官员和精英层面。[②] 国之近在于民相亲，良好的中缅关系，需要以深厚的民意基础为支撑才能走得稳、走得远。改善我国家形象，一方面，需要深刻自省在对缅政策中存在的问题，着眼未来、重点突出地发展对缅关系。另一方面，国家形象又是可以塑造的，美国借助影视作品塑造国家形象的做法也可为我所用，在缅老兵身上折射出的“援助邻邦”“慷慨赴死”“反对战争”“牵挂故土”等“品牌”内涵，若能加以提炼升华，同样会对受众形成强大的情感冲击力，鼓励相关题材影视作品创作，将有助于我塑造良好国家形象，进一步增强在和平发展过程中的说服力、感染力与吸引力。

① 苏淑民：《新中国民间外交研究》，北京：中国经济出版社，2011年，第219—222页。

② 李晨阳、祝湘辉：《缅甸人眼中的中国形象》，见许利平编：《当代周边国家的中国观》，北京：社会科学文献出版社，2013年，第90—100页。

中国学界

广西民族大学的东盟研究

广西民族大学从1964年开始东南亚语言与文学的教学与研究，当时开设越南语、泰语本科专业，设立越南语、泰语教研室，专门为部队培养翻译人才。经过50多年的发展，广西民族大学为国家输送了大批优秀的东南亚国家语言人才，同时，东盟研究开始起步并稳步发展。1995年广西民族大学东南亚研究所成立。2007年以来，广西民族大学先后开设老挝语、柬埔寨语、马来语、印尼语、缅甸语等多个语种专业，成为全国开设东南亚语种专业较齐全的高校之一，是国家外语非通用语种本科人才培养基地。东南亚语言专业的发展，为东盟研究的进一步发展奠定了坚实基础。在东南亚语言辐射和引领下，该校本科专业大多开设与东盟相关的课程，同时在民族学、政治学、法学、中共党史、中国语言文学、体育学、管理学、科学技术史等60多个硕士学位授权点基本都开设了与东盟相关的研究方向，形成了东盟学学科群，并成为学校两大特色学科群——民族学学科群和东盟学学科群中最有特色和优势的学科群。2007年，经广西壮族自治区人民政府批准，东盟学学科群成为广西民族大学学科建设的重点内容之一，多学科综合成为广西民族大学东盟研究发展的主要趋势和学科特色。

为了适应中国—东盟博览会永久落户南宁和中国—东盟友好关系发展的需要，2004年广西民族大学在东南亚研究所的基础上成立中国—东盟研究中心，2007年该中心被评为广西高校人文社会科学重点建设研究基地，2009年通过评审验收成为广西高校人文社会科学重点研究基地。2008年广西壮族自治区党委、政府决定建设广西七大科学实验中心，该中心获批成为其中之一，中心的发展进入全新阶段，中心的学科建设、科学研究、人才队伍、服务社会等工作取得新的突破，整体实力迈上一个新台阶。

2010年整合校内外东盟研究队伍的广西民族大学东盟学院挂牌成立，内设机构有：东盟文化与公共外交研究所、东盟法律研究所、东南亚族群与教育研究所、东南亚华人华侨研究所、东南亚文字信息处理研究所、东南亚科技与投资研究所。2011年12月，凭借良好的教学科研条件和显著的东盟研究成果，广西民族大学中国—东盟研究中心获批成为教育部区域与国别研究培育基地，有力地推进了东盟学院的全面发展。响应国家“2011计划”的号召，2012年东盟学院牵头与广西国际博览事务局、察哈尔学会共同创建“中国—东盟文化交流与发展协同创新中心”，整合国内东盟研究力量，实现优势互补、资源共享，开创东盟研究新天地。2013年7月，该协同创新中心获批为首批广西“2011协同创新中心”培育建设单位之一。

广西民族大学东盟研究六大主要研究方向有：

东盟政治学以国别研究与比较研究为视角，研究东盟各国政治制度，政党制度发展历程，面临的主要问题以及深化东盟各国政治改革、反对腐败问题研究，侧重研究政治体制的变革对东南亚国家现代化进程的影响和作用，及对东盟各国社会经济、文化发展带来的影响，研究东盟国家内部政治管窥外交政策，为我国及广西地方政府制定相应的东南亚政策提供信息。

东南亚民族学研究中国南方与东南亚民族的历史渊源关系和跨境民族互动关系，东南亚民族历史文化，东南亚国家的民族问题与民族政策等，与越南社会科学院、老挝社会科学院合作研究瑶族、苗族等跨国民族，该研究方向特色明显，对促进边境民族地区经济社会发展具有重要意义。

东盟法学致力于东盟十国法律国别研究与比较研究，及区域国际法、区域国际私法、区域国际经济法研究。对东盟十国宪法、民商事法律制度、外商投资法律制度、刑事法律制度、诉讼法律制度、司法制度等国内法律制度进行国别研究和比较研究；研究东南亚区域国际法和中国—东盟区域私法的法理、区域民商秩序、区域诉讼合作机制、区域民商事仲裁、区域冲突法等。

亚非语言文学。东南亚语言文化研究是广西民族大学东盟研究的基础和立足点，该方向致力于研究东南亚国家语言语音文字、文学、历史文化，研究东南亚文化发展史及其现状、东盟公共外交的历史与现状、东盟公共外交与中国-东盟关系，服务政府部门实务工作和中国—东盟文化交流的需要。

东盟教育学致力于研究东南亚各国传统教育、中小学教育、高等教育、职业教育、继续教育、现代教育技术、民办教育的模式和特点，研究东盟国家教育法律法规，探讨中国—东盟教育合作交流的具体模式。

东南亚语言文字信息处理主要研究东盟国家语言的表示模型、语法结构及规则、语义匹配等技术，语言理解和句子生成技术，创建有关规则库、知识库、字典库；研发东盟多语种多媒体网络应用技术，信息共享技术。

广西民族大学东盟研究的主要成果有：《中国—东盟研究丛书》、《东盟高等教育研究丛书》《菲律宾华人通史》《和平跨居论——中国南方与大陆东南亚跨国民族“和平跨居”模式研究》等。常规出版物包括：《东盟参考》《东盟研究》《中国研究生东盟论坛论文集》《东盟黄皮书——东盟发展报告》等。